Peter Uwe Hohendahl, Literaturkritik und Öffentlichkeit

Der Autor erörtert an einer Reihe von literaturhistorischen Beispielen höchst aktuelle Fragen im Themenbereich zwischen Literaturkritik und Öffentlichkeit. Es geht ihm dabei vor allem um die Probleme öffentlicher Wirkung von Literaturkritik im 19. und 20. Jahrhundert sowie um Literaturkritik und Massenkommunikation und das Phänomen des Bestsellers. Die Texte zeichnen sich dadurch aus, daß sie nicht nur aktuelle Tagesfragen der Wirkung von Literatur und Literaturkritik behandeln, sondern die Probleme in einem breiteren literaturgeschichtlichen Zusammenhang stellen und an großen historischen Beispielen aus der Literaturgeschichte darstellen.

Peter Uwe Hohendahl, geb. 1936 in Hamburg, Professor für Deutsche Literatur. Seit 1972 Direktor der Deutschen Abteilung der Washington University, St. Louis.

Serie Piper:

Peter Uwe Hohendahl

Literaturkritik und Öffentlichkeit

R. Piper & Co. Verlag

ISBN 3-492-00384-2

Umschlag Wolfgang Dohmen
Gesetzt aus der Garamond-Antiqua
Gesamtherstellung Clausen & Bosse, Leck
Printed in Germany

Inhalt

Literaturkritik und Öffentlichkeit

Die sozialen Grundlagen einer kulturellen Institution bleiben vielfach verdeckt, solange diese unbezweifelt funktioniert. In Erscheinung treten sie erst, wenn Bedeutung und Aufgabe der Einrichtung in Frage gestellt werden. Die Destrukteure legen das Fundament frei und machen sichtbar, auf welchen stillschweigend vorausgesetzten gesellschaftlichen Bedingungen die Institution beruhte. So sind auch die jüngsten Angriffe auf die Literaturkritik nicht nur als eine generationstypische Polemik der Jungen gegen das Establishment zu verstehen[1]. Derartige Auseinandersetzungen gehören zur immanenten Geschichte der Literaturkritik, die, ein wenig überspitzt formuliert, als eine permanente Krise darzustellen wäre. Trügen die Zeichen nicht, handelt es sich bei dem gegenwärtigen Konflikt nicht so sehr um die Bildung neuer Fronten innerhalb des institutionellen Rahmens, sondern um einen Anschlag auf die Institution selbst, für den freilich noch einmal das überkommene Schema des Kampfes zwischen den Alten und den Jungen in Anspruch genommen wird.

Jedes geistige System erlaubt gewisse Fragestellungen und verweigert auf andere eine Antwort, weil sie nicht als sinnvoll erscheinen. In diesem Sinn hat die etablierte Literaturkritik als selbstverständlich angenommen, daß Kritik notwendig sei. Auf die Frage nach dem Grunde konnte sie nur antworten, daß sie eine ihr zugewiesene Rolle zu erfüllen habe, die zur Aufrechterhaltung des literarischen Kommunikationssystems unabdingbar sei. Die jüngsten Angriffe haben diese Begründung in Zweifel gezogen durch Fragen, die aus der Sicht der institutionalisierten Kritik nur illegetim genannt werden können. Bezeichnenderweise richtet sich die Polemik der Außenseiter nicht nur gegen die konservativen Strömungen der westdeutschen Kritik; ihr Ziel ist nicht, bestimmte, als überholt angesehene Geschmacksnormen durch andere zu ersetzen. Der Angriff gilt der Methode, mit der die Kritik ihr Geschäft betreibt. Fragwürdig erscheinen Bildung und

1 Die folgenden Bemerkungen beziehen sich vor allem auf die kritischen Aufsätze, die Peter Hamm in dem Band ›Kritik/von wem/für wen/wie. Eine Selbstdarstellung deutscher Kritiker‹. München 1968, gesammelt hat. Im folgenden zitiert als ›Kritik‹.

Gebrauch von Normen und Standards überhaupt. Es irritiert die Selbstsicherheit einer Kritik, die sich, wenn nicht als unfehlbar, so doch als unentbehrlich betrachtet. Daher wird der liberale Kritiker nicht mehr geschont als der konservative, ja in mancher Hinsicht ist er sogar das angemessenere Ziel des Angriffs, weil seine kritischen Äußerungen genau das als fundamental und unkritisierbar hinstellen, was hier in Frage gestellt werden soll.

Ungeachtet aller Meinungsverschiedenheiten zwischen den einzelnen am öffentlichen Literaturbetrieb mitwirkenden Kritikern besteht Einhelligkeit im Glauben an die Autonomie der Literatur, die Objektivierbarkeit der Kritik und die soziale Unabhängigkeit des Kritikers. Literarisches Leben erscheint als ein geschlossener Kommunikationsbereich, wo in der Diskussion zwischen Autor, Kritiker und Leser andere als literarische Argumente nicht zugelassen sind. Außerliterarischen Faktoren wird im Prinzip kein Einfluß zugestanden, und wo sie empirisch nachzuweisen sind, werden sie als Verfallserscheinungen gebrandmarkt. Infolgedessen treten hier weder Autor noch das Publikum außerhalb ihrer spezifischen abstrakten Rolle in Erscheinung. Dem den literarischen Kommunikationsraum umgebenden sozialen wie ökonomischen System wird der neutrale Charakter von materiellen Bedingungen zugeschrieben, die zum Ablauf der Kommunikation unerläßlich sind, aber auf die Funktion des literarischen Lebens und namentlich auf die der Literaturkritik keinen Einfluß haben. Dieses formale Selbstverständnis wird von den Jungen vehement angegriffen[2]. Es wird als eine Fiktion behandelt, die den Kritiker zu einer Selbsttäuschung über seine tatsächliche Rolle verleitet. Und zwar in zweifacher Hinsicht: Erstens wird die Fiktion der Autonomie mißbraucht, um dem Kritiker eine unangemessene Machtstellung zu sichern. Er usurpiert gegenüber Autor und Publikum das Amt des Gesetzgebers und Richters zugleich. Die Ideologie der Autonomie hat – möglicherweise unbeabsichtigt – zur autoritären Kritik geführt. So heißt es bei Peter Hamm:

2 Namentlich Peter Hamm, Yaak Karsunke, Wolf Rosenberg, Heinz Ohff, Bazon Brock und Hans G. Helms.

Der Großkritiker bewertet aber nur deshalb noch immer, um jene ›Werte‹ zu retten, deren Liquidation fortgeschrittene Kunst eben besorgt; konkret: um seinen eigenen Wert, seine eigene vermeintliche Individualität zu retten, d. h. seinen eigenen Herrschaftsanspruch zu sichern.[3]

Die Kritik erstarrt zur dogmatischen Meinung, die dem Publikum die Chance des eigenen, abweichenden Urteils nicht mehr zugesteht. Der individuelle Geschmack des Kritikers wird als solcher nicht kenntlich gemacht, sondern als objektiv ausgegeben.

Wäre es nur der Mißbrauch eines dem Kritiker legitim zufallenden Amts, der zu beklagen wäre, bliebe als Lösung die Reform. Auf dieser Linie bewegen sich die Vorschläge Walsers und Baumgarts. Sie wollen die Aufgabe des Kritikers beschneiden: er wird zur Privatperson reduziert, die wie andere auch ihre Meinung äußern darf. Die Radikalen unter den Unzufriedenen leugnen die Triftigkeit einer solchen Reform, da sie die Fiktion eines autonomen literarischen Wertsystems unberührt läßt. Das Elitebewußtsein des Starkritikers ist den Radikalen zufolge nicht nur als subjektive Arroganz auszuweisen, sondern als das typische Verhalten einer sozialen Gruppe, die ihre eigene Überflüssigkeit und ihre Abhängigkeit vom Apparat der Kulturindustrie durch den Schein der Freiheit zu verhüllen sucht. Der spezialisierte Berufskritiker, der von seiner Feder lebt, ist nicht unabhängig. Er rezensiert nicht gelegentlich, wenn ihn ein Buch beschäftigt, er muß rezensieren, um leben zu können. Um nur ein Zitat zu geben:

> Da Kritiker von ihren Honoraren leben müssen, sind sie zur Vielschreiberei gezwungen – aus der flüchtigen Lektüre folgt die flüchtig geschriebene Kritik. Der Apparat hindert seine Bediensteten erfolgreich an exakteren Analysen, deren Gegenstand am Ende er selbst werden könnte.[4]

Vom Apparat angestellt und mit einer speziellen Aufgabe als Theater-, Film- und Literaturkritiker betraut, ist ihm die Freiheit entzogen, über diesen Apparat und seine Verflechtungen mit dem Warenmarkt noch nachzudenken. Dem Funktionär ist die Einsicht in den gesellschaftlichen Prozeß, dem der Apparat dient, vorenthalten. Insofern

3 Der Großkritiker. In: Kritik, S. 38.
4 Y. Karsunke, Uralte Binsenwahrheiten. In: Kritik, S. 46.

dient die Kritik, ob sie es will oder nicht, der Erhaltung des gesellschaftlichen status quo. Nicht ob der Kritiker konservative oder progressive Ansichten zu einem Werk äußert, entscheidet in den Augen der Radikalen über seine Position. Das Kriterium sind vielmehr die Produktionsbedingungen, und diese entziehen sich gegenwärtig dem Einfluß des Kritikers. Das Selbstverständnis des Kritikers in der Rolle eines angeblich von der Öffentlichkeit gewährten Amtes wäre zu zerstören, weil es diese Öffentlichkeit nicht mehr gibt und demgemäß Literaturkritik unter den gegenwärtigen Bedingungen auf eine public-relation-Funktion hinausläuft.

Der Polemik entzogen bleibt die Frage, ob das hier bekämpfte Modell von Literaturkritik schlechthin falsch oder gegenüber der gegenwärtigen Situation unangemessen ist. Will die Kritik der Kritik zerstören, was niemals Wert gehabt hat, oder will sie aufdecken, was durch den historisch-gesellschaftlichen Prozeß überholt worden ist? Die folgende Analyse versucht zu zeigen, daß nur die zweite Begründung dem Sachverhalt gerecht wird. Sinnvoll ist die Auseinandersetzung mit der etablierten Kritik, wenn sie sich zur Geschichte der Kritik reflektiert in Beziehung setzt und ihren Gang nachvollzieht, so daß die vorgefundene Krise nicht nur als ein *factum brutum* konstatiert werden kann, sondern zugleich ihre geschichtlich akkumulierte Problematik einzusehen ist.

Der inkriminierte Begriff von Literaturkritik blickt auf eine Geschichte von zweieinhalb Jahrhunderten zurück. Vor dem 18. Jahrhundert ist er unbekannt. Innerhalb dieser Zeitspanne hat er Modifikationen erfahren, durch die er seinem Ursprung stark entfremdet wurde. Der institutionelle Rahmen jedoch, der sich im Zusammenhang mit der ursprünglichen Idee bildete, hat Bestand gehabt und ist in der Lage gewesen, die verschiedenen divergierenden Strömungen zu integrieren, so daß sich ihren Gegnern die etablierte Kritik nicht ohne Grund als einheitliches Gebilde darstellt. Die Behauptung, der moderne Begriff von Kritik sei vor der Aufklärung nicht nachweisbar, bedarf einer Erklärung. Denn in der Geschichte der poetologischen Lehrmeinungen fällt es schwer, zwischen dem 17. und dem 18. Jahrhundert eine scharf markierte Grenze zu entdecken[5]. Der westeuropäische Klassi-

5 Die deutschen Verhältnisse, die eine deutliche Grenze zwischen Barock und Aufklärung zeigen, sind für die europäische Situation nicht repräsentativ.

zismus des frühen 18. Jahrhunderts ist der Poetik der vorangehenden Epoche verpflichtet und sieht keinen Grund, diese Tradition zu verleugnen. Der funktionalen Betrachtung jedoch stellt sich der Unterschied dar. So gewiß die Kritik der Aufklärung auf der Poetik des 17. Jahrhunderts aufbaut und sich von ihren Inhalten erst allmählich befreit, so sehr ist auf der anderen Seite hervorzuheben, daß die überlieferten Anschauungen in einen neuen Begründungszusammenhang gestellt werden. Gattungsregeln, ästhetische Normen und Leitbilder der Rezeption können inhaltlich unverändert bleiben und doch eine neue Bedeutung erhalten. Der poetologische Begriff der Regel ist ambivalent, er läßt sowohl eine autoritäre wie eine rationale Begründung zu. Wenn Wellek meint, die Neoklassizisten wären nicht autoritär, sondern rationalistisch gewesen[6], setzt er die Umfunktionierung der überlieferten Poetik bereits voraus, und zwar mit Recht, sofern er die Geschichte der modernen Literaturkritik im Auge hat. Freilich macht Welleks Deutung auch die qualitative Veränderung unsichtbar: denn erst der Rationalismus faßt die traditionellen Regeln als Gesetze auf, die auf die gleiche Weise zu begründen sind wie Naturgesetze. Diese neue Auffassung setzt das Regelsystem selbst der Kritik aus, wo es nicht aus evidenten Prinzipien ableitbar ist. Damit eröffnen sich zwei getrennte, freilich aufeinander bezogene Problemstellungen im Bereich der Poetik: die Analyse der literarisch-ästhetischen Normen und ihre Anwendung auf das zu kritisierende Werk. Es scheiden sich begrifflich Literaturtheorie und praktische Kritik, obwohl beide im 18. Jahrhundert im großen und ganzen noch von der gleichen Gruppe von Literaten ausgeübt werden. Die Trennung von Theorie und praktischer Kritik ermöglicht es, die Rolle des Kritikers neu zu bestimmen. Seine Aufgabe ist, zwischen dem allgemeinen Gesetz und dem konkreten Kunstwerk zu vermitteln. Sein kritisches Urteil beruft sich auf ein allgemeingültiges Normensystem, das die Evidenz von Naturgesetzen beansprucht. Daher ist sein Urteil, sofern es den Gegenstand der Kritik zu diesen Normen in eine angemessene Beziehung gesetzt hat, objektiv. Seine Wahrheit kann von jedem Einsichtigen nachvollzogen werden. Montesquieus Postulat der Gewaltenteilung kann in der Tat,

6 A History of Modern Criticism: 1750–1950. New Haven 1955, Bd. 1, S. 13.

wie Hans Mayer vorgeschlagen hat, auf den Begriff rationalistischer Kunstkritik angewendet werden. Der Kunstkritik fällt die Jurisdiktion zu: »Sie hat über der Regelerfüllung durch den schaffenden Künstler zu wachen und Gesetzesverletzungen durch kritischen Urteilsspruch zu ahnden.«[7] Diese Rolle des öffentlichen Richteramtes verliert ihren für die zeitgenössische Anschauung anmaßenden Charakter, wenn ihre Bedingung im System der Gewaltenteilung eingesehen wird: Dem Kritiker ist die gesetzgebende Gewalt entzogen. Er mag die Normen anläßlich seiner Kritik formulieren, aber er spricht nur aus, was bereits unabhängig von seiner individuellen Meinung gültig bestand. Aufgrund allgemeiner und zeitloser ästhetischer Normen postuliert rationalistische Kritik ihre Intersubjektivität.

Die Einschränkung des Kunstkritikers auf die richterliche Gewalt läßt die Frage offen, wem die Gesetzgebung zufällt. Hans Mayers Antwort, daß die »eigentliche(n) Gesetzgeber die Alten gewesen waren«[8], befriedigt nur zum Teil, denn sie unterschlägt den spezifisch rationalistischen Begründungszusammenhang. Denn nur sofern die Regeln der Alten mit der Vernunft übereinstimmen, können sie unverrückliche Gültigkeit beanspruchen. Die Autorität ihres Alters allein würde sie nicht vor dem kritischen Zweifel schützen[9]. Rationalistische Kritik wird bewegt von dem Motiv, die Macht der Autorität durch den Gesetzesbegriff einzuschränken. Das Gesetz als Inbegriff allgemeiner und abstrakter Normen hat in der frühbürgerlichen Epoche den

7 Meisterwerke deutscher Literaturkritik. Berlin 1954, Bd. 1, S. XXIV.

8 Ebd.

9 Schon bei Dryden wird dieser Unterschied mit aller Klarheit hervorgehoben: Die Regeln »are founded upon good sense, and sound reason, rather than on authority: for though Aristotle and Horace are produced, yet no man must argue, that what they write is true, because they write it.« (W. P. Ker, Essays. Oxford 1926, S. 228f.). Und Murphy stellt ausdrücklich fest, daß nur diejenigen Regeln als dauernd und unveränderlich gelten können, die auf der allgemeinen Konstitution des Menschen beruhen, während Äußerungen von Dichtern und Kritikern, die sich auf Beispiele beziehen, letztlich arbiträr sind (vgl. A. Bosker, Literary Criticism in the Age of Johnson. Groningen 1930, S. 64, Anm. 1). Was Montesquieu in bezug auf die politischen Gesetze formuliert hat, gilt auch für die ästhetischen: »Les lois ... sont les rapports nécessaires qui dérivent de la nature des choses.« (Ouvres complètes. Hrsg. von Masson. Paris 1950, Bd. I, T. 1, S. 1). – Zum geistesgeschichtlichen Hintergrund vgl. R. F. Jones, Ancients and Moderns. St. Louis 1936.

definitiven Zweck – in der politischen Sphäre naturgemäß deutlicher artikuliert als in der ästhetischen –, der autoritären Willkür entgegenzutreten. Dank seiner Autonomie erfüllt es eine Schutzfunktion: Es ist der Wall, den das Bürgertum gegen den Absolutismus aufwirft.

Freilich komplizierte sich die Situation bereits im 18. Jahrhundert. Sobald die Idee des überzeitlichen ästhetischen Gesetzes als Fiktion durchschaut war, stellte sich erneut das Problem, die Möglichkeit des kritischen Urteils zu sichern. Die das Jahrhundert durchziehende Geschmacksdebatte ist einer der Brennpunkte dieser Auseinandersetzung. Wo der Geschmack zum Maßstab des ästhetischen Urteils erhoben wird, wird die Rezeption und damit auch die Rolle des Publikums zum Bestandteil der theoretischen Debatte.

Vorauszuschicken ist, daß der Geschmacksbegriff keine Prägung der Aufklärung darstellt, sondern auf eine lange Tradition zurückblickt. Im 17. Jahrhundert ist er unlöslich verbunden mit der Kultur der führenden Gesellschaftsschichten. Der durch Geburt und Milieu vermittelte gute Geschmack zeichnet den Lebensstil der Aristokratie und der mit ihr verbündeten sozialen Gruppen vor anderen Ständen aus und begründet den kulturellen Führungsanspruch. Die unterwürfigen Widmungen, in denen die professionellen Schriftsteller der englischen Restaurationszeit ihren hochadeligen Gönnern immer wieder versichern, wie sehr sie sich an deren Urteil gebunden fühlen, demonstriert hinlänglich, welch machtvolles Instrument der Geschmacksbegriff in den Händen der führenden Klasse war.

Wiederum ist im 18. Jahrhundert eine Umdeutung zu beobachten. Der Geschmacksbegriff löst sich allmählich aus dem höfischen Wertsystem und wird zu einer rein ästhetischen Kategorie, die theoretisch von sozialen Voraussetzungen nicht mehr berührt werden soll.

Die Einführung des Geschmacksbegriffs in die Kunsttheorie mußte im 18. Jahrhundert zwangsläufig zu einer Kollision mit dem neoklassizistischen Gesetzesbegriff führen, denn das im Publikum fundierte Geschmacksurteil erscheint gegenüber der deduktiven Regelkritik letztlich zufällig, weil es nicht am Kunstwerk zu demonstrieren ist. Sobald verschiedene Geschmacksträgergruppen zusammenstießen, wie dies in der Auseinandersetzung zwischen Aristokratie und Bürgertum der Fall war, wurde seine Verläßlichkeit zweifelhaft. Nicht mehr abzuweisen war die Frage, wie der Geschmack einer bestimmten gesellschaftlichen Schicht oder gar eines Einzelnen allgemeinverbindlich sein konnte. Die psychologische Fähigkeit des Menschen, ein intersubjektiv evidentes, von individuellen Voraussetzungen unabhängiges ästhetisches Urteil zu geben, verlangte nach genauerer Untersuchung.

Einen möglichen Lösungstypus finden wir bei Gottsched, der den Geschmacksbegriff in sein klassizistisches System integriert, indem er ihn neutralisiert. Die Suprematie der Regeln wird niemals ernsthaft in Frage gestellt, da der gute Geschmack als Übereinstimmung des Gefühls mit den Regeln definiert wird. Der Wert des Geschmacksbegriffes besteht für Gottsched ausschließlich darin, ein noch nicht zur Deutlichkeit gelangtes ästhetisches Urteil zu kennzeichnen. So gibt er folgende Bestimmung vom Geschmack.

> Es ist nämlich derselbe eine Fertigkeit, von der Schönheit eines Gedichtes, Gedankens oder Ausdruckes recht zu urteilen, die man größtenteils nur klar empfunden, aber nach den Regeln selbst nicht geprüfet hat.[10]

Gottsched läßt keinen Zweifel daran, daß der Geschmack für die Kunstkritik keine hinreichende Grundlage darstellt. Das Geschmacksurteil ist fehlbar, da es von äußeren Umständen abhängt.

Bei Gottsched wie auch bei seinem Vorläufer König wurde der radikale Vorstoß Dubos', den Geschmacksbegriff zum Fundament der Ästhetik zu machen, noch einmal aus der Position des deduktiv argumentierenden Rationalismus aufgefangen. Sobald der Geschmack sich als selbständige ästhetische Kategorie durchgesetzt hatte, war die Versöhnung mit dem rationalistischen Begriff von Kritik nicht mehr so problemlos zu erzielen. Besondere Aufmerksamkeit verdient die Geschmacksdebatte im Lager des englischen Empirismus, denn hier werden die Konsequenzen der Subjektivierung klarer ausgesprochen und demgemäß als Problem erkannt. Wenn Hume in seinem Essay *Of the Standards of Taste* (1757) Schönheit als objektive Eigenschaft im Kunstwerk leugnet und sie nur als subjektive Qualität im Betrachter gelten läßt, zerstört er zugleich die Basis für die rationalistische Integration in der Art Gottscheds. Gleichwohl ist Hume weit entfernt,

10 Versuch einer Critischen Dichtkunst. Leipzig [4]1751, S. 125.

das Geschmacksurteil als willkürlich zu betrachten. An die Stelle der rationalistischen Gesetzesfiktion ist die Fiktion der anthropologischen Gleichheit getreten: Obwohl der Geschmack subjektiv ist, ist er im Prinzip gleichförmig und allgemeingültig, da die menschliche Natur gleichförmig ist. »The general principles of taste are uniform in human nature.«[11] Der Geschmacksbegriff wird so abstrakt formuliert, daß der gesellschaftliche Hintergrund unsichtbar bleibt. Nicht bestimmte soziale Gruppen und Klassen werden angerufen, sondern »man in general«, wie Hume sich ausdrückt. Hume spricht ausdrücklich davon, daß der Kritiker seine privaten Vorlieben beziehungsweise Abneigungen eliminieren muß, wenn er ein der Öffentlichkeit vorgelegtes Kunstwerk zu beurteilen hat. Für den Begriff der Kritik im 18. Jahrhundert ist dies von entscheidender Bedeutung: Das individuelle Geschmacksurteil des Kritikers ist zwar subjektiv, aber es legitimiert sich vor dem Forum der Leser, die sich als Öffentlichkeit konstitutiert haben. Auf der anderen Seite läßt Hume keinen Zweifel daran, daß diese maßgebende literarische Öffentlichkeit auf den Kreis der Gebildeten beschränkt ist. Nicht jeder ist im Besitze des guten Geschmacks; nur derjenige erlangt Zutritt, dessen natürliche Anlagen durch Erziehung und Übung gefördert wurden. Schon hier deutet sich der Widerspruch der bürgerlichen Öffentlichkeit an: sie wird ihrer eigenen Idee nicht gerecht. Stillschweigend wird die Fähigkeit, ein angemessenes Geschmacksurteil abzugeben, obgleich im Prinzip jedermann zugestanden, auf die Gebildeten eingeschränkt.

Ihre präziseste Formulierung erreichte die Geschmackskontroverse in Kants *Kritik der Urteilskraft.* Kants transzendentale Kritik des Geschmacksurteils überwand die Aporien der Geschmackskontroverse, indem sie das subjektive Prinzip des Geschmacks als ein Prinzip a priori der Urteilskraft entwickelte und rechtfertigte. Dadurch wurden sowohl die empiristischen wie die rationalistischen Einwände ausgeräumt. Das Geschmacksurteil ist kein Erkenntnisurteil, es geht viel-

11 Philosophical Works. Hrsg. von Th. H. Green u. Th. H. Grose. London 1882, 3, S. 280. Abweichungen erklärt Hume psychologisch als individuelles Unvermögen des Subjekts. Die Empfindlichkeit der Einbildungskraft (»delicacy of imagination«) ist von Mensch zu Mensch verschieden; sie ist jedoch bildsam: durch Übung kann der Geschmack verbessert werden. Vgl. S. 275–277.

mehr aus der Reflexion des Urteilenden über seinen eigenen Zustand der Lust und Unlust hervor. Doch da die subjektiven Bedingungen der Form nach bei jedem Menschen vorauszusetzen sind, ist ein Geschmacksurteil a priori möglich. Subjektivität und Allgemeinverbindlichkeit lassen sich also versöhnen. Damit unterstreicht Kant noch einmal, wenn auch auf einem reflektierteren Niveau, die Intention der Aufklärung, Kritik als ein formales Prinzip zu institutionalisieren, das sich selber trägt und auf die Tradition nicht mehr angewiesen ist. Im Prinzip ist jeder zum Urteil befähigt, mag er auch infolge seiner Lebensumstände diese Fähigkeit unterschiedlich ausgebildet haben. Dies besagt, daß jeder zur Kritik aufgerufen ist; diese ist nicht das Privileg einer bestimmten Gesellschaftsschicht oder einer Berufsgruppe. Folglich ist der Kritiker, selbst wenn er seine Tätigkeit als eine Profession ausübt, der Idee nach nur Sprecher der Allgemeinheit. Er formuliert, was jeder denken könnte. Und seine besondere Aufgabe gegenüber dem Publikum besteht darin, das allgemeine Gespräch zu führen.

Der Begriff der Kritik ist mithin in der Epoche der Aufklärung nicht von der Institution der Öffentlichkeit zu trennen. Die Richtung des Urteils an ein Publikum ist immer schon mitgedacht. Der Aspekt der Kommunikation mit dem Leser ist nicht zufällig, sondern wesentlich. Denn durch die Beziehung auf das Publikum verliert das kritische Räsonnement seinen privaten Charakter. Die Kritik stellt sich zur Debatte, sie versucht zu überzeugen, sie lädt zum Widerspruch ein; kurz, sie wird ein Teil des öffentlichen Meinungsaustausches. Historisch gesehen hängt der moderne Begriff der Literaturkritik aufs engste zusammen mit der Entstehung der liberalen bürgerlichen Öffentlichkeit zu Beginn des 18. Jahrhunderts. Für die bürgerliche Emanzipationsbewegung war Literatur ein Instrument, um sich ihrer selbst bewußt zu werden und ihre humanen Ansprüche gegen den absolutistischen Staat und die ständische Gesellschaft zu artikulieren. Die litararische Diskussion, die vorher im aristokratischen Salon höfischer Repräsentation gedient hatte, wird nunmehr zu einem Übungsfeld öffentlicher Kritik. Am frühesten geschah dies in England. Dort entstanden zuerst jene sozialen Institutionen, die für Jahrzente das Fundament der literarisch-politischen Öffentlichkeit bildeten: Kaffeehäuser und Clubs, Lesegesellschaften und Leihbibliotheken. Freilich gilt auch hier, was anläßlich der Behandlung der ästhetischen Normen zu bemerken war: diese literarische Öffentlichkeit, aus der die politische Emanzipation des Bürgertums sich entfaltete, ist nicht bürgerlichen Ursprungs. Sie geht zurück auf die repräsentative Öffentlichkeit des Hofes und löste sich erst langsam von der aristokratischen Führung. Doch dort, wo diese Öffentlichkeit zu sich selbst kommt, versteht sie sich als abgehoben von ständischen Gruppierungen und deren partikularen Interessen. Obwohl dies tatsächlich nicht der Fall war, obwohl das »allgemeine Publikum« sich in der Hauptsache aus dem bürgerlichen Mittelstand und dem Adel zusammensetzte, war im Selbstverständnis dieser Öffentlichkeit die allgemeine Zugänglichkeit vorausgesetzt. Gesellschaftliche Privilegien finden dort, wo sich die Privatleute als Publikum zusammenfinden, im Prinzip keine Anerkennung. In den Gesellschaften und Klubs wird der soziale Status suspendiert, so daß die Diskussion als ein Gespräch unter Gleichberechtigten stattfinden kann. Dieses Bemühen, das Räsonnement von gesellschaftlichen Vorrechten zu befreien, ist für den neuen Begriff von Kunstkritik ausschlaggebend. Das Gespräch der mündigen Laien setzt sich an die Stelle des höfisch-autoritären Kunsturteils. Und aus dem Kunstgespräch der interessierten Laien leitet sich die Rolle des Kritikers ab. Als Privatmann steht er ohne Vorrechte unter Privatleuten. Er erscheint als ihr Sprecher, weil er besser unterrichtet ist. Und durch diese Kenntnis schafft er sich Anspruch gehört zu werden. Die richterliche und pädagogische Sendung des Kritikers wird begrenzt durch den Konsensus, daß die öffentliche Meinung die letzte Instanz bildet.

Das Modell bürgerlicher Öffentlichkeit war ein Ideal, dem die soziale Wirklichkeit niemals voll entsprach. Freilich ist seine Wirkung bis in die Gegenwart hinein nachzuweisen. Die Buchkritik der Presse steht, wie Peter Glotz gezeigt hat[12], noch heute unter seinem Einfluß. Die Buchkritik der führenden überregionalen Zeitungen wendet sich nämlich weiterhin an *das* Publikum, ohne sich darum zu kümmern, daß die Masse der uninformierten Leser die anspruchsvollen Rezensionen nicht versteht. Doch schon im ausgehenden 18. Jahrhundert erwies sich die Annahme, das literarische Publikum sei ein homogener Kreis von literarisch informierten und mündigen Laien, als eine Fik-

12 P. Glotz, Buchkritik in deutschen Zeitungen. Hamburg 1968.

tion. Die Desintegration zeichnete sich in der literarischen Öffentlichkeit früher ab als in der politischen, die erst unter dem Eindruck der industriellen Revolution in eine Krise geriet. Die Zersplitterung der Öffentlichkeit wurde nicht zuletzt durch die Realisierung des im Modell postulierten Bildungsprogramms mitverursacht. Im Unterschied zur Aristokratie förderte das Bürgertum die Ausbreitung von Bildung, so daß sich im Laufe des 18. Jahrhunderts in England wie auf dem Kontinent die Zahl der Leser und damit auch der virtuellen Literaturrezipienten stetig vergrößerte[13]. Infolge dieser Ausweitung wurde der Zusammenhang zwischen der führenden Intelligenz und der breiten Leserschicht lockerer. Die künstlerischen Absichten der produktiven Intelligenz entsprachen nicht mehr dem Geschmack des breiten Publikums.

»Es bereitet sich (. . .) ein neuer Gegensatz vor, eine Spannung zwischen der Literatur der Bildungselite und der des allgemeinen Lesepublikums, und es machen sich Geschmacksentgleisungen bemerkbar, in denen bereits die Schwächen der späteren Unterhaltungsliteratur erkennbar sind.[14]

In gewisser Weise bedeutete die Zersplitterung der Leserschaft eine Regression. Dort wo die Literatur als Material der Unterhaltung gebraucht wird, entfällt das kritische Räsonnement, und in den kleinen Zirkeln der Intelligenz, in denen literarische Produktion und Kritik noch direkt aufeinander einwirken, ist der öffentliche Charakter der Diskussion bereits wieder verlorengegangen.

Diese Veränderungen blieben nicht ohne Einfluß auf den Begriff der Literaturkritik und die Rolle des Kritikers. Die Loslösung der bürgerlichen Avantgarde von ihrer Klasse und die Entfremdung ihrer Kunstabsichten vom Geschmack der breiten Leserschicht stellte den Kritiker um 1770 vor eine neue Situation. Die Verpflichtung gegenüber dem literarischen Werk widersprach der Verpflichtung gegenüber dem Publikum. Die Basis der Vermittlung war brüchig geworden.

Anläßlich der Besprechung von Bürgers Gedichten wies Schiller

13 Vgl. R. D. Altick, The English Common Reader. London und Chicago 1957, S. 30–77 und die dort angegebene Literatur.

14 A. Hauser, Sozialgeschichte der Kunst und Literatur. München 1958, Bd. 2, S. 47.

darauf hin, wie wenig der moderne Dichter damit rechnen dürfe, daß der Geschmack der breiten Menge mit dem der Kenner übereinstimme: »Jetzt ist zwischen der Auswahl einer Nation und der Masse derselben ein sehr großer Abstand sichtbar, wovon die Ursache zum Teil schon darin liegt, daß Aufklärung der Begriffe und sittliche Veredelung ein zusammenhängendes Ganzes ausmachen, mit dessen Bruchstücken nichts gewonnen wird. Außer diesem Kulturunterschied ist es noch die Konvenienz, welche die Glieder der Nation in der Empfindungsart und im Ausdruck der Empfindung einander so äußerst unähnlich macht.«[15] Die Desintegration des Publikums in die breite Menge und die »gebildete Klasse«, die Schiller bereits als vollzogen annimmt, verwehrt dem Kritiker, sich mit der *communis opinio* zu identifizieren und von dort sein Amt zu begründen. Wenn Schiller in derselben Rezension auf die Schwierigkeiten aufmerksam macht, die mit der Schaffung eines Werks verbunden sind, das zugleich der Masse und dem kleinen Kreis der Kenner gefallen kann[16], dann bezeichnet er auch das Dilemma einer Kritik, die sich ihres Gesprächspartners nicht mehr sicher sein kann. Soll der Kritiker im Namen des breiten Publikums oder der Minorität urteilen? Schiller zog aus diesem Dilemma die Konsequenz, daß die ästhetische Beurteilung von der Frage der Rezeption streng zu trennen sei. Gegenüber Bürger, der Volkstümlichkeit als Maß der Vollkommenheit bestimmt hatte, machte er geltend, »daß zur Vollkommenheit eines Gedichts die erste unerläßliche Bedingung ist, einen von der verschiednen Fassungskraft seiner Leser durchaus unabhängigen absoluten, innern Wert zu besitzen«[17]. Der Wert der Volkstümlichkeit wird nicht schlechthin geleugnet, aber doch in der Hierarchie der maßgebenden Werte auf eine niedrigere Stufe gesetzt: Volkstümlichkeit ist ein zusätzlicher Gewinn des Kunstwerks, wenn es die Probe der autonomen ästhetischen Kritik bestanden hat. Dem Schillerschen Kritiker fällt also die Aufgabe zu,

15 Sämtliche Werke. Hrsg. v. O. Güntter u. G. Witkowski. Leipzig, o. J. Bd. 19. S. 230f.

16 »Welch Unternehmen, dem ekeln Geschmack des Kenners Genüge zu leisten, ohne dadurch dem großen Haufen ungenießbar zu sein – ohne der Kunst etwas von ihrer Würde zu vergeben, sich an den Kinderverstand des Volks anzuschmiegen.« (a. a. O., S. 231).

17 A. a. O., S. 232f.

das durch die neuen, minder kritischen Leserschichten gefährdete literarische Niveau zu verteidigen. Diese Funktion hebt ihn aus dem Zusammenhang mit dem allgemeinen Lesepublikum heraus. Wo diesem das ästhetische Organ abgesprochen wird und nur die Minorität als gleichwertiger Gesprächspartner angesehen wird, kann die Verbindlichkeit und Allgemeingültigkeit von Literaturkritik nicht mehr durch die literarische Öffentlichkeit legitimiert werden. Das mittlerweile institutionalisierte Amt des Kritikers sieht sich dann auf den Rückhalt der kleinen literarischen Elite angewiesen[18], und der Kritiker beruft sich auf Werte, die sich von gesellschaftlichen Bezügen weitgehend gelöst haben. Nur der äußeren Form nach ist freilich der ästhetische Kanon der Klassik mit den neoklassizistischen Dogmen zu vergleichen, denn diese galten als Gesetze einer vernünftigen Natur. Insofern dieser Begründungszusammenhang entfiel, da die Fiktion ästhetischer Naturgesetze durchschaut war, erweiterte sich der Aufgabenkreis der Kritik. Die Trennung von Theorie und Kritik wurde, wie A. W. Schlegel in der Einleitung seiner Vorlesungen über schöne Literatur und Kunst feststellte, aufgehoben, »weil sie schlechthin nicht ohne einander bestehen können, und eins immer nur durch Vermittlung des andern bearbeitet und vervollkommt werden kann«[19]. Schillers Kritik an Bürger fiel deshalb so schroff aus, weil sie jenseits der

18 In der Abhandlung ›Über naive und sentimentale Dichtung‹ vergleicht Schiller die tatsächlichen Zustände einer schon arbeitsteiligen Gesellschaft mit den idealen Bedingungen der ästhetischen Empfänglichkeit und kommt zu dem Schluß, daß nur eine von Arbeit befreite Klasse von Menschen, die »ohne zu arbeiten tätig ist«, zu einem angemessenen Urteil über Poesie imstande ist, denn »der Nachlaß, welchen die Natur nach jeder anhaltenden Spannung fordert und sich auch ungefordert nimmt (. . .), ist der ästhetischen Urteilskraft so wenig günstig, daß unter den eigentlich beschäftigten Klassen nur äußerst wenige sein werden, die in Sachen des Geschmacks mit Sicherheit und, worauf hier soviel ankommt, mit Gleichförmigkeit urteilen können« (Sämtliche Werke, Bd. 17, S. 558). Den idealen Kritiker, den er vom Journalisten durchaus unterscheidet, sucht Schiller in einer solchen Klasse der von reproduktiver Arbeit freigesetzten Menschen: »Nur eine solche Klasse kann das schöne Ganze menschlicher Natur, welches durch jede Arbeit augenblicklich, und durch ein arbeitendes Leben anhaltend zerstört wird, aufbewahren, und in allem, was rein menschlich ist, durch ihre Gefühle dem allgemeinen Urteil Gesetze geben«, a. a. O., S. 560).

19 Kritische Schriften und Briefe. Hrsg. v. E. Lohner. Stuttgart 1963, Bd. 2, S. 9.

individuellen Schwächen der besprochenen Gedichte eine literarische Position treffen wollte, die das problematisch gewordene Verhältnis von Produktion, Rezeption und Kritik auf eine Art löste, die dem klassizistischen Schiller unannehmbar geworden war. Bürger faßte die Einstellung des Sturm und Drang zusammen. Der bemerkbar gewordene Gegensatz der literarischen Intelligenz zur bürgerlichen Klasse sollte durch eine Erweiterung des Publikums aufgehoben werden: Das Volk, nicht mehr das Bildungsbürgertum und seine beamteten Sprecher, wird zum maßgebenden Rezipienten erhoben. Dem gebildeten Publikum und seinen Kritikern sprach Bürger die Zuständigkeit zur Beurteilung seiner Gedichte förmlich ab:

> Denn ich lebe und sterbe des Glaubens, daß keinem darstellenden Werke, welchem die Natur lebendigen Odem in die Nase geblasen hat, tausend und abermal tausend Schemelrichter – was Schemelrichter? – selbst Thronrichter nicht! nur ein Härchen krümmen können.[20]

Die Berufung auf die Volkstümlichkeit als Siegel der Vollkommenheit läuft mit innerer Notwendigkeit darauf hinaus, den Kunstrichter abzuschaffen und Kritik durch die Darstellung des Wirkungsprozesses zu ersetzen. In die gleiche Richtung weist letzten Endes auch Herders historisch-genetische Kritik, für die die Erkenntnis des Kunstgegenstandes wichtiger ist als die Beurteilung. Die dem romantischen Begriff von Kunstkritik eigentümliche Positivität deutet sich bei Herder bereits an, wenn auch die kunstphilosophischen Prämissen verschieden sind. Kritik begründet sich bei Herder vorgänglich als ein Prozeß des Verstehens, der in die Ursprungsbedingungen des Werks eindringt und von dort aus die Entfaltung des Produktionskeimes bis zum abgeschlossenen Werk verfolgt. Diesem Verfahren ist der Begriff der ästhetischen Norm äußerlich; diese hat nie mehr als relative Gültigkeit: sie gilt für einen bestimmten Kulturraum und eine bestimmte Epoche, als deren signifikanter Ausdruck sie zu betrachten ist. Daher rechnen die Normen für Herder zu den Entstehungsbedingungen: ihre historische Verbindlichkeit stellt einen Faktor dar, den der Kritiker als Element des kulturellen Kontexts zu berücksichtigen hat. Zusammen

20 Vorrede zu den Gedichten; zit. nach Meisterwerke deutscher Literaturkritik. Hrsg. von H. Mayer. Bd. 1, S. 348.

mit den Regeln und Normen als ästhetischen Grundgesetzen wird die Möglichkeit des abstrakten formalen Vergleichs negiert. Die individuelle Struktur eines Werks erlaubt für Herder nur eine Kritik gemäß ihren einmaligen Entstehungsbedingungen. Vergleichbar ist nur die Wirkung auf den Betrachter – etwa im Vergleich von Sophokles und Shakespeare –; doch führt Herder niemals im Sinne der älteren Wirkungsästhetik eine empirisch-psychologische Maßeinheit ein.

Der Sturm und Drang versuchte also, den Begriff des Kunstrichters wieder zu eliminieren, weil er eine illegitime, sich zwischen Schöpfer, Werk und Leser drängende Autorität darstellt. Infolge der zunehmenden sozialen Distanz des Schriftstellers zur Gesellschaft erscheint das kritische Räsonnement der Öffentlichkeit, dessen Exponent der Kritiker ja ist, als ein Anschlag auf die Kunst. Der Kunstrichter wird als Anwalt von Geschmackswertungen gedeutet, hinter denen partikulare soziale Interessen vermutet werden, die den Schriftsteller in seiner Ausdrucksfähigkeit einzuschränken versuchen. Im Begriff des von allen heteronomen Normen befreiten Genies schafft sich der Sturm und Drang ein Ideal, in dem der Vorrang der produktiven vor der rezeptiv-kritischen Fähigkeit sichergestellt ist. Das Korrelat des Geniebegriffs ist die Idee einer einfühlenden, sich an ihren Gegenstand anschmiegenden, poetischen Kritik, die sich an den gleichgestimmten Leser wendet. Nicht zufällig beruft sich Herder in seinem Shakespeare-Aufsatz auf den »kleinen Kreis«, als den eigentlichen Adressaten seiner enthusiastischen Schrift. Gleichwohl wird eine naheliegende und in der Romantik konsequent vollzogene Folgerung bei Herder noch vermieden: Kunst und Leben werden nicht resolut getrennt. Vermieden werden kann diese Folgerung, weil die schöpferische Leistung des Genies vor dem Hintergrund und im Zusammenhang mit dem kollektiven Strom der Volkspoesie gesehen wird.

Wo die richterliche Aufgabe der Kunstkritik zurückgewiesen wurde, konnte die Romantik mit dem Sturm und Drang übereinstimmen, nicht dagegen war sie bereit, dem Subjektivismus der Genieepoche zu folgen. In einer frühen Schrift formulierte Friedrich Schlegel die kunsttheoretische Situation seiner Epoche als eine Antinomie:

»Hier empfahl sie (die Theorie) durch den Stempel ihrer Autorität sanktionierte Werke als ewige Muster der Nachahmung: dort stellte sie die absolute

Originalität als den höchsten Maßstab alles Kunstwerts auf, und bedeckte den entferntesten Verdacht der Nachahmung mit unendlicher Schmach. Strenge forderte sie in scholastischer Rüstung unbedingte Unterwerfung auch unter ihre willkürlichsten, offenbar törichten Gesetze; oder sie vergötterte in mystischen Orakelsprüchen das Genie, machte seine künstlerische Gesetzlosigkeit zum ersten Grundsatz und verehrte mit stolzem Aberglauben Offenbarungen, die nicht selten sehr zweideutig waren.«[21]

Nur eine Kunsttheorie, die gleichermaßen die Gefahren des Dogmatismus wie des Skeptizismus und Subjektivismus bannte, konnte der problematisch gewordenen Kritik ihre Basis zurückgeben.

Die Ableitung und Entfaltung dieser Kunsttheorie ist nicht die Aufgabe dieser Untersuchung. Relevant sind nur jene Folgerungen, in denen das zur Frage stehende Verhältnis von Kritik und Publikum berührt wird. Die Romantiker zogen in ihrer Kunsttheorie die Konsequenz aus dem Mißverhältnis zwischen den artistischen Intentionen der literarisch-kulturellen Elite und dem Geschmack der breiten Leserschaft der Mittelklasse. Das Publikum, in der Form einer ästhetischen Elite selbst noch Bestandteil von Schillers Theorem, wird als immanenter Faktor aus dem System der romantischen Literaturkritik eliminiert. Mag auch im sozialen Handeln der Romantiker, namentlich der Brüder Schlegel, die Kommunikation mit der Öffentlichkeit in der Form von Vorträgen und öffentlichen Vorlesungen eine wichtige Rolle gespielt haben, in der Durchbildung der Kunsttheorie, aus der sich der spezifisch romantische Begriff der Kritik ableitete, ist für die Öffentlichkeit als einen legitimierenden Gesprächspartner kein Platz mehr. Die romantische Kritik steht mit dem Rücken zum Publikum; dessen Meinungen und Vorlieben können weder positiv noch negativ das Urteil über das Kunstwerk beeinflussen. Diese Negation des Publikums richtet sich vorzüglich gegen die moderne Gesellschaft. Dort wo es einen verbindlichen Geschmack noch gab wie in der Antike, erscheint die Öffentlichkeit als Richter und der Kunstkritiker demgemäß entbehrlich[22]. In seiner Rezension des *Wilhem Meister* demonstrierte Friedrich Schlegel das im strengen Sinne immanente Verfahren, das sich weder auf ein Geschmacksurteil beruft noch vorgegebene, hetero-

21 Prosaische Jugendschriften. Hrsg. von J. Minor. Wien 1882, Bd. 1, S. 90.
22 Vgl. A. W. Schlegel, Kritische Schriften und Briefe. Bd. 2, S. 37.

nome ästhetische Normen in Anspruch nimmt. Er behandelt den Roman als ein Werk, »welches man nur aus sich selbst verstehen lernen kann«[23], nicht dagegen nach einem konventionellen Gattungsbegriff. Einzig aus der Reflexion des Kritikers über das Werk, besser gesagt, aus der Reflexion, die als Möglichkeit im Werk selbst angelegt ist und durch das erkennende Subjekt ausgetragen wird, leitet sich dessen Kritik ab. Kritik zielt auf die Enthüllung der dem Werk immanenten Tendenz. Im Lessing-Kommentar spricht Schlegel von »einer Kritik, die nicht sowohl der Kommentar einer schon vorhandenen, vollendeten, verblühten, sondern vielmehr das Organon einer noch zu vollendenden, zu bildenden, ja anzufangenden Literatur wäre«[24]. Damit wird gleichzeitig die Funktion der Kunstkritik entscheidend verändert. Die rationalistische Absicht der Beurteilung und Verurteilung liegt ihr fern. Ihr Ziel ist Ergänzung und Vollendung des in seiner individuellen Endlichkeit gegenüber der Idee der Kunst notwendig unvollkommenen Kunstwerks. Der Kritiker eliminiert im Prozeß der kritischen Aneignung seine Subjektivität, so daß das Ergebnis ein objektives Urteil aufgrund einer sachlichen Untersuchung darstellt. »Nicht der Kritiker fällt über dieses (das Kunstwerk) das Urteil, sondern die Kunst selbst, indem sie entweder im Medium der Kritik das Werk in sich aufnimmt oder es von sich abweist und eben dadurch unter aller Kritik schätzt.«[25] Für den romantischen Begriff der Kritik impliziert die Charakteristik die Wertung; Zergliederung und Wertung sind ein und dasselbe, denn nur auf diese Weise, da vorgegebene Normen nicht mehr geduldet werden, kann der Subjektivismus vermieden werden.

Die romantische Kunsttheorie setzt die Kritik absolut: diese kreist um sich selbst, sie hat erklärtermaßen keinen außerliterarischen Zweck. Gegenüber der Literatur kommt ihr die Funktion zu, divinatorisch die Entwicklung vorwegzunehmen und durch Lenkung und Stimulation auf ihre Bildung einzuwirken. Die Funktion der Vermittlung zwischen Literatur und Publikum, durch die sie zu Beginn des 18. Jahrhunderts ihre Legitimation erfuhr, hat sich im fortschreitenden Prozeß der Emanzipation der Kunst von der Kontrolle durch be-

23 Kritische Friedrich-Schlegel-Ausgabe. Hrsg. von E. Behler, Bd. 1, S. 133.
24 Schriften und Fragmente. Hrsg. von E. Behler. Stuttgart 1956, S. 55.
25 W. Benjamin, Schriften. Frankfurt 1955, Bd. 2, S. 486.

stimmte gesellschaftliche Gruppen aufgelöst. Das durch die Konstitution der Öffentlichkeit eingeleitete kritische Räsonnement separierte sich mehr und mehr von den Bedürfnissen des Publikums, die nicht mehr als angemessen anerkannt werden.

Daraus ergibt sich eine Problematik, die bis in die zeitgenössische Literaturkritik hineinwirkt: die Diskrepanz zwischen der sozialen Institution der Kritik und ihrem immanenten Begriff. Die Organisation des literarischen Lebens mittels des Buchmarkts, der kritischen Zeitschriften, der Klubs, Salons, Lesegesellschaften, entsprach dem Modell der bürgerlichen Öffentlichkeit. Die Diskussion sollte unter Ausschaltung gesellschaftlicher Privilegien ein Instrument des Selbstverständnisses und der gemeinsam betriebenen Aufklärung sein. »Die zum Publikum zusammengetretenen Privatleute räsonieren auch öffentlich über das Gelesene und bringen es in den gemeinsam vorangetriebenen Prozeß der Aufklärung ein.«[26] Mehr noch: das Kunstgespräch ist noch nicht Fachgespräch der Experten, es steht als ein Mittel der Humanisierung noch im Zusammenhang mit der politisch-moralischen Diskussion. Demgemäß ist die Allgemeinheit angesprochen. In die gleiche Richtung weist die Entwicklung des kapitalistischen Buchmarkts: er macht Literatur in der Warenform allgemein zugänglich. Wo sich Tendenzen zeigten, die Verbreitung von Büchern durch kleine Auflagen und hohe Preise zu blockieren, weil diese Methode einen sicheren Profit versprach, wurden sie durch den Wettbewerb wieder beseitigt. Neue Formen der Verteilung wie Leihbüchereien, Lesegesellschaften und billige Serien trugen dazu bei, Literatur auch den Schichten zugänglich zu machen, die zu Beginn des Jahrhunderts noch ausgeschlossen waren. Dieses institutionalisierte literarische Leben, in dem sich scharf umrissene soziale Rollen herausgebildet hatten, folgte seiner eigenen, gesellschaftlich bedingten Dynamik, die mit dem Wandel des Kritikbegriffs nicht parallel verlief. Die Romantik fand dieses arbeitsteilige System bereits vor. Sie konnte für den literarischen Betrieb Verachtung zeigen, sie konnte sich abschließen und in esoterischen Zirkeln die Berührung mit der Menge vermeiden, sie war jedoch nicht in der Lage, das literarische System im ganzen zu ändern. So

26 J. Habermas, Strukturwandel der Öffentlichkeit. Neuwied/Berlin [2]1965, S. 63.

stellte sich dem Liberalismus des Vormärz die Romantik als eine literarische Epoche der outrierten, ungesunden Isolation dar, wo in exklusiven Koterien die Menge verachtet wurde. In Robert Prutz' *Vorlesungen über die deutsche Literatur der Gegenwart* heißt es:

> Indem nun die Romantiker auf diese Weise sich loslösten von der Masse des Publikums, indem sie sich besser, weiser, geistreicher fühlten als alle übrigen: so war es eine unvermeidliche Folge, daß sie, um sich nicht wider ihren Willen zu verlieren in der Menge, welche sie verachteten, sich zusammentaten in Cliquen und Koterien.[27]

Die romantische Kritik ignorierte da, wo sie ihren strengen Begriff behauptete, die für die breite Leserschaft bestimmte Unterhaltungsliteratur. Diese war nicht kritikwürdig, und diejenige Kritik, die sich mit ihr beschäftigte, mußte ihr als Afterkritik erscheinen, wie dies Tieck in der Vorrede zu seinen *Dramaturgischen Blättern* unmißverständlich zum Ausdruck brachte:

> Diese Meinungen des Haufens, seine Lobpreisungen, sein irrer Tadel und poetisches Faseln, alle diese Ergießungen der Unwissenheit finden heutzutage ihren Platz in jenen Magazinen unserer zahllosen Tagesblätter (...) Der Mehrzahl geschieht kein Unrecht, wenn man sie zum Abfall und Kehricht unserer Literatur rechnet.[28]

Damit wurde zugleich der Stab gebrochen über ein Publikum, das sich an Ritterromanen ergötzte und hinter der Entwicklung der eigentlichen Literatur weit zurückgeblieben war. Diese Desintegration der literarischen Öffentlichkeit hatte zur Folge, daß ihre ehemalige politische Funktion verlorenging, daß, wie Prutz darlegte, »von den Zuständen der Geschichte, den Angelegenheiten des Vaterlandes, der Gemeinde, des bürgerlichen Verkehrs« in den literarischen Diskussionen keine Rede mehr war[29]. Das Korrelat der ästhetischen Koterie ist die auf bloßen Konsum eingestellte entpolitisierte breite Leserschaft.

Das Junge Deutschland erblickte in der Kluft zwischen den kleinen Zirkeln der literarisch Produktiven und der Masse des konsumieren-

27 Das Junge Deutschland. Hrsg. von J. Hermand. Stuttgart 1966, S. 31.
28 Zit. nach: Meisterwerke deutscher Literaturkritik, Bd. 1, S. 794.
29 Das Junge Deutschland, S. 32.

den Publikums einen schweren Schaden für die Wirksamkeit der Literatur. Die Jungdeutschen widmeten sich der Liquidation eines literarischen Systems, in dem sich die Trennung von ›aristokratischer‹ und ›vulgärer‹ Literatur notwendig reproduzieren mußte. Es ging ihnen um die Restauration einer literarischen Öffentlichkeit, die als Instrument politischer Befreiung dienen konnte. Daher rühren die vehementen, um Verstehen nur selten bemühten Angriffe gegen Goethe und die Romantiker, die für die Entpolitisierung verantwortlich gemacht wurden. Nicht so sehr der Dichtung Goethes galt die Polemik – ihr Wert wurde nur von einem moralisierenden Teutomanen wie Menzel in Abrede gestellt –, sondern dem persönlichen Aristokratismus und der angeblichen Indifferenz gegenüber den drängenden Zeitfragen. Börne konnte Goethe nicht vergessen, daß dieser untätig geblieben war, als die Reaktion in Deutschland mächtig wurde, ja daß er sich nicht gescheut hatte, sich mit ihr zu arrangieren. Es ist eigentlich ein Streit um die Absteckung aktueller ideologischer Fronten, für den die Literaturgeschichte die Figuren liefert. Bei Börne ist es Jean Paul, der gegen Goethe ausgespielt wird, bei Heine ist es Schiller, der in der *Romantischen Schule* nicht nach seinem ästhetischen Rang, aber nach seiner revolutionären Thematik gegen Goethes Indifferenz hervorgehoben wird. Wie immer auch der Einzelne über bestimmte Schriftsteller der Vergangenheit urteilen mochte, allgemein verbreitet war das Bewußtsein, am Eingang einer neuen Epoche zu stehen und in der unmittelbar voraufgegangenen Literatur den Ausdruck einer abgeschlossenen, unwiderbringlich der Vergangenheit angehörenden Periode zu sehen. Heines Formulierung vom »Ende der Kunstperiode« brachte dieses Bewußtsein prägnant zum Ausdruck[30]. Ähnlich generell formulierte Wienbarg den Unterschied zwischen der Vergangenheit und den eigenen Bestrebungen.

Jene früheren Großen unserer Literatur lebten in einer von der Welt abgeschiedenen Sphäre, weich und warm gebettet in einer verzauberten idealen Welt, und sterblichen Göttern ähnlich auf die Leiden und Freuden der wirklichen Welt hinabschauend und sich vom Opferduft der Gefühle und Wünsche

30 »Die jetzige Kunst muß zu Grunde gehen, weil ihr Prinzip noch im abgelebten, alten Regime, in der heiligen römischen Reichsvergangenheit wurzelt.« Vgl. Sämtliche Werke. Hrsg. von E. Elster, Bd. 4, S. 72.

des Publikums ernährend. Die neueren Schriftsteller sind von dieser sichern Höhe herabgestiegen, sie machen einen Teil des Publikums aus, sie stoßen sich mit der Menge herum, sie ereifern sich, freuen sich, lieben und zürnen wie jeder andere (...)[31]

In dieser Gegenüberstellung dient die Beschreibung der Vergangenheit, die hier im Unterschied zu anderen Urteilen Wienbargs sehr polemisch ausfällt, als Folie für die Bestimmung eines neuen Literatursystems, in dem das vergessene Publikum wieder in seine Rechte eingesetzt wird. In der literarischen Republik sind die Privilegien des Schriftstellers abgeschafft. Nur einen Vorzug läßt Wienbarg gelten: er bezeichnet den Schriftsteller als den »Vorschwimmer« im Strom der Zeit, also denjenigen, der in öffentlichen Fragen das Gespräch führt und durch seine Produktion die Bildung der öffentlichen Meinung beeinflußt. Konsequent wird im gleichen Zusammenhang der romantische Dichterbegriff verworfen: »Die Dichter und ästhetischen Prosaisten stehen nicht mehr wie vormals allein im Dienst der Musen, sondern auch im Dienst des Vaterlandes, und allen mächtigen Zeitbestrebungen sind sie Verbündete.«[32] Amt des Schriftstellers ist also in erster Linie die Förderung des kritischen Räsonnements.

Nicht zufällig beriefen sich die Schriftsteller des Jungen Deutschland gern auf Lessing, den Repräsentanten rationalistischer Kritik, den unbestechlichen Polemiker. »Er war die lebendige Kritik seiner Zeit, und sein ganzes Leben war Polemik. Diese Kritik machte sich geltend im weitesten Bereiche des Gedankens und des Gefühls, in der Religion, in der Wissenschaft, in der Kunst.« So Heine[33]. Ähnlich Heinrich Laube: »Diesem Baumeister Lessing zuzusehen, ist mir ein unversiegbarer Genuß. Hier ist lebensvolle Kritik, Kritik ohne irgendeine angelernte Phrase, hier ist Wahrheit, Einsicht, Förderung.«[34] Man erneuert die Konstellation der Aufklärung: der kritische Schriftsteller als Sprachrohr der Öffentlichkeit, die sich gegen die staatliche Gewalt zur Wehr setzt. Gerade weil in Deutschland die politischen Verhältnis-

31 Ästhetische Feldzüge. Hrsg. von W. Dietze. Berlin/Weimar 1964, S. 188; teilweise eine Parodie auf Goethes ›Prometheus‹.

32 Ästhetische Feldzüge, S. 188.

33 Sämtliche Werke, Bd. 4, S. 240.

34 Aus der Einleitung zu ›Rokoko‹ (1846); zitiert nach: Lessing – ein unpoetischer Dichter. Hrsg. von Steinmetz. Frankfurt 1969, S. 291.

se gegenüber Westeuropa so zurückgeblieben waren, da das Bürgertum über einen Kompromiß mit dem absolutistischen Staat nicht hinausgelangt war, hatte diese Position ihre historische Berechtigung. Man verstand die Literatur noch einmal als Übungsfeld für die politische Befreiung, die literarische Revolution als Vorbereitung der politischen.

Die jungdeutschen Schriftsteller griffen das liberale Modell der abstrakten, zwischen Staat und Gesellschaft stehenden literarisch-politischen Öffentlichkeit auf, ohne dessen gesellschaftliche und ökonomische Basis zu befragen. Dies gibt sich vor allem an ihrer Auffassung von der Rolle des Publikums zu erkennen. Das Publikum wird wieder in seine Rechte als aktiver Gesprächsteilnehmer eingesetzt, ja zum Richter des literarischen Lebens bestellt. Laube postulierte eine »demokratische Hochebene« der Literatur, die der kulturellen Heroen nicht mehr bedürftig sei, weil jedermann gebildet ist und zu schreiben versteht. In der Formulierung »Wissenschaft und Kunst sind aus umschlossenen Gemächern auf die Märkte gestiegen«[35], wiederholt sich die Popularisierungstendenz der frühen Aufklärung. Die Demokratisierung der Literatur, oder Republikanisierung, wenn man die radikaleren Absichten der Junghegelianer von denen der Jungdeutschen unterscheiden will, implizierte die Schaffung eines Publikums, das weder mit der Masse des Kleinbürgertums noch mit der schmalen Schicht der Gebildeten identisch sein durfte. Nur die Allgemeinheit kam als Adressat in Frage. Aus den zeitgenössischen Konfidentenberichten der Zensurbehörden geht hervor, daß dem Jungen Deutschland ein gewisser Erfolg beschieden war, daß sie mit ihren Schriften nicht nur die kulturelle Elite erreichten. Die Folge war das Verbot des Bundestages von 1835, das die Verbreitung der jungdeutschen Schriften gerade deshalb untersagte, weil sie allen Klassen zugänglich waren. Die Umfunktionierung der Dichtung zu einem Instrument des publizistischen Tageskampfes berührte den Begriff der Kritik in seinem Kern. Freilich verhinderte die generelle Feindseligkeit des Jungen Deutschland gegen die Romantik eine sorgfältige Prüfung der romantischen Kunsttheorie, so daß in bezug auf die ästhetischen Normen ein Gefühl der Unsicherheit bestehen blieb. In der zehnten Vorlesung

35 Die neue Kritik. In: Das Junge Deutschland, S. 104.

seiner *Ästhetischen Feldzüge* stellte sich Wienbarg die rhetorische Frage: »Was also unterscheidet uns und unsere Zeit von solchen Menschen und Zeiten, die sich einer gemeinsamen Weltanschauung zu rühmen haben?« Die Antwort lautete: »der Mangel an Einheit und daher der Mangel an Kraft und Sicherheit, und daher der Mangel an Wahrheit. Wir sind im Handeln ebenso unsicher wie im Genießen, im Schaffen ebenso schwankend wie im Beurteilen, Kopf stößt sich an Kopf, Gefühl an Gefühl, es ist eine Welt von Dissonanzen, die ihren Generalbaß erst von der Zukunft erwartet«[36]. Die Unsicherheit, die Wienbarg ehrlicher einräumte als seine Mitstreiter, rührte daher, daß die verschiedenen kritischen Strömungen von der Aufklärung bis zur Romantik noch als methodische Möglichkeiten präsent waren und den Kritiker vor eine Entscheidung stellten. Gleichzeitig aber erwies sich die bloße Fortführung der ästhetischen und kritischen Traditionen angesichts der veränderten Zeitumstände als unmöglich. Bei aller Sympathie für die Aufklärung verbot sich die Rückkehr zur rationalistischen Regelpoetik, ja selbst zur abstrakten, an Kants *Kritik der Urteilskraft* geschulten Ästhetik Schillers. Auf der anderen Seite durfte das ästhetische Urteil aber auch nicht, wie dies in der nachromantischen Kritik häufig der Fall war, auf das Niveau des persönlichen Geschmacksurteils zurückfallen. Wienbarg wollte die Ästhetik aus ihrer Isolation herausführen und ihre Beziehung zur jeweils dominierenden Weltanschauung im Prozeß des geschichtlichen Fortschritts aufweisen:

> Dadurch bestätigte sich uns die aufgestellte Ansicht, daß die Ästhetik, wenn irgend etwas, eine geschichtlich geschlossene Disziplin ist und als solche einem viel höhern, aber zugleich auch beschränkteren Standpunkt angehört, als man ihr gewöhnlich einräumt, nämlich dem Standpunkt der jedesmaligen Weltanschauung selber.[37]

Dieser Standpunkt erlaubt die Folgerung, daß der augenfällige Geschmackswandel nicht zufällig ist, sondern im Wandel der allgemeinen Weltanschauung begründet ist. Mithin hat der Kritiker die ästhetischen Maßstäbe jeweils aus der konkreten geschichtlichen Lage zu

36 Ästhetische Feldzüge, S. 91.
37 Ästhetische Feldzüge, S. 83.

entwickeln. Für Wienbarg lag freilich das Schwergewicht seines Interesses weniger im Studium der Vergangenheit als in der Analyse der aktuellen, durch die veränderte Zeitlage anhängig gewordenen Fragen.

Problematisch geworden war vor allem die Selbstbegrenzung des ästhetischen Bereichs. Aus gesellschaftlichen Konflikten hervordrängende ideologische Tendenzen negierten den Begriff des freien, schönen Kunstwerks. Die Ideologisierung schlug sich in einer Prosa nieder, die nach Wienbargs Beobachtung zugleich vulgärer und konziser war als die Kunstsprache der vorangegangenen Epoche. Ihr war nämlich aufgetragen zu verbinden, was vorher streng geschiedenen Bereichen zugeordnet war: Ausdruck und Kommunikation. Heines Prosa, das anerkannte Vorbild der jungdeutschen Schriftsteller, ist ausgezeichnet durch eine hochsubjektive Mischung »von Fakten, Phänomenen, Episoden, Prospekten, Bewußtseinsdaten, ein Potpourri von Realitäten der verschiedensten Ebenen und Dimensionen also, die nur durch Assoziation, Reflexion, Gedächtnis des niemals gänzlich fiktiven Autors miteinander in Kontakt kommen«[38]. Vergeblich würde man hier nach der integralen Einheit des Kunstwerks und seinem ästhetischen Schein suchen. Die Grenze zwischen Dichtung und Publizistik ist verwischt, und zwar, wie unbedingt hinzuzufügen ist, nicht aufgrund willkürlicher Verzerrung durch den Dichter, sondern aus der Einsicht in die Produktionsbedingungen des Zeitalters.

Die Kunstkritik der Goethezeit war fundiert in einer Kunsttheorie, für die das Kunstwerk ausdrückt, was ausschließlich im Medium der Kunst zum Ausdruck gebracht werden kann. Insofern verbietet sie, wo sie rein herrscht, dem Kritiker die Anwendung von außerästhetischen Kategorien. Als unwirksam erweist sich diese Idee der Kritik gegenüber einer Literatur, die am Begriff des geschlossenen Kunstwerks nicht mehr festhielt, die sich gegenüber der Wirklichkeit öffnete und mit voller Absicht ideologische Elemente in sich aufnahm, ohne diese noch im herkömmlichen Sinne zu integrieren. Heines *Romantische Schule* repräsentiert einen neuen Typus von Literaturkritik, in dem Personalcharakteristik, Werkbeschreibung, Satire, historischer

38 Wolfgang Preisendanz, Der Funktionsübergang von Dichtung und Publizistik bei Heine. In: Die nicht mehr schönen Künste. Hrsg. von H. R. Jauß (Poetik und Hermeneutik III), München 1968, S. 350.

Kommentar und Ideologiekritik eine höchst unorthodoxe Verbindung eingehen. Diese Kritik ist, im erklärten Gegensatz zur romantischen, an der Heine »ein feines Herausfühlen der Eigentümlichkeiten« lobte[39], subjektiv und polemisch: polemisch aufgrund der Überzeugung, daß Dichtung nicht mehr ohne Elemente der Wirklichkeit bestehen konnte und daher – absichtlich oder unabsichtlich – eine Tendenz ausdrückte; subjektiv aus der Einsicht, daß ein objektiver Wertkanon sich nicht ohne Rücksicht auf die gesellschaftlich-politische Realität denken lasse, eben diese Wirklichkeit jedoch so sehr in Bewegung geraten sei, daß jeder dogmatische Kanon sich alsbald zu ihr in Widerspruch setzen würde. Die Vermittlung von Kunstwerk und kritischem Bewußtsein ist nicht mehr möglich in einer Darstellung, die an abstrakten Regeln mißt, aber auch nicht mehr im romantischen Verfahren, das das Kunstwerk im Prozeß der Kritik, gleichsam ohne Zutun des erkennenden Subjekts, vollendet. »Für den Augenblick aber hält Heine nur die Subjektivität als solche, als den Bezugspunkt aller Wirklichkeitserfahrung, für im eigentlichen Sinne darstellbar.«[40] Dieser Satz über Heines Prosa kann auch für seine Kritik stehen. Sie legt den Schein der kritischen Objektivität ab. Schon Lessing und noch mehr den Schlegels sagt Heine den Mangel einer festen Theorie nach; und er ist nicht bereit, seinem akademischen Lehrer auf dem Wege in die historische Würdigung zu folgen. Bei Heine macht sich das erkennende Subjekt explizit bemerkbar, es beschreibt sein persönliches Verhältnis zu dem Werk, der Person oder der Richtung, mit der die Kritik sich beschäftigt; es registriert seine Reaktionen, verdeutlicht seine Voraussetzungen und erläutert seine individuelle Perspektive. Dies geschieht nicht mit der Absicht, dem Leser Impressionen zu vermitteln, sondern um dem dogmatischen Verständnis der Aussagen vorzubeugen. Heine war sich dieses Verfahrens voll bewußt, wie die Bemerkung in seiner Börne-Schrift zeigt: »dieses beständige Konstatieren meiner Persönlichkeit (ist) das geeignetste Mittel, ein Selbsturteil des Lesers zu fördern«[41]. Die Betonung der Subjektivität ist nicht als Wiederaufnahme des Richteramts zu verstehen. Die Polemik, so scharf

39 Werke, Bd. 5, S. 232.
40 Preisendanz, Der Funktionsübergang, a. a. O., S. 345.
41 Werke, Bd. 7, S. 132.

sie sein kann, tritt nicht mit dem Anspruch der verifizierbaren Sachangemessenheit auf. Ihre Intention ist die Provokation; sie will den Leser auffordern, die angedeuteten Querverbindungen zwischen Literatur und Politik zu verfolgen und damit den umfassenden außerästhetischen Kontext in die Kritik einzubeziehen. Historisches, Politisches, Soziales und Ideologisches finden Eingang in den Bereich der Literaturkritik. An die Stelle der poetischen Kritik der Romantik tritt eine publizistische Kritik, die am Begriff des integralen Kunstwerks nicht mehr festhält. Im Falle Börnes ist Literaturkritik erklärtermaßen die Fortsetzung der politischen Diskussion in einer durch die staatliche Zensur entpolitisierten Öffentlichkeit[42]. Freilich ist diese politisierte Kritik des Jungen Deutschland – was ihr später Marx und Engels zum Vorwurf machten – noch nicht spezifisch gesellschaftlich engagiert. Wie die Literatur an die Allgemeinheit gerichtet ist, beruft sich auch ihre Kritik auf die Allgemeinheit, nicht auf den Standpunkt einer Klasse. Das Funktionieren bürgerlich-liberaler Öffentlichkeit wird unbefragt vorausgesetzt.

Der Liberalismus sah im zurückgebliebenen Deutschland in der Literatur das einzige Vehikel zum politischen Kampf. Eine selbständige politische Öffentlichkeit bestand nicht; so mußte die literarische erneut nach dem Vorbild der Aufklärung als Stimulator und Promulgator eintreten. »Wir Deutsche«, schrieb Johannes Scherr, »haben kein anderes öffentliches Leben als das der Literatur, wir produzieren keine andern Taten als literarische (. . .)«[43] Infolge der Verspätung Deutschlands machten sich erst in den dreißiger und vierziger Jahren des 19.

42 Das Fehlen einer literarisch-politischen Öffentlichkeit machte Börne für den Mangel der Kritik in Deutschland verantwortlich. Der deutsche Kritiker, meist ein Gelehrter, fühlt sich nicht als Anwalt der Öffentlichkeit, sondern als Staatsbeamter. »Ihr (der deutschen Kritik) fehlt der Sinn für die Öffentlichkeit, der ihr aus Mangel an Übung abgestorben. Ihr fehlt feine Sitte, Gewandtheit, Anstand, Mut und Gegenwart des Geistes. In Deutschland schreibt jeder, der die Hand zu nichts anderem gebraucht, und wer nicht schreiben kann, rezensiert. Nichts ist verzeihlicher als das, es ist jeder berechtigt, über alles, was alle angeht, seine Stimme zu geben. Nur fehlt es an einer öffentlichen Meinung, an einer Urne, worin alle Stimmen zu sammeln wären, daß man sie zählen könne.« (Einige Worte über die angekündigten Jahrbücher der wissenschaftlichen Kritik. In: Kritische Schriften. Hrsg. von E. Schumacher. Stuttgart/Zürich 1964, S. 57).

43 Das Junge Deutschland, S. 349.

Jahrhunderts die politischen Konsequenzen der literarischen Öffentlichkeit bemerkbar. Mit Recht hat Jost Hermand der verbreiteten Geringschätzung des Jungen Deutschland entgegengehalten, daß diese Gruppe, so unklar und rein literarisch ihre Ziele auch sein mochten, in Deutschland eine Form des kritischen Räsonnements einleitete, auf dem die politisch bewußteren Schriftsteller des Vormärz, trotz ihrer Kritik an den Vorgängern, aufbauen konnten[44]. In Herweghs Aufsatz *Die neue Literatur* heißt es:

> Unsere neue Literatur ist eine Tochter der Kritik, unsere besten Schriftsteller haben in den Journalen ihre Studien vor dem Publikum gemacht, manches keimende Talent schlägt noch jetzt denselben Weg ein.[45]

Der Vormärz setzte die Tendenzen der dreißiger Jahre fort, verschärfte sie, hob die Prioritäten des Politischen gegenüber der Literatur noch schärfer hervor, beurteilte das einzelne Talent nach seiner Rolle in der Gesamtbewegung: »In der Literatur gilt jeder nicht für sich, sondern nur in seiner Stellung zum Ganzen.«[46] Präziser als in der jungdeutschen Generation übernimmt die Literaturkritik die Funktion der Ideologiekritik. In dieser Hinsicht ließ der junge Engels nur Börne als Vorläufer gelten. Freilich hatte die postulierte Politisierung der Literaturkritik für den jungen Engels noch keinen entfalteten gesellschaftstheoretischen Hintergrund. Sie ging vielmehr von der Überzeugung aus, daß die ideologische Diskussion, wenn sie vor der Öffentlichkeit ausgetragen wurde, als kritisches Bewußtsein verändernd auf die politischen Zustände einwirken konnte. Für den Linkshegelianer Engels ist das Funktionieren der Öffentlichkeit noch ein positives Faktum. Zum erstenmal deutet sich bei Engels in der Besprechung von Carlyles *Past and Present* eine prinzipielle Kritik des literarischen Lebens an. Engels konstatiert den Widerspruch zwischen dem modischen Literaturbetrieb und der sozialen Wirklichkeit einer Klassengesellschaft. Den liberalen Glauben an die öffentliche Meinung als politisches Regulativ bezeichnet Engels als das »öffentliche Vorurteil«

44 Das Junge Deutschland. Nachwort, bes. S. 389ff.

45 Der deutsche Vormärz. Hrsg. von J. Hermand. Stuttgart 1967, S. 10.

46 Friedrichs Engels, Alexander Jung und das Junge Deutschland. In: Marx/Engels, Werke. Berlin 1961ff., Bd. I, S. 437.

der guten Gesellschaft[47], d. h. der Klasse, die aufgrund ihrer Beherrschung der Industrie die politische Macht in Händen hält. Was die Liberalen als die öffentliche Meinung bezeichnen und als unabhängig von partikularen gesellschaftlichen Interessen ausgeben, erscheint Engels als ein Versuch, die ökonomische und soziale Ungleicheit zu stabilisieren.

Die Kritik der liberalen Öffentlichkeit, wie sie prägnanter und grundsätzlicher von Marx vorgenommen wurde, gehört aus zwei Gründen in den hier skizzierten Zusammenhang: Einmal liquidiert sie im Prinzip die institutionelle Basis der bisherigen Literaturkritik, die ja auch von den Gruppen und Schulen nicht angetastet worden war, die sich von dem Ursprung der neueren Literaturkritik aus dem öffentlichen Räsonnement so weit entfernt hatten wie die Romantiker. Zweitens stellte die Kritik der bürgerlichen Öffentlichkeit unausweichlich das Problem, die institutionelle Grundlage der Kritik neu zu bedenken.

Die Kritik des jungen Marx an der bürgerlichen Öffentlichkeit entzündete sich an Hegels Rechtsphilosophie, die die Widersprüche, welche aus dem Konflikt der Einzelinteressen mit dem postulierten vernünftigen Gesamtinteresse hervorgingen, noch einmal durch eine standesstaatliche Konstruktion auffing. Marx akzeptierte im Gegensatz zu Hegel die Entwicklung zum bürgerlichen Rechtsstaat, freilich mit der Absicht, den Widerspruch zwischen seiner Idee und seiner Verwirklichung nachzuweisen. Die bürgerliche Öffentlichkeit ging davon aus, daß das ökonomische System herrschaftsfrei sei und sich von selber reguliere, so daß die öffentlichen von den privaten Interessen nicht berührt würden. Marx zeigte hingegen, daß das kapitalistische System trotz der formalen Vertragsfreiheit zu Gewalt- und Herrschaftsverhältnissen führt, die der Idee der Öffentlichkeit widersprachen. Verwirkt hat das Publikum seinen Anspruch, das Ganze zu repräsentieren, denn die Öffentlichkeit ist nicht allen gleichmäßig zugänglich. Ferner erweist sich die Trennung von privaten und öffentlichen Interessen als eine Fiktion, von der nur das Bürgertum profitiert. Und schließlich ist die öffentliche Meinung nicht, wie ihre Idee will, mit der Vernunft identisch, solange die bürgerliche Gesellschaft

47 Ebd. S. 527.

die Gewaltverhältnisse perpetuiert. Marx fand in der Klassengesellschaft eine Öffentlichkeit vor, die ihrem eigenen Prinzip untreu geworden war. Er zog daraus die Konsequenz, daß die Idee der Öffentlichkeit zu ihrer Realisierung die Abschaffung ihrer bürgerlichen Form notwendig forderte. Je mehr das Publikum sich verbreitert, je mehr nichtbürgerliche Schichten an den publizistischen Institutionen teilhaben, desto deutlicher muß sich das Prinzip der Publizität schließlich gegen die Bourgeoisie wenden. Damit aber wird, gemäß den Interessen dieser am Eigentum nicht beteiligten Schichten, die Verfügung über Eigentum selbst Bestandteil der Diskussion. Die ökonomische Basis der Öffentlichkeit wird schließlich thematisiert. »Sobald die Masse der Nichteigentümer die allgemeinen Regeln des gesellschaftlichen Verkehrs zum Thema ihres öffentlichen Räsonnements erhebt, wird die Reproduktion des gesellschaftlichen Lebens als solche zur allgemeinen Angelegenheit und nicht bloß ihre Form privater Aneignung.«[48]

Aus dieser Kritik ergeben sich neue Problemstellungen für die Grundlegung der Literaturkritik. Ist die Vernünftigkeit der öffentlichen Meinung als falsches Selbstverständnis der Bourgeoisie einmal aufgedeckt, entfällt für die Kritik die Legitimation durch das Publikum. Denn dieses Publikum ist nicht mit der Allgemeinheit identisch, es repräsentiert nur die ›gute Gesellschaft‹, deren Urteil – obgleich sie dies nicht zugeben kann – durch ihre soziale Position determiniert ist. Was vorher irrelevant erschien, weil es der Idee der autonomen literarischen Öffentlichkeit widersprach, wird nunmehr, angesichts der unübersehbaren Interessenkonflikte der Klassen zum methodischen Problem: Literarische Produktion wie kritische Rezeption geraten unter den Verdacht, nicht mehr an die Gesamtheit gerichtet zu sein oder im Namen der Allgemeinheit zu sprechen, sondern in dem, was sie schreiben, besonderen Klasseninteressen Ausdruck zu verleihen. Folglich kann sich Kritik, sofern sie über die deskriptive Charakteristik hinausgelangen will, nicht damit begnügen, dem Werk direkt gegenüberzutreten und es nach dem Maßstab seiner eigenen Intentionen zu beurteilen. Kritik hat sich zugleich mit dem Verhalten von Autor und Rezipient zu beschäftigen, insofern diese den Kontext des Werkes darstellen. Damit wird der Gegenstand der Kritik ausgeweitet

48 Habermas, Strukturwandel der Öffentlichkeit, S. 141.

auf das auf differenzierter Arbeitsteilung beruhende Kultursystem, in dem die intellektuellen Produkte den Produzenten entfremdet gegenüberstehen. Die absolut gesetzte, der gesellschaftlichen Praxis entzogene Kultur ist zur Ideologie geworden, die ihre Schöpfer in ein Verhältnis der Abhängigkeit gebracht hat. Demgemäß ist die »Aufgabe der Philosophie, die im Dienste der Geschichte steht, nachdem die Heiligengestalt der menschlichen Selbstentfremdung entlarvt ist, die Selbstentfremdung in ihren unheiligen Gestalten zu entlarven«[49]. So ist ideologisch am literarischen System das Bewußtsein, gegenüber der gesellschaftlichen Praxis handelnder Menschen unabhängig zu sein. Die Kritik hat diesen Schein zu zerstören, denn er verhüllt nur die tatsächliche Abhängigkeit der Institution Literatur von der eingeschliffenen Gesellschaftsordnung[50]. Ein solcher Ideologieverdacht unterscheidet sich von der immanenten Kritik der Romantik nicht nur dadurch, daß er außerästhetische Faktoren für die Bedeutung des Kunstwerks als relevant ausgibt, sondern auch dadurch, daß er die Kritisierbarkeit des Kunstwerks radikal für sich in Anspruch nimmt.

Im Modell von Basis und Überbau konnte Marx versuchsweise die Möglichkeit einer Kulturtheorie formulieren, die der Literaturkritik einen methodischen Zugang zu den Bedingungen literarischer Produktion ermöglicht, die gemäß dem Selbstverständnis der klassischen literarischen Öffentlichkeit unsichtbar bleiben müssen. Für diese war das Räsonnement autonom, es verleugnete seinen Zusammenhang mit der materiellen Tätigkeit der Menschen und der Entwicklung der materiellen Produktivkräfte. Demgegenüber insistiert Marx auf der Abhängigkeit der intellektuellen Produktion, wie sie sich in Religion, Moral und Kunst niederschlägt, vom Stand der materiellen Produktivkräfte:

49 Marx/Engels, Bd. I, S. 379.

50 Diese Abhängigkeit ist freilich nicht positivistisch als kausale Determination des individuellen Kunstwerks durch die gesellschaftlichen Bedingungen zu verstehen. Sie betrifft vielmehr die Totalität des literarischen Systems als Teil des kulturellen Systems. Marx gab in der Einleitung der ›Kritik der politischen Ökonomie‹ zu bedenken, daß die Entwicklung der materiellen Produktionsverhältnisse nicht notwendig zur kulturellen Entwicklung parallel verlaufe. Blütezeiten der Kunst brauchten nicht notwendig auf einem Fortschritt der Produktionsverhältnisse zu beruhen. Vgl. Bd. XIII, S. 640f.

Die Produktionsweise des materiellen Lebens bedingt den sozialen, politischen und geistigen Lebensprozeß überhaupt. Es ist nicht das Bewußtsein der Menschen, das ihr Sein, sondern umgekehrt ihr gesellschaftliches Sein, das ihr Bewußtsein bestimmt.[51]

Folglich ist der Wandel der im Begriff des Überbaus zusammengefaßten intellektuellen Produktion, den unter anderem die Literaturgeschichte verfolgt, zu begreifen nur aus den Veränderungen der materiellen Grundlage.

Das Modell stellt in schematischer Weise, ohne die Bedingungen der Vermittlung im einzelnen anzugeben, den Zusammenhang her, der der Literaturkritik die Richtung anweisen kann. Obgleich es nicht für den speziellen Zweck der Kunstkritik entworfen worden ist, bietet es eine Orientierungshilfe. Freilich darf dieses Modell nicht, wie dies schon bei Engels geschehen ist, als Beschreibung eines naturgesetzlichen Zusammenhangs begriffen werden. Seine Funktion erhält es vielmehr aus der Revolutionstheorie, die die Reflexion in die Praxis umsetzt. So verbietet sich, den Überbau einfach als die Totalität der Bewußtseinsinhalte zu verstehen, die sich aus materiellen Bedingungen ableiten lassen. Marx war sich bewußt, daß das Modell nur einen sehr allgemeinen Rahmen bot, der nach Ausfüllung verlangte. Zu berücksichtigen waren die verschiedenen Stufen der Transmission von der ökonomischen Basis bis zu kulturellen Erscheinungen, die von dieser Grundlage so weit entfernt sind wie die Literatur.

Die Literaturkritik findet ihre aktuelle Aufgabe bei Marx vorgezeichnet durch die Einsicht in den ideologischen Charakter der bürgerlichen Öffentlichkeit. Diese hatte als literarisches Publikum darauf bestanden, daß der ästhetische Bereich der Lebensnotdurft entzogen sei, daß der Umgang mit Kunst den Menschen unabhängig von seiner Rolle als Eigentum besitzender Privatmann betrifft. Die Kommunikation des Publikums steht der Idee dieser Öffentlichkeit zufolge unter dem Vorzeichen der Humanisierung, indem die Rezeption von Kunst sich über die Vermittlung durch die politische Öffentlichkeit in gesellschaftliche Praxis überträgt. Eben dieser Zusammenhang aber ging in der späteren Entwicklungsphase der bürgerlichen Gesellschaft verloren. Abgebrochen wurde von dem bürgerlichen Publikum, das sich

51 Bd. XIII, S. 8f.

nunmehr deutlich von der ›Masse‹ absetzte, die Beziehung zwischen literarischer und politischer Öffentlichkeit. Während die Bildungselite sich auf eine ›sakrale‹ Rezeption der Kunst zurückzog, die das Kunstwerk vor einem vulgarisierten Lebensprozeß schützen wollte, um die im Werk aufgehobenen, doch von der Gesellschaft unterdrückten humanen Möglichkeiten zu bewahren, geraten die breiten Schichten bereits in den Sog der kapitalistischen Kulturindustrie, die den Begriff der bürgerlichen Kultur aushöhlte. Das eine wie das andere lief auf eine Entpolitisierung hinaus: der gesellschaftlichen Ohnmacht der Elite, die sich an die Kunst klammert, entspricht die Entmündigung der Massen durch den Apparat der Kulturindustrie. Kurz, das kulturelle System, das herkömmliche Literaturkritik immer als naturgegeben betrachtet, muß hier selbst Gegenstand der Kritik werden, denn dieses System verschleiert seine gesellschaftlichen Bedingungen. Dort wo der Kritiker als Sprecher des gebildeten Publikums sich auf die literarische Tradition beruft, meint er den Besitz der Privilegierten, die der vulgären ›Masse‹ ein Mitspracherecht an der Verfügung über das kulturelle Erbe nicht einräumen.

Die widerspruchsvolle Spätgeschichte der bürgerlichen Literaturkritik hat sich vollzogen vor dem Hintergrund einer zerklüfteten und ihrer ursprünglichen Funktion weitgehend beraubten literarischen Öffentlichkeit. Das offensichtliche Symptom dieser Krise wurde die für die Einrichtung der Literaturkritik folgenreiche Trennung von Elite- und Massenkultur. Nicht daß es eine Differenz zwischen dem avancierten Bewußtsein der Minorität und dem zurückgebliebenen des breiten Publikums nicht vorher gegeben hat; doch eine qualitativ neue Situation entstand im ausgehenden 19. Jahrhundert dadurch, daß dieser Unterschied sich im gesellschaftlichen System institutionell verankern ließ. Durch die Anwendung industrieller Produktionsverfahren auf geistige Entwürfe und die konsequente Ausnutzung der Marktsituation für eine massenhaft hergestellte Literaturware gelang es, die Bedürfnisse der Mittel- und Unterschichten in den Griff zu bekommen. Das heißt: was vorher aus der Perspektive des kapitalistischen Marktes sich als marginal darstellte und daher weitgehend dem Zufall überlassen blieb, wurde nunmehr, und zwar mit steigendem Erfolg, strengerer Kontrolle unterworfen. Die im Publikum vorhandenen Bedürfnisse werden nicht nur befriedigt, sondern zugleich hergestellt und gesteuert. Es bildet sich heraus, was in die kritische Literatur inzwischen unter dem Namen der Konsumkultur eingegangen ist.

Diese ist nicht hinreichend charakterisiert, wenn man von der Kommerzialisierung der Kunst spricht, denn als Ware tritt das Kunstwerk bereits im 18. Jahrhundert in Erscheinung; und es ist dieser anonyme Warencharakter, der ihm, weil es direkten Herrschaftsverhältnissen entzogen wird, das Maß an Autonomie gestattete, das die Theorie dann absolut setzte. In der Konsumkultur wird in konsequenter Ausdehnung des kapitalistischen Systems die Rezeption der Kunst, d. h. das Verhalten der Menschen zu ihr, in den Bereich des Warenverkehrs mit seinem gesteuerten Rhythmus von Produktion und Konsum einbezogen. Die für die bürgerliche Öffentlichkeit spezifische Form der literarischen Diskussion wird eliminiert. Die verfeinerte Anpassung von berechneten und auch hergestellten Bedürfnissen an die Massenproduktion geht zu Lasten des bürgerlichen Kulturbegriffs, der durch die Zubereitung der Kunst zu konsumgerechten ›Kulturgütern‹ ad absurdum geführt wird, denn bürgerliche Kultur hatte zur Bedingung, daß der Gebrauchswert der Literatur von ihrem Tauschwert als Ware unberührt blieb.

Der Strukturwandel der Öffentlichkeit, der letztlich auf den sozialen Friktionen der spätkapitalistischen Klassengesellschaft beruht, ließ die Position der institutionalisierten Literaturkritik nicht unberührt. Die literarische Intelligenz als Träger des avancierten Bewußtseins, die am Begriff des autonomen, nur seinem eigenen Gesetz folgenden Kunstwerks festhielt, zog sich von dem, was sie als Vulgarisierung und Kommerzialisierung der Kultur perhorreszierte, zurück und bestand, vom gesellschaftlichen System in die Defensive gedrängt, auf dem nunmehr elitär verstandenen l'art pour l'art-Prinzip. In informellen Gruppen und spezialisierten Literaturzeitschriften wurde die Diskussion unter Ausschluß des allgemeinen Publikums fortgeführt[52]. Damit

52 Ob diese soziale Distanzierung eine schuldhafte Selbstexilierung darstellt oder von der Gesellschaft erzwungen wurde, ist eine müßige Frage, weil sie die im Zerfall der literarischen Institutionen waltende Dialektik nicht berücksichtigt. Psychologisch handelt es sich sicher zum guten Teil um ein freiwillig gewähltes inneres Exil, doch bleibt zu berücksichtigen, daß die Distanzierung ein legitimes Moment enthielt: die Minorität machte ein von der Gesellschaft geopfertes Ideal gegen diese geltend. Freilich war dies nur um den Preis der

aber wurde auch das Modell liberaler Öffentlichkeit preisgegeben. Das Räsonnement ist nur der Minderheit der Eingeweihten zugänglich; es verzichtet darauf, das öffentliche Interesse zu vertreten. In extremer Form, wie im frühen Georgekreis, verweigert die Intelligenz jeden Kontakt mit dem Publikum.

Die soziale Distanz der literarisch progressiven Intelligenz destruierte die liberale Idee von Literaturkritik. Nicht nur weil ihre Mitglieder sich esoterisch gaben. Schwerwiegender als die Veränderung im Modus der Kommunikation wog die Veränderung im Selbstverständnis. Ihrer überkommenen Funktion als Mittler zwischen Werk und Publikum entbunden, und von der Kontrolle durch ein als gleichberechtigt anerkanntes Publikum befreit, kann das Richteramt der Kunstkritik autoritären Charakter erhalten. Literarische Kritik nimmt die Form des Dekrets an, gegen das ein Einspruch nicht mehr erlaubt ist. Das elitäre Bewußtsein entzieht sich der Diskussion im Gefühl seiner exzeptionellen Begabung und wird damit irrational. George und sein Kreis lieferten für diese Praxis die Exempla. Zum gleichen Ergebnis führt die Alternative des subjektiven Impressionismus, der jeden normativen Anspruch suspendiert und seine Gefühle für die Sache ausgibt. In dieser irrationalisierten Form ließ sich die Rolle des Literaturkritikers in den Apparat der modernen Kulturindustrie bruchlos einfügen und verlor damit das ursprüngliche Element des Protestes gegen eben diesen Apparat.

Um die Jahrhundertwende war diese Möglichkeit noch nicht gegeben. Wo die esoterische, elitäre Kritik dem Rezensionswesen des Massenjournalismus begegnete, distanzierte sie sich deutlich und machte aus ihrer Verachtung keinen Hehl: »Die literarische Kritik, die in deutschen Zeitungen und Zeitschriften ausgeübt wird, hat weder durch den Grad ihrer Erziehung noch durch den ihrer Einsichten den gemeinsten Anspruch auf Achtung.« So Rudolf Borchert in der *Rede über Hofmannsthal*[53]. Die Elite fühlte sich dem breiten Publikum entfremdet und desavouierte gereizt die institutionelle Basis der Kritik: Im Namen einer sakralisierten Kunst wehrte man sich gegen das professionalisierte Rezensionswesen.

Exklusivität zu verwirklichen. Dies wäre mit Grund als schuldhafte Verfehlung der Intelligenz in der Einschätzung der Lage anzusprechen.

53 Reden, Stuttgart 1955, S. 47.

In dieser Konfrontation spiegelt sich das späte Stadium eines sozialen Prozesses, dem die protestierende Avantgarde nicht weniger unterworfen war als der inkriminierte Journalismus. Mit dem Eintreten der hochkapitalistischen Phase wurde das Rollensystem der Literatur gemäß den Marktgesetzen einer verfeinerten Arbeitsteilung unterworfen. Es löste sich die Einheit von poetischer und kritischer Produktion, die im Begriff des Schriftstellers ihren Ausdruck gefunden hatte. Und innerhalb der Kritik trennten sich seit der Mitte des 19. Jahrhunderts die im Feuilleton angesiedelte Tageskritik und die an die Universität verwiesene Literaturgeschichte. Journalistischer Kritiker und universitätsgebundener Litararhistoriker prägten sich als soziale Rollen durchaus verschiedenen Charakters aus. Der Journalist entbehrte eines gesicherten sozialen Status, er gehörte zu keiner der traditionellen, mit einem profilierten Image versehenen sozialen Gruppen. Innerhalb einer ständisch denkenden Gesellschaft wie der deutschen erschien er als der Proletarier der Geistesarbeiter. In diesem Beruf sammelten sich diejenigen Mitglieder der Intelligenz, die in der akademischen Hierarchie einen Platz nicht finden konnten oder wollten. Im Zusammenhang mit der Ausdehnung der Presse in der zweiten Hälfte des 19. Jahrhunderts wurde das soziale Prestige des Journalisten noch weiter gedrückt[54].

Der Übergang vom unabhängigen Schriftsteller zum angestellten Journalisten reflektiert die umfassende Wandlung in der Organisation und Funktion der Presse. Sobald die Konsolidierung der politischen Öffentlichkeit erlaubte, die Zeitung in erster Linie als wirtschaftliches Unternehmen zu führen, veränderte sich das Verhältnis zwischen Verleger und Redakteur zuungunsten des letzteren. Der frühliberale Redakteur durfte sich als Beauftragter des Publikums fühlen, dessen allgemeine Interessen er unabhängig von den ökonomischen Privatin-

54 Durch den großen Bedarf an Arbeitskräften mußten die Ausbildungsstandards gesenkt werden. War der Journalist des Vormärz noch überwiegend Akademiker mit einem abgeschlossenem Studium, der sich als Schriftsteller fühlte und die journalistische Tätigkeit in vielen Fällen nur zeitweilig ausübte, senkte sich bei dem Massenbedarf das Bildungsniveau. Der Anteil der Akademiker unter den Journalisten ging zurück, unter ihnen waren zahlreiche, die an der Universität gescheitert waren. Im Rahmen einer kommerzialisierten Presse wurden sie als intellektuelle Facharbeiter verbraucht. Der Ehrgeiz einer schriftstellerischen Leistung war für die Mehrzahl nicht mehr zu verwirklichen.

teressen des Verlegers wahrnahm. Im Zuge der Umgestaltung der Zeitung zu einem wirtschaftlichen Betrieb wurde die Stellung des Verlegers dominierend, der Redakteur in die Position des weisungsgebundenen Angestellten herabgedrückt. In einer erweiterten Redaktion wurde seine Aufgabe spezialisiert zum Koordinator und Makler von Nachrichten. Die große Menge der anfallenden Nachrichten, auch im kulturellen Bereich, erforderte eine straffe Organisation, um den Wünschen des Publikums nach aktueller Information gerecht zu werden. Für die Literaturkritik hatte dies zur Folge, daß sie zur Tageskritik verkürzt wurde. Die geschichtliche Dimension verkümmerte – sie wurde als Spezialgebiet das Arbeitsfeld des Historikers. Die Tageskritik, die die Leser über die neuesten Bucherscheinungen zu unterrichten hat, wurde allmählich zu einem Appendix des Buchmarktes: augenblickliche Reaktionen auf den jährlich steigenden Ausstoß von Büchern, abhängig von dem zur Verfügung stehenden Raum, auf schnelle Lektüre berechnet, daher auch flüchtig geschrieben. »Die Kritiken sind kurz geworden [. . .] Analysen und Werkinterpretationen gibt es kaum noch. [. . .] Der Kritiker argumentiert nicht, er diktiert.« So faßt Hans Mayer die herrschende Tendenz des 20. Jahrhunderts zusammen[55]. Das Urteil ließe sich, wie Mayer sehr wohl weiß, differenzieren. Für den Zeitraum zwischen 1900 und 1933 macht Mayer selbst auf Gegentendenzen aufmerksam; es gab Kritiker, die sich der Kommerzialisierung der Kritik widersetzten. Und nach 1945 kristallisierten sich eine Reihe von überregionalen Zeitungen und Zeitschriften heraus, die versuchten, die bürgerliche literarische Öffentlichkeit zu restaurieren. Man pflegt die argumentierende Kritik und auch das Streitgespräch der Kritiker miteinander. Ob auf diese Weise die liberale Öffentlichkeit wiederhergestellt wurde, ist füglich zu bezweifeln. Verräterisch ist das Geständnis der Redakteure, daß sie von der Leserschaft ihrer Zeitungen keine klare Vorstellung haben und offenbar an einem engen Kontakt auch nicht übermäßig interessiert sind[56]. Sie verstehen sich weniger als Anwälte des räsonierenden Publikums denn als autonome Förderer der avantgardistischen Literatur. Der die

55 H. Mayer (Hrsg.), Literaturkritik im zwanzigsten Jahrhundert. Stuttgart 1965, S. 38.

56 Vgl. Glotz, Buchkritik in deutschen Zeitungen, bes. S. 104ff.

moderne Situation bestimmende Gegensatz von Elite- und Massenkultur, der sich in einer scharfen Trennung der kulturellen Kommunikationsräume ausprägt, ist hier nicht aufgehoben. Es handelt sich nur um eine Verschiebung der Grenze: Indem die vormals isolierte literarische Intelligenz gesellschaftlich wieder integriert wurde, kann der Gegensatz im System selbst absorbiert werden. Es hat sich eine Arbeitsteilung eingespielt: Die führenden überregionalen Blätter richten sich mit ihren Kritiken an ein Publikum, das durch Bildung privilegiert ist, und überlassen die breite Masse den Regionalzeitungen und der Boulevardpresse.

Doch ist es nicht nur die Zersplitterung des kulturellen Kommunikationsraums, durch die die Idee liberaler Öffentlichkeit zur Fiktion wird. Die dem Kritiker durch den Apparat angewiesene Position und Funktion setzt der Entfaltung des Räsonnements Grenzen. Zwar bleiben sie meist unsichtbar, weil der Eingriff sich nicht als öffentliche Zensur ausdrückt, aber sie sind spürbar. Die dem ›Literaturteil‹ zugestandene Freiheit der Meinungsäußerung hat zur Bedingung, daß die Kritik sich literarisch-immanent verhält. Selbst dort, wo der Gegenstand eine Fortsetzung der Diskussion mit politischen Argumenten nahelegt, weicht die Pressekritik im Durchschnitt aus[57]. Das Postulat der immanenten Kritik, einst Sicherung gegen das Eindringen privater gesellschaftlicher Interessen, hat seine Funktion gewandelt: es tabuisiert jene Zonen der literarischen Produktion und Rezeption, in denen allgemeine gesellschaftliche Ansprüche zum Ausdruck gebracht werden. Die Emanzipation der Literaturkritik hat sich auf die Meinungsfreiheit des Kritikers verengt, der auf den Apparat der Bewußtseinsindustrie letztlich angewiesen bleibt und daher von ihr nur selektiven Gebrauch machen kann.

Zu berücksichtigen ist hier die Rolle der literarischen Intelligenz in der gegenwärtigen Gesellschaft. Als die Intellektuellen sich vom Stand der Akademiker sozial lösten, wurden sie in eine Außenseiterposition gedrängt. Avantgardistische Kritik war zugleich auch sozial exilierte Kritik, die auf den Pressebetrieb hinabschaute. Der Ausbau der Kulturindustrie zu einem System von zusammenhängenden Großorganisationen schuf zwangsläufig eine Fülle von Positionen, die nur von

57 Vgl. Glotz, S. 83 und S. 195 f.

Intellektuellen eingenommen werden konnten. Hier wurde der ökonomisch ungesicherten Intelligenz die Chance gesellschaftlicher Reintegration geboten. Durch das Einrücken in diese Stellungen wandelte sich die sozial ›freischwebende‹ Intelligenz zu einer etablierten, wenn auch noch nicht voll gleichberechtigten Elite von Kulturfunktionären. Der Apparat der Medien gibt ihnen ungeahnte Einflußmöglichkeiten, aber er macht sie als Angestellte abhängig. Geblieben ist dieser Kritiker-Elite freilich das Bewußtsein avantgardistischer Exklusivität, das Selbstverständnis einer Sonderstellung gegenüber dem breiten Publikum, das sich unterhalb des Bildungsniveaus befindet, auf das sich ihre literarische Kommunikation eingestellt hat. Dieses kulturelle Elitebewußtsein ist dem Funktionieren des Apparates nicht hinderlich, vielmehr trägt es indirekt dazu bei, das System zu stabilisieren. Von der Kulturindustrie einmal integriert, stellt sich dieses Bewußtsein gesellschaftlich auf die Seite des status quo. Der ästhetische Herrschaftsanspruch nimmt die Kluft zwischen der Minorität der Priviligierten und der ungebildeten ›Masse‹ als naturgegeben hin. Somit liegt die Literaturkritik in den Händen einer Gruppe, deren Bewußtsein sich von den Überzeugungen des liberalen Publizisten weit entfernt hat, die als Elite von der breiten Leserschaft isoliert ist und schließlich auf einen Kommunikationsapparat angewiesen ist, den sie nicht beherrscht.

Die problematische Vermittlungsaufgabe zwischen einem komplexen, von einem entwickelten Bewußtsein entworfenen Werk und einer zerklüfteten, ungleichmäßig informierten Leserschaft nehmen die Kritiker selten ernst, weil sie eine solche Vermittlung a priori für unmöglich halten. Den Redakteuren der großen Zeitungen ist das Fragwürdige dieser Einstellung zum Teil bewußt, doch resignieren sie vor den Wünschen ihrer Starkritiker, die sich von populärer Darstellung – wie auch von populärer Literatur – nicht angezogen fühlen[58]. Dort wo die Situation der Kritik diskutiert wurde, machte man vielfach den Mangel an verbindlichen ästhetischen Normen für die Krise verantwortlich: In der Tageskritik zeige sich ein erschreckendes Durcheinander der Kriterien und Maßstäbe, ein unheiliger Kampf der Schulen und Cliquen, kurz eine Situation, die nur durch eine Besinnung auf die Grundwerte zu überwinden sei. Fragwürdig an dieser Kritik der Kritik ist das

58 Vgl. Glotz, S. 118ff.

unreflektierte Vertrauen auf die Werte. Weder die soziale Position des Kritikers noch die tatsächliche Struktur des Publikums werden als Faktoren der Krise begriffen, da die Autonomie des literarischen Systems als gesichert gilt. Das Dilemma der zeitgenössischen Kritik besteht nicht so sehr darin, daß die Zunft sich über ihre Aufgaben nicht einigen kann. Die Widersprüchlichkeit der Selbstauffassungen gibt von der Ursache nur ein verzerrtes Bild. Kunsttheorien sind verfügbar geworden. Jedem steht es frei, sich auf Lessing oder Herder, auf Friedrich Schlegel oder Börne zu berufen. Oft wird der Unterschied der geschichtlichen Stellung und der Theorie von den späten Nachfahren nicht einmal mehr bemerkt oder mit Absicht nivelliert, um den Schein der Kontinuität vorzutäuschen[59]. Das Ergebnis ist eine eklektische Kritik, die sich bald auf die rationalistische Richterrolle, bald auf den romantischen Begriff der produktiven Kritik, bald auf die publizistische Funktion im Sinne des Jungen Deutschland berufen kann. Boshaft, aber angemessen hat Walser dieses widerspruchsvolle Selbstverständnis beschrieben: »ein bißchen Amtsarzt, ein bißchen Moses, ein bißchen Verkehrspolizist, ein bißchen Weltgeist, ein bißchen Tante Lessing, ein bißchen Onkel Linné.[60] Zu kurz jedoch ist der Eingriff, wenn er nur stilistisches Versagen für die Widersprüchlichkeit verantwortlich machen will. Die angegriffenen Ausdrucksweisen gehören zum Duktus vormals legitimer Stilformen. Damals galt, was Walser heute bestreitet: »Sie funktionieren als öffentliche Sachwalter, sie scheinen sich zu verstehen als Bewerter, als Schiedsrichter.«[61] Zur Unglaubwürdigkeit ist die Rhetorik der Kritik dadurch verurteilt, daß sie ihre Funktion verloren hat. Sie war zugeschnitten auf die bürgerliche Öffentlichkeit. Mit deren Zerfall verlor sie ihre institutionelle Basis.

Welche Folgerungen ergeben sich für die Literaturkritik aus dem Zerfall der bürgerlichen Öffentlichkeit? Voreilig wäre, ihr den Totenschein auszustellen. Aufgrund der hochgradigen Spezialisierung eines

59 So faßt Holthusen rationalistische, klassizistische, romantische und moderne Kritik großzügig unter einem Begriff zusammen, um zu demonstrieren, daß die kritische Methode im wesentlichen immer die gleiche geblieben sei. Vgl. Über den Kritiker und sein Amt. In: Ja und Nein. Neue kritische Versuche. München 1954, S. 9.

60 Kritik, S. 13.

61 Kritik, S. 12.

jeden modernen Sozialsystems kann ein Subsystem fortwirken, auch wenn die Bedingungen, die zu seinem Entstehen geführt haben, nicht mehr gegeben sind. Es ließe sich die These aufstellen, daß die gegenwärtige Krise der Literaturkritik nur zu überwinden ist, wenn die literarische Intelligenz den Sprung in die moderne Industriegesellschaft wagt und sich den Kommunikationsaufgaben der Massengesellschaft stellt. Statt des gepflegten Feuilletons, das in Sprache und Inhalt nur von einer gebildeten Minderheit begriffen werden kann, verständliche Information für die breite Menge der Leser; Information nicht nur über avancierte Literatur, sondern ebensogut über Unterhaltungsliteratur, die vom Publikum tatsächlich gelesen wird. Mit Recht macht etwa Peter Glotz den elitären Kulturpessimismus für die fast ausschließlich belletristische Orientierung der Zeitungskritik verantwortlich[62]. Sie lebt vom Glauben an den Einfluß des gebildeten Publikums bürgerlicher Herkunft. Glotz' Plädoyer für die Demokratisierung der Kritik gemahnt an die Forderung nach Massenrezeption in den späten Aufsätzen Benjamins. Mit einem entscheidenden Unterschied freilich: Glotz sieht die gegebene Gesellschaftsstruktur, wie sie im Begriff der Industriegesellschaft bestimmt ist, als naturgegeben an. Das Verhältnis von Arbeit und Freiheit erscheint als ein unveränderlicher Sachzwang. In diesem Zusammenhang kommt der Unterhaltung die Funktion der Ablenkung zu, die erforderlich ist, um die Massen arbeitswillig zu halten. Eben dies machte Adorno gegen die Demokratisierung der Kunst geltend, solange die Kulturindustrie den Herrschenden zur Verfügung steht: »Die Abschaffung des Bildungsprivilegs durch Ausverkauf leitet die Massen nicht in die Bereiche, die man ihnen ehedem vorenthielt, sondern dient, unter den bestehenden gesellschaftlichen Bedingungen, gerade dem Zerfall der Bildung, dem Fortschritt der barbarischen Beziehungslosigkeit.«[63] Dies ist im Grunde – der positive Begriff der Bildung deutet es an – aus der Perspektive des bürgerlichen Publikums gesprochen, dessen nachlassende Kompetenz zum Kunsturteil angesichts einer radikal sich auf ihr Material zurückziehende Kunst Adorno natürlich nicht verborgen war. Doch schien dieses Publikum Adorno weiterhin durch seine privilegierte Lage den mani-

62 Glotz, S. 66ff.

63 Adorno/Horkheimer, Dialektik der Aufklärung. Frankfurt 1969, S. 169.

pulierten und illiteraten Massen überlegen: diesen wird Literatur nur zugänglich als verdinglichtes Kulturgut. Adorno zufolge ist das Kunstwerk, sofern es bewußtseinsmäßig auf der Höhe seiner Zeit steht, von der Massenkommunikation ausgeschlossen. Demgemäß muß er darauf bestehen, daß die Kritik vom Aspekt der Rezeption absieht, daß sie streng immanent verfährt wie vordem die romantische[64]. Mit dem Unterschied freilich, daß sie die Dialektik von Autonomie und Warencharakter im Kunstwerk durchschaut:

> Die reinen Kunstwerke, die den Warencharakter der Gesellschaft allein dadurch schon verneinen, daß sie ihren eigenen Gesetzen folgen, waren immer auch zugleich Waren (. . .) Die Zwecklosigkeit des großen neueren Kunstwerks lebt von der Anonymität des Marktes.[65]

Die ›Demokratisierung‹ der Kritik, wie sie Glotz fordert, verfällt bei Adorno der Kritik, weil sie unter den bestehenden gesellschaftlichen Verhältnissen auf eine Popularisierung hinausliefe. Bestehen bleibt für Adorno die Antinomie von ästhetischer Immanenz und Massengesellschaft. Undenkbar erscheint, wie Adornos Einwände gegen Benjamins Spätwerk bezeugen, ihre Versöhnung. Demgegenüber nahmen die späten Versuche Walter Benjamins, gegen die Mißbilligung des Freundes, den materialistischen und zugleich ideologiekritischen Ansatz des Marxismus wieder auf, um die ästhetische Antinomie der spätbürgerlichen Epoche zu überwinden. Der Fuchs-Aufsatz zitiert einen Brief des späten Engels: »Es ist dieser Schein einer selbständigen Geschichte der Staatsverfassungen, der Rechtssysteme, der ideologischen Vorstellungen auf jedem Sondergebiete, der die meisten Leute vor allem blendet.«[66] Diese Kritik der scheinbaren Unabhängigkeit des kulturellen

64 »Große Einsichten in die Kunst«, heißt es im Valéry-Essay, »geraten überhaupt entweder in absoluter Distanz, aus der Konsequenz des Begriffs, ungestört vom sogenannten Kunstverständnis, wie bei Kant oder auch Hegel, oder in solcher absoluten Nähe, der Haltung dessen, der hinter den Kulissen steht, der nicht Publikum ist, sondern das Kunstwerk mitvollzieht unter dem Aspekt des Machens, der Technik.« (Adorno, Noten zur Literatur I, S. 177f.) Nicht weniger hart als in der Romantik fällt also die Absage an eine Kritik aus, die sich auf Publikum und Geschmack beruft.

65 Dialektik der Aufklärung, S. 166.

66 Engels an Mehring, 14. 7. 1893, zit. nach Benjamin, Angelus Novus. Frankfurt 1966, S. 302.

Überbaus von der materiellen Basis der Produktionsverhältnisse traf zugleich das Modell liberaler Öffentlichkeit, das gegenüber wirtschaftlichen Privatinteressen als abgesichert galt. Die dem Begriff der Öffentlichkeit innewohnenden Momente der Freiheit, Gleichheit und Rationalität ließen sich nur retten, wenn das Privateigentum als gesellschaftliche Basis vergesellschaftet wurde. Erst durch die Ausschaltung des Privatinteresses ließ sich verwirklichen, was die bürgerliche Öffentlichkeit immer nur gefordert hatte: die Emanzipation des Menschen[67]. Folglich ist Literaturkritik, die ihren öffentlichen Auftrag nicht preisgeben will, nicht abzutrennen vom Gedanken der Ideologie- und Gesellschaftskritik[68].

67 »Die positive Aufhebung des Privateigentums als die Aneignung des menschlichen Lebens ist daher die positive Aufhebung aller Entfremdung, also die Rückkehr des Menschen aus Religion, Familie, Staat etc. in sein menschliches, d. h. gesellschaftliches Dasein.« Marx, Frühschriften, Bd. I, S. 296.

68 So setzt die materialistische Kunsttheorie des späten Benjamin dort an, wo der Zustand der Produktivkräfte in der bürgerlichen Gesellschaft eine qualitative Veränderung von Kunstproduktion und -rezeption in Aussicht stellt: bei den proletarischen Massen und der Technik. Mit der technischen Reproduzierbarkeit des Kunstwerks ist Benjamin zufolge die Möglichkeit des Funktionswandels gegeben. Technische Reproduktion zerstört die Aura des Kunstwerks, die das Zeichen seiner Echtheit, zugleich aber auch die Signatur eines ideologisch gewordenen spätbürgerlichen Kulturbegriffs war, der sich im Schönheitsdienst als »säkularisiertes Ritual« darstellte. (Vgl. Illuminationen, Frankfurt 1961, S. 155). Für die zu entwickelnde Kunsttheorie stehen Technik als Produktionsmittel und Masse als Rezipient in einem unlösbaren Zusammenhang: »Die technische Reproduzierbarkeit des Kunstwerks verändert das Verhältnis der Masse zur Kunst.« (Illuminationen, S. 167). Was die bürgerliche Kunsttheorie, aber auch Adorno, der Masse als Mangel anrechnete, nämlich ihr Bedürfnis nach Zerstreuung, schlägt hier in eine positive Qualität um: Die Masse ist unfähig, sich, wie der Intellektuelle, in die Kunst zu versenken, »dagegen versenkt die zerstreute Masse ihrerseits das Kunstwerk in sich« (Illuminationen, S. 173). Zerstreuung birgt in sich die Möglichkeit, den praxisentzogenen Kult des Schönen zu beseitigen und ein neues, kritisches Verhalten zur Kunst vorzubereiten. Von der kollektiven Kunstrezeption einer ihrer Interessen bewußten Masse erwartete Benjamin kritische Rationalisierung der Erfahrung. Hier wäre die Idee der Öffentlichkeit restitutiert, die Trennung von Intelligenz und Publikum aufgehoben.

Geschichte und Modernität

Heines Kritik an der Romantik

I

»So verwirrt sind die Grenzen der Wissenschaft und Kunst, des Wahren und des Schönen, daß sogar die Überzeugung von der Unwandelbarkeit jener ewigen Grenzen fast allgemein wankend geworden ist.«[1] Mit diesen Worten beschrieb 1797 der junge Friedrich Schlegel das Dilemma seiner Epoche. Literaturtheorie und öffentlicher Geschmack, Lesepublikum und Kritik, so urteilte der noch auf den Klassizismus eingeschworene Schlegel, befanden sich im Zustand der Anarchie. Normen, auf die Kunstkritik sich selbstverständlich berufen hatte, schienen in Gefahr, die Rezeption der antiken Klassik nicht mehr gesichert. Schlegels Klage wäre um 1830 nicht minder opportun gewesen. Erneut stand die deutsche Literatur (aber nicht nur die deutsche) vor einem epochalen Wandel des Erfahrungshorizontes. Je nach Generationszugehörigkeit und weltanschaulicher Einstellung begrüßte man die Veränderungen des intellektuellen und politischen Klimas oder sprach man von einem allgemeinen Verfall literarischer wie kritischer Standards. Die Juli-Revolution weckte die deutsche Öffentlichkeit aus dem Schlafe, in den Metternichs restaurative Politik sie versetzt hatte. Die politische Erregung der jungen Intelligenz teilte sich sogleich der Literatur mit, welche dann in den folgenden Jahren das wichtigste Medium wurde, um die Unzufriedenheit mit den politischen wie gesellschaftlichen Gegebenheiten auszusprechen. Heine und die jungdeutschen Schriftsteller konnten um 1830 nicht weniger von einer Verwirrung der Grenzen in Kunsttheorie und Kunstkritik sprechen als Friedrich Schlegel 1797. Weder die romantischen Theoreme noch Goethes zeitenthobene Kunstdoktrin vermochten den aktuellen Bedürfnissen, die aus einer veränderten sozio-politischen Konstellation gespeist wurden, gerecht zu werden. Auf der anderen Seite fiel es konservativen Beobachtern nicht schwer, den jungen Liberalen Un-

1 Friedrich Schlegel, Kritische Schriften, Hrsg. v. Wolfgang Rasch. München o. J., S. 115. Nach dieser Ausgabe wird die Abhandlung »Über das Studium der griechischen Poesie« zitiert (im Text: Rasch, 115).

klarheit und Widersprüchlichkeit vorzuhalten, denn beim Versuch, den eigenen Standpunkt zu formulieren, sahen sie sich immer wieder genötigt, Argumente der klassischen wie romantischen Kunsttheorie zu integrieren, so daß der Anspruch, eine ›neue‹ Ästhetik begründet zu haben, durch den Nachweis der Abhängigkeit zu widerlegen wäre. Fruchtlos wäre freilich, diesem Einwand, der auch in historischen Darstellungen wieder auftaucht[2], allzu großes Gewicht beizulegen, da theoretische Innovation nie mit einer tabula rasa beginnt, sondern sich kritisch auf vorgefundene Antworten bezieht. So ist auch die ambivalente Revolte der jungdeutschen Schriftsteller gegen Goethe und die Romantik zu begreifen als Versuch, eine Diskussion konsequent zu Ende zu führen, die durch die Weimarer und Jenaer selbst eröffnet, dann freilich in den Jahren der Restauration abgebogen oder unterdrückt worden war. Im Vollzug dieser Überlegungen wurde der Romantik angelastet, was man am politischen System kritisierte, ihr Dichtungsbegriff nicht ohne Grund, wenn auch in reduzierter Weise, als Signatur der politischen Reaktion verstanden.

Paradigmatisch für diese literaturpolitische Kritik und zugleich von großem Einfluß auf die jüngeren Literaten ist Heinrich Heines *Romantische Schule* (1833/1835). Noch die Romantikkritik von Robert Prutz, der dem Jungen Deutschland distanziert gegenüberstand, ist Heines Argumentation stark verpflichtet, nicht zu reden von Autoren wie Wienbarg und Laube, denen die historische und kritische Perspektive durch Heine überhaupt erst vermittelt wurde. Laube besprach den ersten Teil der Pariser Ausgabe (1833) positiv, ohne freilich die Tendenz der Heineschen Schrift wirklich zu begreifen[3]. Daß eine ›Beisetzung‹ der Romantik intendiert war, kommt nicht zum Ausdruck. Sehr viel genauer erfaßte Gustav Kühne Methode und Ziel von Heines Literaturkritik, als er 1835 die *Romantische Schule* in der *Zeitung für die elegante Welt* rezensierte: »Die Gebrüder Schlegel, Tieck, Werner, Görres, Fouqué, Arnim sind hier durch den Schwertschlag des Witzes

2 So bei W. Dietze, Junges Deutschland und deutsche Klassik. Berlin [3]1962; der das Junge Deutschland als der Klassik stark verschuldet sieht. Vgl. auch H. Koopmann, Das Junge Deutschland. Analyse seines Selbstverständnisses. Stuttgart 1970, bes. S. 132ff.

3 Zeitung für die elegante Welt, 18., 25. IV. 1833 und 10., 13., u. 17. VIII. 1833.

nicht bloß abgetan, wie dies Abtun der zivilisierte Ausdruck für Scharfrichterei ist, sondern die von diesen Persönlichkeiten entworfenen Gemälde sind auch mit jener in ihren eigenen Stoff verliebten Innigkeit ausgeführt, die dem eigentlichen Humor, der mehr als Witz ist, nicht fehlen darf.«[4] Kühne führte diese »humoristische« Einstellung auf Heines romantisches Wesen zurück, von dem dieser sich nur durch Ironie habe distanzieren können. Dieser Deutungsvorschlag rührt an die zentrale Frage, personalisiert sie jedoch, indem Heine zum romantischen Charakter erklärt wird. Unerkennbar bleibt auf diese Weise das literaturkritische Problem: Wie wurde Heines Verhältnis zur Romantik durch die historisch aufgegebenen Fragestellungen bestimmt?

Zum vordergründigen Verständnis seiner Romantik-Schrift hat Heine selbst beigetragen. Der Beginn des ersten Buches nennt als Darstellungsabsicht den Wunsch, das französische Publikum über die neuere deutsche Literatur zu informieren und dabei zugleich das Bild zu korrigieren, das Madame de Staël in ihrem Werk *De l'Allemagne* (London ⁹1813) über die Tendenzen der deutschen Literatur vermittelt hatte. Die französische Literatin schuf, Heine zufolge, unter dem Einfluß von A. W. Schlegel ein einseitiges und zwar proromantisches Bild der deutschen Situation, weil sie politisch im Lager der Napoleon-Gegner stand. Somit gibt sich Heines Buch als Parteischrift zu erkennen. Und zweifellos ist die witzig-polemische Vernichtung der romantischen Schule für Heine ein wesentliches Motiv seiner Darstellung gewesen[5]. Aus der Sicht der Pariser Emigration war die Abrechnung mit der deutschen Romantik überfällig. Ihre historische Beisetzung sollte den Weg ebnen für eine neue literarische wie politische Epoche – auch jenseits des Rheins.

Heine kritisierte folglich die Romantik nicht nur, er postulierte ihr

4 Zitiert nach Heinrich Heine, Sämtliche Schriften. Hrsg. v. Klaus Briegleb. Bd. 3, München 1971, S. 859. Nach dieser Ausgabe wird im folgenden zitiert mit Angabe von Band und Seite (z. B. 3, 859).

5 Briefliche Anmerkungen unterstreichen dieses Motiv. So heißt es in einem Brief Heines an Laube: »Es war nöthig nach Goethes Tode dem deutschen Publikum eine literarische Abrechnung zu überschicken. Fängt jetzt eine neue Literatur an, so ist dies Büchlein zugleich auch ihr Programm, und ich, mehr als jeder andere, mußte wohl dergleichen geben.« (23. IV. 1833, Hirth, 2, 37).

Ende: »Eben weil wir alle Konsequenzen jenes absoluten Spiritualismus [der Romantik] jetzt so ganz begreifen, dürfen wir auch glauben, daß die christkatholische Weltansicht ihre Endschaft erreicht. Denn jede Zeit ist eine Sphinx, die sich in den Abgrund stürzt, sobald man ihr Rätsel gelöst hat« (3, 362). In Wirklichkeit war jedoch die Herausforderung ein gutes Stück problematischer. Die eigentliche Auseinandersetzung Heines mit der Romantik, die nicht zuletzt eine Überprüfung des Kritikbegriffs ist, verbirgt sich hinter der Geste der Polemik. Betrachtet man die *Romantische Schule* mit Heine als das Programm der ›neuen‹ Literatur, dann muß das Werk Auskunft geben über seinen Begriff von Modernität. Anders gesprochen: die Distanzierung von der klassisch-romantischen Kunstepoche impliziert die Konfrontation mit den Fragen, auf die die romantische Kunsttheorie die Antwort war. Vergessen war um 1830 allgemein, daß die theoretischen Anstrengungen der Frühromantiker, unter anderen Ausgangsbedingungen freilich, auf eine Definition eben jener modernitas hinausliefen, die Heine und das Junge Deutschland eine Generation später propagierten. Die romantische Lösung indessen, namentlich ihre spätromantische Ausprägung, vermochte nicht mehr zu befriedigen. Die tieferen Ursachen werden uns später beschäftigen. Die Argumente wurden bereits angeführt: Die Romantik verfiel dem Verdacht, von der eigenen Gegenwart und ihren anstehenden Problemen abzulenken. Vorgeworfen wurde ihr, sich mit der Vergangenheit dergestalt zu identifizieren, daß sie zur Legitimierung eines oppressiven status quo allenfalls dienen konnte. Zwischen der literarischen Entwicklung in Deutschland und der politischen Entwicklung in Westeuropa klaffte ein Widerspruch, der die romantische Modernität suspekt machte. Wenn H. R. Jauß' Einschätzung zutrifft, daß der Formulierung der romantischen Dichtungstheorie bei Friedrich Schlegel die Wiederaufnahme der alten »querèlle des Anciens et des Modernes« voraufging[6], dann wäre zu prüfen, wie weit nicht ihrerseits Heines Auseinandersetzung mit der Romantik eine erneute Aktualisierung der alten Frage bedeutete. Denn »die immanente Logik dieses geschichtsmächtigen Topos, der

6 H. R. Jauß, Schlegels und Schillers Replik auf die »querèlle des Anciens et des Modernes«. In: Literaturgeschichte als Provokation der Literaturwissenschaft. Frankfurt a. M. 1970, S. 67–106.

die moderni von heute unentrinnbar zu den antiqui von morgen werden läßt . . ., löst immer wieder neu die geschichtsphilosophische Frage nach Fortschritt, Dekadenz oder Wiederkehr im Gang der Menschheitsgeschichte aus«[7]. Zu stellen wäre die Frage, ob nicht Heines Kritik der deutschen Romantik eine erneute Umbesetzung derjenigen Positionen darstellt, die im Schema der klassischen »querèlle« fixiert und dann von Schiller wie Schlegel neu formuliert wurden. Freilich ist vorauszuschicken, daß Heine der ursprünglichen Fragestellung noch weiter entrückt ist als Schlegel und Schiller. Sich an der Antike zu messen, die Kunst der eigenen Epoche durch oder gegen antike Dichtung zu legitimieren, hat für Heine bereits, nicht zuletzt durch die Wirkung der romantischen Literaturgeschichte, jede Relevanz verloren. Der Zusammenhang mit der »querèlle« wäre, ganz unabhängig vom subjektiven Bewußtsein Heines, zu suchen im Zusammenhang mit der objektiv anhängigen Problematik des epochalen Wandels.

Heines »Schwertschlägen« gegen die Romantik von 1833 und 1835 ging der kurze Romantik-Aufsatz des Bonner Studenten von 1820 voraus. Der Anlaß war eine antiromantische Glosse Blombergs, der literaturpolitische Zweck eine Apologie der Romantik. Bei dieser Gelegenheit näherte sich Heine, wenn auch noch unsicher und tastend, der zentralen Frage, die ihn später in der *Romantischen Schule* beschäftigte. Zu definieren war Wesen und Form der modernen Dichtung. Dies geschah in der frühen Glosse, wie nicht anders zu erwarten, durch den Rückgriff auf den Begriff der Romantik. Denn die Romantik, so hatte Heine bei A. W. Schlegel gelernt, verkörperte eben die modernen Tendenzen, welche er gegen Mißdeutungen in Schutz nehmen möchte. Dabei ergab sich nun eine Schwierigkeit, die aus der Ambiguität des übernommenen Romantikbegriffs herrührte. Denn romantische Dichtung war einerseits ein historisches Phänomen; sie hatte sich im Mittelalter konstituiert, war damit an bestimmte geschichtliche Stoffe und Gehalte gebunden. Andererseits ist die Romantik für Heine die Verkörperung moderner Dichtung. Die Frage, auf die Heine Auskunft zu geben versucht – ohne daß es ihm freilich wirklich gelingt –, wäre so zu formulieren: In welcher Weise kann romantische

7 Jauß, S. 70f.

Poesie modern sein, d. h. in welcher Weise kann sie sich von ihrer Entstehungsepoche, dem christlichen Mittelalter, emanzipieren? Heines Antwort ist von unproblematischer Eindeutigkeit. Moderne Dichtung, so postuliert er, soll plastisch sein: »Wahrlich die Bilder, wodurch jene romantischen Gefühle erregt werden sollen, dürfen ebenso klar und mit ebenso bestimmten Umrissen gezeichnet sein, als die Bilder der plastischen Poesie« (1, 400). Die modern-romantische Poesie darf der klassischen, auf die hier angespielt wird, in der klaren Kontur der Form nicht nachstehen. Sie soll die Vorzüge christlicher Innerlichkeit mit antiker Deutlichkeit und Sinnlichkeit vereinigen. Um diese Synthese zu rechtfertigen, leugnet Heine die Verbindlichkeit des christlich-mittelalterlichen Gehalts in der romantischen Poesie. Anders gesprochen: die zeitgenössische Romantik, die Kunst eines nachfeudalen Zeitalters, wird ihrer mittelalterlichen Tradition entzogen. Um modern zu sein, d. h. um dem Geist der gegenwärtigen Epoche zu entsprechen, muß sie sich formal wie thematisch von den Beschränkungen christlicher Innerlichkeit befreien.

Die Schwäche dieser Lösung ist offenbar. Heines Postulat einer ›plastischen‹ Romantik bleibt geschichtlich unvermittelt. In keiner Weise wird deutlich, wie aus der Tradition romantisch-mittelalterlicher Kunst, deren historische Notwendigkeit aus der christlichen Metaphysik abgeleitet wurde, plastisch-sinnliche Kunst erneut hervorgehen kann. Wenn antike Kunst die Endlichkeit ihrer Form bewahrte, weil sie, wie Heine hier in Anlehnung an A. W. Schlegel formulierte, »das Äußere, das Objektive, zum Zweck und zugleich zum Mittel der Verherrlichung« (1, 399) erhebt, dann wäre allererst zu demonstrieren, daß der Gang der Geschichte eben jene Bedingungen wieder herbeiführte. Den Beweis zu erbringen, ist Heine außerstande. Unverbunden stehen so nebeneinander die aus der romantischen Literaturtheorie vertraute Differenzierung von klassischer und romantischer Kunst (als einer geschichtlichen Abfolge) und ein typologischer Gegensatz zwischen plastischer und verinnerlicht-verschwommener Darstellung. Daß modern-romantische Kunst mit nicht-plastischer Darstellung korrelliert, wird von Heine in Abrede gestellt, indessen nicht entwikkelt, wie romantisches Kunstprinzip und plastische Gestaltung zu vereinigen wären. Anstelle einer Ableitung begnügt sich Heine mit dem Hinweis auf Goethe, der hier als Repräsentant romantischen

Stilwillens begriffen wird. Unverkennbar zielt Heine auf eine Versöhnung von sensualistischen und verinnerlichten Momenten in der modernen Dichtung. Diese Absicht kann man mit einem gewissen Recht als Vorbehalt gegen die romantische Kunsttheorie interpretieren[8], sofern man diese ausschließlich als Antithese zur klassizistischen Anschauung auffaßt. Doch eine solche Gegenüberstellung verkürzt das zur Diskussion stehende Problem in gefährlicher Weise. Denn die Romantiker selbst waren an eben dieses Problem der Versöhnung gestoßen, als sie in Auseinandersetzung mit der klassizistischen Doktrin (die mit der ›Weimarer Klassik‹ nur teilweise identisch ist) ihre Position gegenüber der eigenen Epoche verdeutlichen wollten. In der Schrift *Über das Studium der griechischen Poesie* von 1797 markierte F. Schlegel die Fragestellung, die auch hinter dem bescheidenen Beitrag des jungen Heine steht: Antike oder Moderne – welche Epoche kann beanspruchen, die Idee der wahren Poesie erfüllt zu haben? Ohne sich der Tragweite der angeschnittenen Probleme bewußt zu sein, berührte Heine bereits in der Romantik-Glosse von 1820 den Fragenkomplex, der ihn später in der *Romantischen Schule* beschäftigen sollte. Denn auch in dieser polemischen Schrift, deren explizite Tendenz so offenkundig gegen die deutschen Romantiker gerichtet ist, steht im Hintergrund die von der Romantik rezipierte, wenn auch umfunktionierte Konstellation: antik-romantisch-modern. Erneut steht zur Diskussion, wie moderne Dichtung beschaffen sein muß, um als Signatur der Gegenwart gelten zu können. Heines gegen die romantische Schule gewandte Antwort enthielt den Vorwurf, daß diese den an moderne Dichtung zu stellenden Anforderungen nicht entsprach, daß sie das Prinzip der Modernität preisgab, indem sie eine falsche, nämlich rückwärtsgewandte Versöhnung der vorgefundenen Widersprüche anstrebte.

So erhellend der Vergleich der *Romantischen Schule* mit der frühen Romantik-Glosse ist, so dürfen doch darüber die Querverbindungen zu den etwa gleichzeitig entstandenen Arbeiten Heines nicht vernachlässigt werden. Denn zwischen Artikel und Buch fällt 1. die Entwick-

8 So Klaus Briegleb im Kommentar zur Romantik-Glosse Bd. 1, S. 806 (vgl. Anm. 4); ferner W. Kuttenkeuler, Heinrich Heine. Theorie und Kritik der Literatur. Stuttgart 1972, S. 31–40.

lung der kritischen Prosa in den *Reisebildern* und 2. die Übersiedlung nach Paris, d. h. die Auseinandersetzung mit den französischen Zuständen nach der Juli-Revolution. Daraus resultierte eine verwandelte Optik, die sich auch auf die Beurteilung der deutschen Romantik auswirken mußte. Wenngleich Heine durch die Bekanntschaft mit Hegels Philosophie (1823) auf die Auseinandersetzung mit der Romantik theoretisch bereits vorbereitet war[9], hätte das Romantik-Buch ohne die eingehende kritische Rezeption der kulturellen wie politischen Tendenzen in Frankreich in der gleichen Weise nicht geschrieben werden können. Vom Standpunkt der Pariser Gegenwart mußte die deutsche Romantik historisch anmuten. Das Leben in Frankreich lieferte die Anschauung zu der bereits 1828 formulierten These vom Ende der großen deutschen Kunstepoche. In der Rezension von Wolfgang Menzels *Deutscher Literatur* stand der Satz: »Ist doch die Idee der Kunst . . . der Mittelpunkt jener ganzen Literaturperiode, die mit dem Erscheinen Goethes anfängt und erst jetzt ihr Ende erreicht hat« (1, 445). Auf ihn berief sich Heine in der *Romantischen Schule*. Beachtenswert ist der Wandel in der Begründung dieser These. Während sich Heine 1828 den national-liberalen Standpunkt Menzels, wenn auch mit Vorbehalten, zu eigen machte und die Berechtigung von Menzels literaturpolitischer Schrift unterstrich, löste er sich in den Arbeiten über Frankreich von der nationalen Perspektive und integrierte das ältere Diktum über das Ende der Kunstepoche in seine Kritik der modernen Gesellschaft.

Im Vergleich von Menzels Buch mit E. Schlegels Wiener Vorlesungen (1812) demonstrierte Heine den Wechsel der kritischen Methode, d.h. den Übergang von einer Heine zufolge wesentlich immanenten Literaturbetrachtung, für die die »Idee der Kunst noch immer der herrschende Mittelpunkt« ist (1, 445), zu einer Darstellung, welche »die Interessen der Zeit« (1, 446) in den Mittelpunkt stellt. Mit Zustimmung zitierte Heine 1828 Menzels Unterscheidung zwischen Liberalismus und Servilismus, Republikanismus und Aristokratie: »Die liberale Partei ist diejenige, die den politischen Charakter der neueren Zeit bestimmt, während die sogenannte servile Partei noch

9 Vgl. Kuttenkeuler, S. 47–54; ferner W. Maier, Leben, Tat und Reflexion. Untersuchungen zu Heinrich Heines Ästhetik. Bonn 1969, S. 33ff.

wesentlich im Charakter des Mittelalters handelt. Der Liberalismus schreitet daher in demselben Maße fort, wie die Zeit selbst, oder ist in dem Maße gehemmt, wie die Vergangenheit noch in die Gegenwart herüber dauert.« (1, 450). Im Einspruch gegen die bornierte Verurteilung Goethes kündigte sich freilich die ideologische Differenz bereits an. Im Gegensatz zu Menzel weiß Heine sehr wohl zwischen der reaktionären Funktion des Goethe-Kults und der Bedeutung von Goethes Werken zu unterscheiden. Die Emigration nach Paris trennte Heine endgültig von der deutsch-nationalen Variante des Liberalismus, die sich ja dann im Fall Menzel als Bundesgenossin der Reaktion erweisen sollte. Der abstrakte Gegensatz von Liberalismus und Servilismus, Republikanismus und Aristokratie verlor für Heine angesichts der fortgeschrittenen gesellschaftlichen Lage Frankreichs seine literaturpolitische Relevanz. Davon blieb der Argumentationszusammenhang gegen die Romantik nicht unbetroffen.

In den *Französischen Zuständen* (1833) gab Heine sich und dem deutschen Publikum Rechenschaft von der Entwicklung seines Standpunkts. »Wir haben beide, Franzosen und Deutsche«, notierte Heine im 9. Artikel, »in der jüngsten Zeit viel voneinander gelernt; jene haben viel deutsche Philosophie und deutsche Poesie angenommen, wir dagegen die politischen Erfahrungen und den praktischen Sinn der Franzosen« (3, 211). Ob Heine den Deutschen jenseits des Rheins, selbst seinen liberalen Freunden so viel politischen Sinn zutraute, mag angesichts der scharfen Kritik, die Heine an anderen Stellen an ihnen übte, dahingestellt bleiben. Für Heine bedeutete die Begegnung mit Frankreich und Paris, die tägliche Teilnahme an den politischen, gesellschaftlichen und kulturellen Ereignissen eine beträchtliche Ernüchterung. Aus dem »neuen Jerusalem« wurde eine Welthauptstadt, erfüllt von Problemen und Widersprüchen, an denen, im Unterschied zu den deutschen Verhältnissen, die historische Stunde abzulesen war. Für die journalistische Berichterstattung war, wie Windfuhr mit Recht bemerkt, die Methode der *Reisebilder* nicht mehr angemessen[10]. Heine entwickelt sich zum kritischen Beobachter und Kommentator einer politischen Welt, in der die ideologischen Gegensätze in der Öffent-

10 M. Windfuhr, Heinrich Heine. Revolution und Reflexion. Stuttgart 1969, S. 131–136.

lichkeit ausgetragen wurden. So bezieht sich Heine immer wieder auf die Stellungnahme der großen Pariser Zeitungen, um seinen deutschen Lesern das Gegeneinander und Miteinander der Parteien und Fraktionen zu verdeutlichen. Das Eigengewicht des Materials ist so groß, daß der Berichterstatter demgegenüber zurücktritt. Dieser wird zum vermittelnden Raisoneur, welcher vor seinen Lesern die wesentlichen Tendenzen und Streitpunkte darlegt und ihre Bedeutung für Deutschland erläutert. Diese vergleichende Betrachtung bestimmt die Schreibweise der französischen Zustände. Die Vorrede schließlich macht den Gesichtspunkt explizit: Aus der Beobachtung der fortgeschrittenen französischen Zustände, in denen unter Louis Philippe eine kapitalistische Bourgeoisie die Herrschaft angetreten hat und die konstitutionelle Monarchie zu ihren Zwecken ausnutzt, ergibt sich die Prognose über das Schicksal der deutschen Restauration. Aus dem Blickwinkel des Pariser Heine erscheint nicht nur die politische wie gesellschaftliche Struktur des deutschen Bundes überholt, sondern auch die Opposition der deutschen Liberalen. Für Heine blieb die Französische Revolution weiterhin Ausgangspunkt der politischen Fortschrittsbewegung, aber nicht mehr ihr abstraktes Richtmaß. »Törigt ist es, wenn man die Sprache von 1793 wieder heraufbeschwört, wie die Amis du peuple es tun, die dadurch, ohne es zu ahnen, ebenso retrograde handeln wie die eifrigsten Kämpen des alten Regimes« (3, 126). Je mehr Einsicht Heine in die politischen Mechanismen der konstitutionellen Monarchie und ihren Zusammenhang mit den unter der Oberfläche wirkenden sozialen Kräften gewinnt, desto suspekter erscheint ihm der Rückgriff auf die politischen Schlagworte von 1789 und der abstrakte Republikanismus der »Amis du peuple«, gar nicht zu reden von ihren deutschen Bundesgenossen, denen er mit Grund vorwarf, daß sie das politische Bewußtsein des deutschen Volkes falsch einschätzten (3, 211). Selbst Revolutionen, bemerkt Heine spöttisch, kosten Geld und sind ohne Unterstützung der rechten Geber nicht zu verwirklichen[11]. Monarchie oder Republik – das sind Scheingegensät-

11 Am Beispiel des französischen Politikers und Premierministers Périer erläutert Heine witzig im 4. Artikel diese Verbindung von Geldherrschaft und Politik. Unüberhörbar ist die ironische Distanz in der folgenden Charakteristik: »Man will dem Manne [Périer] das Bankierhafte anmerken, sogar in seiner Haltung das Kaufmännische herausfinden, und einer meiner Freunde gibt vor,

ze geworden in einem Zeitalter, dem das Regierungssystem zu einer sekundären Erscheinung geworden ist, weil sein Gebrauch jeweils von den Interessen der dominierenden Klasse abhängt.

Heines Schriften über Frankreich kommentieren den Aufstieg des kapitalistischen Bürgertums. Gleichwohl wiederholte Heine am Schluß seines Berichtes über die zeitgenössische französische Malerei seine Prognose vom Ende der Kunstperiode: »Meine alte Prophezeiung von dem Ende der Kunstperiode . . . scheint ihrer Erfüllung nahe zu sein«, und fügte erläuternd hinzu: »Die jetzige Kunst muß zugrunde gehen, weil ihr Prinzip noch im abgelebten, alten Regime, in der heiligen römischen Reichsvergangenheit wurzelt. Deshalb, wie alle welken Überreste dieser Vergangenheit, steht sie im unerquicklichsten Widerspruch mit der Gegenwart. Dieser Widerspruch und nicht die Zeitbewegung selbst ist der Kunst so schädlich; im Gegenteil, diese Zeitbewegung müßte ihr sogar gedeihlich werden« (3, 72). Diese oft zitierten Sätze bedürfen der genauen Analyse. Wodurch unterscheiden sie sich von früheren Äußerungen? Operiert nicht Heine mit dem gleichen Gegensatz von Aristokratismus und Liberalismus, der uns bei Menzel begegnet war? Beachtung verdient, in welcher Weise Heine den zum Topos gewordenen Unterschied zwischen alter und neuer Kunst behandelt. In Frage gestellt wird der Kunstbegriff nicht durch die Entdeckung neuer Gesichtspunkte, die à la Menzel an die Stelle der alten Ästhetik treten, sondern durch die historische Destruktion der herrschenden Kunstidee, der Heine übrigens keineswegs verächtlich gegenüberstand. Der Abschied vom autonomen Kunstreich war nicht eine Sache der persönlichen Entscheidung. Was Heines Pariser Position von Menzelns Ansichten unterscheidet, ist die Einsicht in die Zwangsläufigkeit der geschichtlichen Konstellation. Angesichts der

daß er immer in Versuchung gerate, ihn über den jetzigen Preis des Kaffees oder den Stand des Diskontos zu befragen« (3, 142). Périer repräsentiert die »wohlhabende Opposition« (3, 144) der Restaurationszeit, die Ansprüche des ökonomisch starken, nach politischer Herrschaft drängenden Bürgertums. An die Stelle des Pantheons ist die Börse getreten, an die Stelle der politischen Ideale das wirtschaftliche Interesse. Dort, wo Heine versucht, die Epoche der Französichen Revolution auf den Begriff zu bringen, bleibt er noch in der liberalen Idee vom Primat der »Geistesbildung« befangen (3, 166), wo er hingegen das Bild seiner Epoche aus den Details zusammensetzt, machen sich die materiellen Umstände und Interessen der Klassen unverhohlen bemerkbar.

drängenden, quälenden Veränderungen innerhalb der gesellschaftlichen Wirklichkeit erweist sich die Kunstidee als unwiederbringlich verloren. Die Abgehobenheit, die Heine zufolge dem Kunstbegriff der Goethezeit zugrundelag, ist nicht mehr durchzuhalten:

> Mit Recht klagen die Künstler in dieser Zeit der Zwietracht, der allgemeinen Befehdung. Man sagt, die Malerei bedürfe des friedlichen Ölbaumes in jeder Hinsicht. Die Herzen, die ängstlich lauschen, ob nicht die Kriegstrompete erklingt, haben gewiß nicht die gehörige Aufmerksamkeit für die süße Musik. Die Oper wird mit tauben Ohren gehört, das Ballett sogar wird nur teilnahmslos angeglotzt. Und daran ist die verdammte Julirevolution schuld, seufzen die Künstler, und sie verwünschen die Freiheit und die leidige Politik, die alles verschlingt, so daß von ihnen gar nicht mehr die Rede ist (3, 71).

Diese ironische Klage ließe, außerhalb ihres Kontextes betrachtet, noch den Schluß zu, daß in politisch bewegten Zeiten an eine angemessene Kunstrezeption nicht zu denken sei und demgemäß auch die Produktion zu leiden habe. Daß Heine nicht diesen trivialen Aspekt im Auge hat, geht unmißverständlich aus dem Zusammenhang hervor. Verantwortlich für das Ende der Kunstepoche ist der Widerspruch zwischen gesellschaftlich-politischer Entwicklung auf der einen Seite und Fixierung der ästhetischen Normen auf der anderen: »Dieser Widerspruch und nicht die Zeitbewegung selbst ist der Kunst so schädlich; im Gegenteil, diese Zeitbewegung müßte ihr sogar gedeihlich werden, wie einst in Athen und Florenz, wo eben in den wildesten Kriegs- und Parteistürmen die Kunst ihre herrlichsten Blüten entfaltete« (3, 72). Seine Beispiele nahm Heine freilich aus älteren Epochen, wo der Künstler dem Zeitgeist unmittelbar verbunden blieb. Damit aber bleibt das Dilemma bestehen, wie in einer Zeit, in der der Stoff für den Künstler frei verfügbar geworden ist, in der er sich mit »Privatbegeisterung« (3, 72) in jedes Sujet hineinversetzen kann, ein verbindlicher Zusammenhang mit der eigenen Epoche herzustellen ist. Heines Antwort sei vorerst zurückgestellt. Es kam in diesem Zusammenhang vor allem darauf an zu zeigen, wie sehr unter dem Eindruck der französischen Erfahrungen Heines Kritik sich präzisiert und konkretisiert, indem sie am französischen Beispiel die Korrelation von gesellschaftlicher und literarischer Evolution reflektiert. In diesem Prozeß werden die Grenzen ästhetischer Betrachtung sichtbar; Heines Überlegungen bestätigen Hegels geschichtsphilosophische Einsichten in den prinzipiell veränderten Charakter moderner Kunst in ihrem Verhältnis zur Wirklichkeit.

Die Beschäftigung mit den sozio-kulturellen Bedingungen in Frankreich machte die Auseinandersetzung mit der deutschen Romantik nicht überflüssig. Die Einsicht in die Ungleichzeitigkeit des chronologisch Gleichzeitigen im Falle Deutschlands und Frankreichs, von Heine in den *Französischen Zuständen* zum Leitmotiv erhoben, erledigte die Kritik der Romantik nicht, denn die deutsche Romantik diente Heine als historischer Testfall, um Möglichkeiten und Grenzen der literarischen Moderne zu klären. Der Schluß der *Französischen Maler* blieb ambivalent: einerseits die Feier der neuen Poesie, die im Einklang mit den Zeitereignissen steht, andererseits die skeptische Frage, ob nicht das Ende der Kunst überhaupt zu erwarten sei: »Oder hat es überhaupt mit der Kunst und mit der Welt selbst ein trübseliges Ende? Jene überwiegende Geistigkeit, die sich jetzt in der europäischen Literatur zeigt, ist sie vielleicht ein Zeichen von nahem Absterben, wie bei Menschen, die in der Todesstunde plötzlich hellsehend werden und mit verbleichenden Lippen die übersinnlichsten Geheimnisse aussprechen?« (3, 73). Es sind dies rhetorische Fragen, denen Heine im folgenden Absatz sein Bekenntnis zur Wiedergeburt der Kunst entgegenstellt. Der Topos von Untergang und Neugeburt, das zyklische Bild, nach dem die Modernen von heute die Alten von morgen werden, erweist noch einmal seine Mächtigkeit, obgleich Heine sich diesem Geschichtsbild durchaus nicht verpflichtet fühlt. Der Schluß der *Französischen Maler* weicht der eigentlichen Frage aus, wie denn die Erneuerung der Kunst zustandekommen soll. Heine beschränkt sich auf die Einführung einer Zwischenepoche: »Bis dahin [bis zur Entstehung der neuen Kunst] möge, mit Farben und Klängen, die selbsttrunkenste Subjektivität, die weltentzügelte Individualität, die gottfreie Persönlichkeit mit all ihrer Lebenslust sich geltend machen, was doch immer ersprießlicher ist, als das tote Scheinwesen der alten Kunst« (3, 72f.). Doch unterscheidet sich diese Forderung so sehr von den Postulaten der Frühromantiker? Anders gewendet: wo liegt die Ursache für Heines Widerspruch gegen die deutsche Romantik, wenn seine Idee der modernen Literatur der romantischen ähnlich zu sein scheint?

Soweit ich sehe, hat die Kritik versäumt, diese Frage zu stellen; zu sehr hat sie sich bei der Beurteilung der *Romantischen Schule* an die Paraphrasierung von Heines Meinungen gehalten und zu wenig beachtet, daß Heines Kritik nicht ausschließlich durch die ideologische Konfrontation determiniert ist, sondern zugleich einen Innenaspekt aufweist, in dem die von der Romantik rezipierte Problematik für Heine wieder an Aktualität gewinnt. Dieser Aspekt kommt übrigens im Titel der ersten deutschen Ausgabe von 1833 deutlicher zum Ausdruck als in der endgültigen Fassung (*Zur Geschichte der neueren schönen Literatur in Deutschland*). Heines ursprüngliche Absicht war, über die Romantik hinausgreifend, auch die jüngste Literatur zu behandeln. Mit Recht weist Windfuhr darauf hin, daß die endgültige Buchfassung von 1835 nur ein Notdach für eine breiter angelegte Konzeption darstellte[12]. Doch zieht er aus dem philologischen Befund nicht die Konsequenzen, sondern hält sich bei seiner Deutung der *Romantischen Schule* an die explizite Botschaft, d. h. die Abwertung der Romantik im Widerspruch gegen die positive Darstellung Madame de Staëls. So muß Windfuhr das Hauptgewicht auf die Kritik der Romantik als einer reaktionären Literaturbewegung legen: »Aus der allgemeinen Rückwendung leitet Heine die besonderen Kennzeichen der Romantik ab: Verwendung mittelalterlicher Stoffe und Formen, katholisierende Tendenz und Konversionen, Neigung zu Mystik und Schwärmerei, Ritterbüchern und Märchenwelt, Traum- und Nachtsphäre. Heine sieht darin Irrwege und kindliche Ausflüchte.«[13] Folglich bestimmt Windfuhr die Beziehung zum frühen Romantik-Aufsatz ausschließlich als negativ: Aus dem Verteidiger der Romantik wurde ihr unerbittlicher Gegner. Damit aber wird der Zugang zu der behaupteten Aktualität der neuen ästhetischen Maßstäbe verstellt. Wohl bemerkt Windfuhr, daß Heine sich an einem Wendepunkt der ästhetischen wie literaturkritischen Fragestellung befindet, und spricht zu Recht von den Anfängen ideologie-kritischer Literatursoziologie; aber der Hintergrund dieses Wechsels wird so allgemein bestimmt, daß der stringente Zusammenhang von Romantikkritik und ästhetisch-kritischer Revolution eher verschüttet wird. Weil Windfuhr die romanti-

12 Windfuhr, S. 151 f.
13 S. 155.

sche und Heines Position als schroffe Antithese betrachtet, entgeht ihm, in welcher Weise die romantische Theorie Heines Formulierung des Problems motiviert hat.

Obgleich im Ansatz verwandt, differenziert Hans Kaufmann sorgfältiger und sieht Heine nicht ausschließlich im Licht seiner Gegnerschaft zur Romantik. Auch wenn er zusammenfassend schreibt: »In der Grundlinie ist Heines Urteil über die deutsche Romantik, speziell über die romantische Schule unerbittlich und ohne Schwankungen ablehnend«[14], hebt Kaufmann – und zwar mit Grund – hervor, daß Heine »nicht als ein Außenstehender urteilt, sondern über Probleme spricht, die ihn angehen, ihm auf den Nägeln brennen«[15]. Kaufmann wendet sich auch gegen die vereinfachende Interpretation, derzufolge Heine in seiner Jugend Romantiker gewesen sei, sich jedoch später kritisch abgewendet habe. »Diese Auffassung«, bemerkt er, »trifft allenfalls das, was Heine direkt kritisch aussagt, vereinfacht aber beträchtlich die Bedeutung, die die Romantik für Heines Denken und Dichten im ganzen hatte«[16]. Ob freilich der spontane Antikapitalismus die gemeinsame Grundlage Heines und der Romantik darstellt, wie Kaufmann unterstellt[17], mag füglich bezweifelt werden, denn Heine durchschaute relativ früh den ideologischen Charakter der romantischen Opposition gegen die moderne Gesellschaft; und seine Auseinandersetzung mit dem Kapitalismus, mag sie auch unsystematisch anmuten im Vergleich mit der Hegel-Marx-Tradition, trägt alle Zeichen komplexer Reflektiertheit. Sich eindeutig und strikt gegen die kapitalistische Bourgeoisie zu entscheiden, gleichsam in der Form eines Bekenntnisses, wäre für Heine, der den Zusammenhang zwischen Erstarken der Mittelklasse und Demokratisierung sehr klar sah, unmöglich gewesen. Insofern wäre Kaufmanns These eher umzukehren: Die Einsicht in die Unmöglichkeit eines spontanen, naiven Antikapitalismus auf der einen Seite und das Bewußtsein der Relevanz dieser antibürgerlichen Opposition auf der anderen bildet einen signifikanten Teilaspekt in Heines Beziehung zur Romantik. Heine kann

14 H. Kaufmann, Heinrich Heine. Geistige Entwicklung und künstlerisches Werk. Berlin u. Weimar 1970, S. 134.

15 Kaufmann, S. 136.

16 S. 137.

17 S. 137.

die ›romantische‹ Lösung nicht mehr teilen, da er nicht an die Umkehrung historischer Prozesse glaubt, aber er partizipiert an der seiner Epoche aufgegebenen Problematik. Wenn Kaufmann von einer »romantischer Philosophie und Ästhetik sehr nahen Formel«[18] spricht, wird diese Zusammengehörigkeit angemessen ausgedrückt. Verschärfend wäre allenfalls hinzuzufügen, daß Heine aufgrund seiner Erfahrungen in Frankreich das Vertrauen in die Utopie der Kunst verloren hat. Die Wiederherstellung der ursprünglichen Einheit aus dem Geist der Poesie, selbst in Heines satirisch-ironischen Formulierungen noch als das Herzstück romantischer Dichtungstheorie zu erkennen, wird preisgegeben.

Sowohl Windfuhr wie auch Kaufmann betonen die epochale Bedeutung der *Romantischen Schule*[19]. Während Windfuhr den Nachdruck auf die scharfe Zäsur legt und folglich Heines Darstellung unter dem Gesichtspunkt der ›Abrechnung‹ interpretiert, berücksichtigt Kaufmann auch jene Momente, in denen Heine der romantischen Problemstellung verpflichtet ist. Um das Verhältnis von Heines Ästhetik und Kritik zur romantischen zu bestimmen, müssen wir freilich nach einen Schritt über Kaufmann hinausgehen und die Stufen der Auseinandersetzung mit der Romantik rekonstruieren. Es sei noch einmal an die frühe Glosse erinnert. Dort wurde, unter Berufung auf Goethe, einer ›romantischen‹ Dichtung das Wort geredet, die die Vorzüge der Verinnerlichung mit plastischer Formgebung vereinigt. Ferner lehnte Heine bereits in diesem Versuch die Bindung der romantischen Poesie an mittelalterliche Gehalte als unzeitgemäß ab. Offenkundig ist auch in der *Romantischen Schule* die Polemik gegen die Regression der Romantiker zu mittelalterlichen Stoffen und Themen. In anderem Zusammenhang wird aber auch die Idee einer Kunst, die zugleich verinnerlicht und sinnlich-konkret ist, wieder aufgenommen. Nur daß Heine diese Tendenz nicht mehr mit der Romantik in Zusammenhang bringt, sondern sie im Werk Goethes verkörpert findet und gegen die Romantik ausspielt. Wo Heine in bezug auf Goethes Theorie und Praxis von einer »unabhängigen zweiten Welt« (3, 393) spricht und

18 S. 139.
19 Vgl. auch Hans Mayers Einleitung zu Bd. 2 seiner Anthologie »Meisterwerke deutscher Literaturkritik«, Berlin 1956, S. I–XXIV.

seine Werke mit Statuen vergleicht, setzt sich das Postulat plastischer Gestaltung wieder durch, freilich nicht ohne Einschränkungen. Denn unter das Verdikt vom Ende der Kunstperiode, mit dem Heine die *Romantische Schule* einleitet, fällt ja auch Goethes Kunstbegriff, ja er eigentlich entschiedener als die romantischen Tendenzen, insofern er exemplarisch die Autonomieforderung enthält.

Dieser Befund mahnt uns, die *Romantische Schule* nicht nur als Auseinandersetzung mit der Romantik zu verstehen; die Stellungnahme zur Aufklärung und zur deutschen Klassik gehört zum Thema. Die Eigenart der deutschen Romantik läßt sich nicht erläutern, ohne ihr persönliches wie sachlich-theoretisches Verhältnis zu Goethe und Schiller zu erklären. Jenseits dieser durch die historischen Fakten gegebenen Notwendigkeit ist für Heine das eigene Problem, nämlich die Reflexion über das Ende der Kunstperiode und die Bedingungen der ›neuen‹ Kunst, gar nicht zu lösen, ohne den klassizistischen Standpunkt in die Betrachtung einzubeziehen. Die Antinomie von plastischer Formgebung und romantischer Innerlichkeit, die Heine in der Romantik-Glosse erörtert hatte, lebt in der *Romantischen Schule* wieder auf als die zentrale ästhetische Frage der Goethezeit. Indessen kann sie in dem späteren Werk nicht mehr durch ein Bekenntnis geschlossen werden, sondern nur dadurch ihren Stachel verlieren, daß sie als überholt zurückgewiesen wird. Zurückhaltend und ausgewogen ist das Urteil über Goethe, da Heine sich von der Goethe-Kritik der Liberalen wie Börne und Menzel abheben möchte. Gleichwohl grenzt Heine sich auch gegenüber dem klassizistischen Kunstreich unmißverständlich ab: »Die Tat ist das Kind des Wortes, und die Goetheschen schönen Worte sind kinderlos. Das ist der Fluch alles dessen was bloß durch die Kunst entstanden ist« (3, 395). Heine vergleicht Goethes Werke mit antiken Statuen, deren Dauer eine »tote Unsterblichkeit« ist[20]. Weder die klassizistische Lösung, wie sie durch Goethe verkör-

20 »Sonderbar! diese Antiken mahnten mich an die Goetheschen Dichtungen, die ebenso vollendet, ebenso herrlich, ebenso ruhig sind, und ebenfalls mit Wehmut zu fühlen scheinen, daß ihre Starrheit und Kälte sie von unserem jetzigen bewegt warmen Leben abscheidet, daß sie nicht mit uns leiden und jauchzen können, daß sie keine Menschen sind, sondern unglückliche Mischlinge aus Gottheit und Stein« (3, 396), Verwiesen sei auch auf Jost Hermand, Heines ›Ideen‹ im »Buch Le Grand« (Manuskript, gehalten als Vortrag im

pert wird, noch die romantische war für Heine annehmbar, weil beide, so sehr sie auch in anderer Hinsicht verschieden sind, dem Leben, d. h. der konkreten, gegenwärtigen Situation, der Erfahrung der Veränderung und des Zuströmens auf eine unbekannte Zukunft der Menschheit, nicht gerecht werden.

Die Richtung dieser Kritik war für die Zeitgenossen kein Novum. Börnes Abneigung gegen Goethe war bekannt[21], und Wolfgang Menzel attackierte Goethe in seiner Literaturgeschichte mit schonungsloser Heftigkeit. Da Heine Menzels Literaturgeschichte ausführlich besprach, bietet sich hier die Gelegenheit, die Differenz klar herauszuarbeiten und den Wandel von Heines Position zu verfolgen. Liest man nämlich im ersten Buch der *Romantischen Schule* Heines Bemerkungen zu Menzels Polemik gegen Goethe, muß man den Eindruck gewinnen, daß Heine Menzels Darstellung der deutschen Literatur im wesentlichen ablehnend gegenübergestanden habe. Das Gegenteil ist der Fall: Die Besprechung ist überwiegend positiv; nur an wenigen Stellen deutet Heine eine abweichende Meinung an. In der Tat billigte er bereits 1828 Menzels Kritik an Goethe nicht und fand die Polemik gegen Voß, den Vertreter der Aufklärung, kleinlich wie auch politisch verfehlt. Dagegen nahm er keinen Anstoß am Lob von Schelling, Steffens und Görres, von denen sich die *Romantische Schule* deutlich distanziert. Auch kritisch-methodische Umwertungen sind zu beobachten. Während Heine in der Menzel-Rezension Menzels Verfahren der Methode Friedrich Schlegels gegenüberstellte, rückte er beider Verfahren in der *Romantischen Schule* eng zusammen. Hier erscheint Menzel nicht mehr als der radikale Opponent zur romantischen Geschichtsschreibung, sondern als ihr Fortsetzer. Im gleichen Sinne rückte Heine in der *Romantischen Schule* die romantische Kunstauffassung stärker von Goethes Standpunkt ab. Beachtenswert bleibt, daß in der Menzel-Rezension F. Schlegels *Geschichte der alten und neuen Literatur* (1814) als Beispiel einer Kunstkritik in Anspruch genommen wird, die die Goethesche Kunstidee zum leitenden Darstellungsprinzip erhoben hat: »In dem Schlegelschen [Werke] sehen wir ganz die

Oktober 1972 vor der Heine-Gesellschaft, Düsseldorf); Hermand unterstreicht die prinzipiellen Differenzen zwischen Heine und Goethe in bezug auf Geschichts- wie Kunstauffassung.

21 Vgl. Koopmann, S. 114–131; Dietze, S. 35–51.

Bestrebungen, die Bedürfnisse, die Interessen, die gesamte Geistesrichtung der vorletzten Dezennien, und die Kunstidee als Mittelpunkt des Ganzen« (1, 446). Das besagt, mit den Worten Heines, daß »Friedrich Schlegel großartig das Ganze aller geistigen Bestrebungen erfaßte, die Erscheinungen derselben gleichsam wieder zurückschuf in das ursprüngliche Schöpfungs-Wort, woraus sie hervorgegangen, so daß sein Buch einem schaffenden Geisterliede gleicht« (1, 445). Angesichts der späteren Angriffe gegen die romantische Theorie und Geschichtsschreibung bleibt diese Charakteristik erstaunlich, selbst wenn man berücksichtigt, daß Heine F. Schlegel noch in der *Romantischen Schule* vergleichsweise milde und respektvoll behandelt.

Bei einem temperamentvollen und subjektiven Kritiker wie Heine liegt es nahe, solche Unterschiede der Einstellung auf augenblickliche Vorlieben und Abneigungen zurückzuführen. In diesem Fall ist jedoch stringent zu zeigen, daß sachliche Gründe den Ausschlag gaben. Zu diesem Zweck ist der volle Wortlaut der Kritik an F. Schlegel in der *Romantischen Schule* zu zitieren:

> Fr. Schlegel war ein tiefsinniger Mann. Er erkannte alle Herrlichkeiten der Vergangenheit und er fühlte alle Schmerzen der Gegenwart. Aber er begriff nicht die Heiligkeit dieser Schmerzen und ihre Notwendigkeit für das künftige Heil der Welt. Er sah die Sonne untergehn und blickte wehmütig nach der Stelle dieses Untergangs und klagte über das nächtliche Dunkel, das er heranziehen sah; und er merkte nicht, daß schon ein neues Morgenrot an der entgegengesetzten Seite leuchtete. Fr. Schlegel nannte einst den Geschichtsforscher ›einen umgekehrten Propheten‹. Dieses Wort ist die beste Bezeichnung für ihn selbst. Die Gegenwart war ihm verhaßt, die Zukunft erschreckte ihn, und nur in die Vergangenheit, die er liebte, drangen seine offenbarenden Seherblicke (3, 407f.).

In dieser Beschreibung verbinden sich aufs engste Kritik und Darlegung der eigenen Absichten; denn mit Schlegel teilt Heine die Schmerzen der Gegenwart und das Gefühl für den Verlust der großen Kunstepoche. Heine kann sich jedoch nicht zufrieden geben mit einem Abschluß, der die Perspektive auf die Zukunft ausschließt. Schlegels Konzeption der Literaturgeschichte wird folglich zum Anstoß für das, was Heine als Kritiker und Historiker von sich erwartete. Wir haben Grund, Heines *Romantische Schule* als Gegenwurf zu Schlegels Wiener Vorlesungen (erschienen 1814 unter dem Titel *Geschichte der alten und neuen Literatur*, 2. Aufl. 1822) zu lesen. Eine Kontrafaktur, in die das verworfene Geschichtsbild eingegangen ist.

II

Geht man davon aus, daß Heine in der *Romantischen Schule* die neuere deutsche Literatur, vorzüglich aber die Romantik und die jüngste Dichtung darstellen wollte, befremdet die Ausführlichkeit, mit der Heine sich der altdeutschen Kunst widmet. Nachdem er in aller Kürze das Thema angeschlagen und seine Opposition zu Madame de Staëls Deutschland-Buch erläutert hat, versenkt er sich im ersten Buch in die Genese mittelalterlicher Kunst, verfolgt ihre Ausprägungen in Dichtung und bildender Kunst, bespricht knapp den revolutionären Charakter der Renaissance und wendet sich erst dann, nach einigen vermittelnden Sätzen über das Zeitalter Ludwig XIV. der neueren deutschen Literatur zu. Welchen Grund hat Heine, sich über eine Epoche zu äußern, über die er nur aus zweiter Hand berichten kann? Heine beanspruchte wohl kaum, hier neues Material vorzustellen und auf diese Weise die Kenntnisse seiner Leser zu erweitern. Seine Darstellung trägt die Züge einer Skizze; sie ist überdies, was dem zeitgenössischen Publikum kaum verborgen geblieben sein dürfte, Friedrich Schlegel an mehr als einer Stelle verpflichtet[22]. Bis in die Wahl der

22 In der 7. und 8. Vorlesung seines Wiener Zyklus' behandelte Schlegel, unter breiter Berücksichtigung des deutschen Anteils, die mittelalterliche Dichtung. Und zwar in der 7. Vorlesung die generellen Entstehungsbedingungen und allgemeinen Merkmale, ferner die Lyrik und die nationale Epik, während die 8. Vorlesung u. a. auf das Nibelungenlied, Wolfram von Eschenbach und die gotische Baukunst einging. Ohne große Mühe läßt sich Schlegels Einwirkung auf Heine nachweisen. Drama und Lyrik übergeht Heine mit einer einzigen Bemerkung: »Von lyrischen und dramatischen Gedichten kann hier nicht die Rede sein; denn letztere existierten nicht, und erstere sind sich ziemlich ähnlich in jedem Zeitalter« (3, 364). Die Epik unterscheidet er nach geistlichem und weltlichem Inhalt, nur um diese Unterscheidung sogleich wieder einzuschränken, da alle mittelalterliche Dichtung von demselben Geist beherrscht sei. Angesichts der weltlichen Epik folgt Heine Schlegels Einteilung in drei Sagenkreise: »Es sind vorzüglich drei Kreise von Fabeln und Geschichten, welche den Rittergedichten des Mittelalters zum Gegenstande dienten« erläuterte Schlegel einleitend in der 8. Vorlesung, »Den ersten bilden die Sagen von den gotischen, den fränkischen und burgundischen Helden aus der Zeit der Völkerwanderung; sie machen den Inhalt des *Nibelungenliedes* aus, und der verschiedenen unter dem Namen des *Heldenbuchs* bekannten Stücke. Diese heroischen Sagen haben am meisten einen geschichtlichen Grund; sie atmen noch ganz den nordischen Geist . . . Der zweite Hauptgegenstand der Ritterge-

Beispiele folgt Heine den Schlegelschen Vorlesungen. Um den Charakter der Ritterpoesie zu veranschaulichen, bezog sich F. Schlegel auf *Tristan und Isolde*. Er bemerkte: »Dieser sanfte elegische Anstrich ist der Natur einer solchen Darstellung durchaus angemessen, schon wegen des Widerspruchs zwischen den äußern Verhältnissen, und dem innern Gefühl der Vergänglichkeit der Jugend, welche dem Reiz und selbst der Freude derselben immer schon eine gewisse wehmütige Empfindung ihrer flüchtigen Kürze zugesellt, und besonders auch weil die höhere Sehnsucht doch nie sich ganz befriedigt fühlt« (6, 191). Heines Kommentar dagegen lautet: »Es ist vielleicht jetzt erlaubt den Meister Gottfried unbedingt zu rühmen und zu preisen. Zu seiner Zeit hat man sein Buch gewiß für gottlos und ähnliche Dichtungen, wozu schon der ›Lanzelot‹ gehörte, für gefährlich gehalten« (3, 366). Das Verhältnis von Übernahme und Umdeutung ist klar ersichtlich. Für Schlegel verkörpert der Tristan den Geist der christlichen Ritterepik auf sublimierteste Weise: durch letzte Unerfülltheit und romantische Erweckung von Sehnsucht. Heine dagegen versetzt das Gedicht in einen durchaus anderen, nämlich antiromantischen, antispiritualistischen Kontext. Er lobt den Tristan, weil dieses Werk sich der christlichen Morallehre entzieht und »wohlgefällig sich hinabtaucht in die Genußwelt der verherrlichten Sinnlichkeit« (3, 366). Aus dem Exempel romantisch-mittelalterlicher Poesie wird unter der Hand ein Paradigma der sensualistischen Tradition. Das Mittelalter, so können wir Heines Reinterpretationen zusammenfassen, wird entweder so ausschließlich als Ausgeburt des christlichen Spiritualismus dargestellt, daß die Würdigung einer Denunzierung gleichkommt, oder gegen den

dichte war Karl der Große, besonders aber sein Krieg gegen die Araber, die Schlacht bei Roncesvall, und der Ruhm der um ihn vereinten großen Helden.« (6, 190) Als dritten Sagenkreis nannte Schlegel den Stoff von König Artus und seiner Tafelrunde. Im gleichen Sinne bespricht Heine die Sagenkreise, und zwar deutet er, Schlegels Darstellung nicht ohne Hintergedanken pointierend, die Abfolge der mittelalterlichen Sagenkreise als spiritualistische Verchristlichung der germanischen Völker: »Nun aber, aus der christlich spiritualisierten Kraft, entfaltet sich die eigentümlichste Erscheinung des Mittelalters, das Rittertum, das sich endlich noch sublimiert als ein geistliches Rittertum.« (3, 365)

Schlegel wird im folgenden zitiert nach: Kritische Friedrich-Schlegel-Ausgabe. Hrsg. v. Ernst Behler, München, Paderborn, Wien, 1952ff., unter Angabe von Band- und Seitenzahl.

Strich gelesen, so daß, wie im Falle des Tristan, hinter der offiziellen romantischen Deutung eine apokryphe Tradition sichtbar wird.

Das erste Verfahren läßt sich vorzüglich an der Behandlung der bildenden Kunst verfolgen. Über die Malerei heißt es bei Heine: »Wahrlich, wenn man manche Gemäldesammlung betrachtet und nichts als Blutszenen, Stäupen und Hinrichtung dargestellt sieht, so sollte man glauben die alten Meister hätten diese Bilder für die Galerie eines Scharfrichters gemalt« (3, 368). Ebenso tendenziös, wenn auch ein wenig respektvoller äußert sich Heine über die Baukunst:

> Hier, in der Architektur zeigt sich dieselbe parabolische Tendenz wie in der Dichtkunst. Wenn wir jetzt in einen alten Dom treten, ahnen wir kaum mehr den esoterischen Sinn seiner steinernen Symbolik. Nur der Gesamteindruck dringt uns unmittelbar ins Gemüt. Wir führen hier die Erhebung des Geistes und die Zertretung des Fleisches. Das Innere des Doms selbst ist ein hohles Kreuz und wir wandeln da im Werkzeuge des Martyrtums selbst; die bunten Fenster werfen auf uns ihre roten und grünen Lichter, wie Blutstropfen und Eiter; Sterbelieder umwimmern uns; unter unseren Füßen Leichensteine und Verwesung; und mit den kolossalen Pfeilern strebt der Geist in die Höhe, sich schmerzlich losreißend von dem Leib, der wie ein müdes Gewand zu Boden sinkt (3, 369).

Die Idee, daß auch die Baukunst des Mittelalters, nicht weniger als die Dichtung, den Zeitgeist artikuliere, fand Heine bei Schlegel aufs Sorgfältigste formuliert:

> Ein noch so herrliches Gebäude, wenn es keine Bedeutung hat, gehört auf keine Weise zur schönen Kunst; unmittelbare Erregung des Gefühls, eigentliche Darstellung ist dieser ältesten und erhabensten aller Künste nicht verstattet. Nur durch die Bedeutung kann sie in einem gewissen Sinne Gedanken ausdrükken, und ist dadurch auch sicher, hohe Gefühle von ganz bestimmter Art zu erregen. Symbolisch muß daher alle Baukunst sein, und mehr als jede andere ist es diese christliche des deutschen Mittelalters. Was zuerst und am nächsten liegt, das ist der Ausdruck des zu Gott emporsteigenden Gedankens, der vom Boden losgerissen, kühn und gerade aufwärts zum Himmel zurückfliegt (6, 203).

Wo Schlegel die Überwindung des Materiellen in der Struktur gotischer Dome feiert und den symbolischen Charakter gegen die bloß emotionale Aufnahme ausspielt, gibt Heine vor, jene esoterische Symbolik gar nicht mehr zu verstehen und sich daher an den »Gesamteindruck« halten zu müssen. Dies geschieht freilich nur, um der mittelalterlich-allegorischen Auslegung seine eigene, anti-spiritualistische entgegenstellen zu können. Schlegel schloß seine Betrachtung der mittelalterlichen Baukunst mit dem Satz: »Was das Ganze ausdrückt, ist der Ernst der Ewigkeit, ja, wenn man will, der Gedanke des Todes, des irdischen nämlich, umflochten von der lieblichsten Fülle eines unendlich blühenden Lebens« (6, 204). Heines Exegese gibt darauf die Antwort, daß eben dieser von Schlegel gutgeheißene Gedanke eine verfehlte, nicht zu billigende Negation des Lebens darstellt. Daher die Umwertung der Symbolik, der Vergleich der bunten Domfenster mit Blut und Eiter, der penetrante Hinweis auf Leichensteine und Verwesung. Schlegels Vision einer nach dem Jenseits strebenden Epoche wird von Heine nur zitiert, um verworfen zu werden.

Der vorstehende Vergleich gibt zugleich Aufschluß darüber, warum Heine im ersten Buch der *Romantischen Schule* relativ ausführlich auf mittelalterliche Kunst eingeht. Provoziert durch F. Schlegels Interpretation, der Heine Fülle und Geschlossenheit nicht absprechen konnte, formuliert er seine Sicht, die bei aller Übereinstimmung in der Charakterisierung dem Mittelalter eine andere, nämlich negative Kontrastfunktion zuerteilt. Man muß Schlegels Urteil über die mittelalterliche Epoche parathalten, um die spezifische Bedeutung von Heines Einspruch ermessen zu können. Anstatt die neuere Dichtung unmittelbar mit der antiken zu vergleichen, wie dies noch in *Über das Studium der griechischen Poesie* geschieht, rechtfertigt Schlegel in den Wiener Vorlesungen Wert und historische Bedeutung des Mittelalters gegen seine klassizistischen Verächter[23]. Seine historisch argumentierende Apologie läuft darauf hinaus, das Mittelalter als unabdingbaren Bestandteil der modernen Geistesbildung auszugeben, so daß moderne Nationalkultur sich nur auf der Grundlage einer eigenständigen poetischen Vorzeit entwickeln kann. So wie die griechische Klassik aus der

23 »Man schildert und denkt sich das Mittelalter oft wie eine Lücke in der Geschichte des menschlichen Geistes, wie einen leeren Raum zwischen der Bildung des Altertums, und der Aufklärung der neuern Zeiten. Man läßt Kunst und Wissenschaft auf der einen Seite völlig untergehen, um sie dann nach einer langen tausendjährigen Nacht desto herrlicher mit einemmale wie aus Nichts emporsteigen zu lassen. Dieses ist aber in einer zwiefachen Rücksicht falsch, einseitig, und nicht richtig. Das Wesentliche von der Bildung und den Kenntnissen des Altertums ist nie ganz untergegangen, und vieles von dem Besten und Edelsten, was die neuern Zeiten hervorgebracht haben, ist im Mittelalter und aus dem Geiste desselben entsprungen.« (6, 170)

archaischen Vorzeit sich entfaltete, ging die europäische Moderne aus dem Mittelalter hervor. Das Mittelalter ist für Schlegel der Quellpunkt poetischer Tradition, von der sich die moderne Bildung ohne Gefahr kritisch-intellektueller Atrophie nicht abschneiden darf. Weit entfernt, eine Unterbrechung kultureller Überlieferung darzustellen, ist es Vermittler an die Moderne. Und zwar in zweifacher Hinsicht: als Sammler und Bewahrer antiker Literatur und Philosophie und als Schöpfer eigenständiger Volkspoesie. Damit wird für Schlegel der klassizistische Vorwurf der Barbarei hinfällig. Gleichzeitig wird ein neues Argument in den Streit über den Wert der Alten und Modernen eingeführt: Über die Dignität der neueren Literatur kann nur urteilen, wer das Mittelalter als Traditionsvermittler kennt.

An diesen Ansichten, die ja nicht nur das Mittelalter als eine eigenständige Literaturepoche legitimieren; sondern im gleichen Maße zum Verständnis der modernen Literatur beitragen wollten, konnte Heine nicht vorübergehen. Zumal Schlegel hier eine Lösung für ein Problem bereithielt, mit dem der junge Heine nicht zurechtgekommen war. Gesucht hatte Heine 1820 nach innerlicher Kunst, die zugleich plastisch war, also nach einer Synthese von klassischer und romantischer Formgebung. Unter diesem Gesichtspunkt wies Heine die Nachahmung mittelalterlicher Inhalte und Themen zurück. Schlegel demonstrierte in den Wiener Vorlesungen, wie mittelalterliche Kunst nach ihrer geschichtlichen Funktion zu würdigen wäre, ohne ihr normative Bedeutung für die Gegenwart zuzusprechen. In der Historisierung sowohl der Antike wie des Mittelalters vermochte Heine Schlegel zu folgen. Beide sind für ihn unwiderruflich vergangen. »Aber die Künste sind nur der Spiegel des Lebens«, heißt es abschließend in der *Romantischen Schule* über die mittelalterliche Kunst, »und wie im Leben der Katholizismus erlosch, so verhallte und erblich er auch in der Kunst« (3, 370). Unannehmbar hingegen war für Heine Schlegels affirmative Traditionstheorie, denn dies hätte bedeutet, die Nachwirkungen der Feudalzeit als legitime Bindungen hinzunehmen. Die Legitimität der Neuzeit beruhte für Heine, der sich hier in die Tradition der Aufklärung stellte, auf dem Anspruch des Neubeginns nach einem vollständigen Bruch mit mittelalterlicher Theologie und Kunst. Folglich war das Erbe anders zu lesen und demgemäß auch das Verhältnis von mittelalterlicher und moderner Kunst zu überprüfen.

Heine war sich des geschichtsphilosophischen wie methodologischen Gegensatzes zu Friedrich Schlegel voll bewußt. Aus der Zeit der Arbeit an der *Romantischen Schule* stammt der kurze, vermutlich fragmentarische Aufsatz *Verschiedenartige Geschichtsauffassungen*, der als Kommentar zur Auseinandersetzung mit der romantischen Literaturkritik verstanden werden kann[24]. (Entstanden ist der Aufsatz im September 1833, also nur wenige Monate nach der Veröffentlichung der Pariser Fassung.) Heine stellte hier zwei Geschichtsauffassungen einander gegenüber, von denen die eine romantische Geschichtsdeutung wohl umfaßt, auch wenn die Namen der Brüder Schlegel nicht genannt werden. Da Heine aber bereits in der Menzel-Rezension F. Schlegels Methode als die Entsprechung der Goetheschen Kunstperiode bezeichnet hatte, ist er mitgemeint, wenn es heißt: »In Deutschland sind die Weltweisen der historischen Schule und die Poeten aus der Wolfgang Goetheschen Kunstperiode ganz eigentlich dieser Ansicht zugetan, und letztere pflegen damit einen sentimentalen Indifferentismus gegen alle politischen Angelegenheiten des Vaterlandes allersüßlichst zu beschönigen« (3, 21). Die Geschichtsauffassung, die die Darstellungen dieser politisch konservativen Gruppe motivieren, kennzeichnet Heine, begrifflich gesprochen, als zyklisch-organologisch. Mit Heines Worten: »Die einen sehen in allen irdischen Dingen nur einen trostlosen Kreislauf; im Leben der Völker wie im Leben der Individuen, in diesem, wie in der organischen Natur überhaupt, sehen sie ein Wachsen, Blühen, Welken und Sterben« (3, 21). Von dieser Konzeption wird kritisch abgehoben die zweite, derzufolge im Gang der Geschichte der Fortschritt der Menschheit sich niederschlägt. Obgleich Heine mit dieser Auffassung offenkundig sympathisiert, möchte er auch ihr nicht voll beipflichten. Der Vorbehalt ist beachtlich: Wo der Blick auf die Zukunft fixiert ist und die Vergangenheit wie die Gegenwart nur »Staffeln« sind, scheint Heine das konkrete Leben gefährdet. »Wir [wollen] auch, daß die Gegenwart ihren Wert behalte, und daß sie nicht bloß als Mittel gelte, und die Zukunft ihr Zweck sei« (3, 22). In beiden Fällen wird die zur Diskussion stehende Theorie an ihrer politischen Applikation gemessen.

24 Dazu neuerdings H. Koopmann, Heines Geschichtsauffassung. In: Jahrb. d. Dt. Schillerges. 16 (1972), S. 453–476, bes. S. 453 ff.

Geschichtsauffassungen sind Instrumente, Anweisungen für praktisches soziales und politisches Verhalten. In diesem Sinne kritisiert Heine die Historische Schule und die Romantik, die, ob sie sich dessen bewußt sind oder nicht, der politischen Reaktion die theoretische Rechtfertigung für unwürdiges und retardiertes Leben liefert. Was Heine an F. Schlegels Vorlesungen bewunderte, ist zugleich der entscheidende Punkt ihrer Differenz. Denn in Schlegels Darstellung, gerade wo sie rein und ohne Beimischung seiner katholischen Privatmeinungen zum Ausdruck kommt, manifestiert sich, Heine zufolge, die ästhetische Indifferenz, die des verbindlichen Bezugspunktes in der Gegenwart ermangelt.

Ob die christlichen Ideen in den Wiener Vorlesungen lediglich als Privatmeinungen ihres Autors zu betrachten sind, wie Heine 1828 unterstellte, also auf die Struktur des Ganzen keinen Einfluß hatten, mag füglich bezweifelt werden. Gegen den Vorwurf ästhetischer Indifferenz hätte Schlegel sich verteidigen können. Mochte die historisierende Betrachtung bei der Behandlung des Altertums und selbst des Mittelalters die dominierende gewesen sein, in bezug auf die Neuzeit ließ Schlegel keinen Zweifel daran, daß diese Epoche im ganzen eine falsche, weil irreligiöse Richtung eingeschlagen habe. Wenn Schlegel, mit der gebotenen Zurückhaltung des Historikers freilich, die Geschichte der Neuzeit als Abfall von der christlichen Wahrheit darstellt und demgemäß als einen Prozeß der Verschuldung gegenüber der älteren Epoche konstruiert, dann widersetzt er sich viel direkter als der Historismus dem Selbstverständnis des neuzeitlichen Denkens, durch einen radikalen Neuanfang alle älteren geschichtlichen Bindungen abgelöst zu haben. Er widersetzt sich dem Anspruch der frühen Neuzeit, vom christlichen Weltbild sich rechtmäßig emanzipiert zu haben und behauptet, indem er die positive Bedeutung des Mittelalters hervorhebt, eine objektive Kulturschuld der Neuzeit[25]. Namentlich in

25 Bezeichnend dafür ist Schlegels Behandlung der Reformation. Ihre Bedeutung als Ausgangspunkt des modernen Rationalismus und Kritizismus wird nicht ganz bestritten, aber doch stark herabgesetzt, da die sich emanzipierende Vernunft nicht als Licht, sondern als Irrlicht erscheint: »Nicht aber in dem Vernunftcharakter der modernen Zeit liegt das Übel, da diese wie jede andre Elementarkraft in dem Zyklus der intellektuellen Entwicklung, wenn die Zeit da ist, an die Reihe der Herrschaft kommen mußte, wie sie gleich damals

der zweiten Auflage von 1822 verschärfte Schlegel seinen Standpunkt und fügte verschiedentlich prinzipielle Bemerkungen über Ziel und Methode der Geschichtsschreibung ein. So heißt es z. B. anläßlich der Behandlung der englischen Historiker: »Sobald die Geschichte aus dem beschränkten Umkreise der gegebenen Überlieferungen und Begebenheiten einiger Völker und Zeiten hinausgeht und den Blick auf das Ganze der Menschheit werfen will, kann nur eine gründliche Philosophie der Offenbarung, die wahre Deutung finden und den rechten Weg bewahren ... Die notwendige Anknüpfung der Menschengeschichte an das Göttliche in ihrem Anfang, Mittelpunkt und Ende, geht mit einem Worte nur aus dem Spiritualismus dieser christlichen Ansicht leicht und befriedigend hervor« (6, 339f.). Die dem deutschen Historismus eigentümliche organologische Betrachtungsweise ist hier in den Dienst einer Geschichtstheologie gestellt, für die weltliche Geschichte letztlich nur zu rechtfertigen ist durch die Bindung an eine transzendente Macht.

Heines geschichtstheoretischer Aufsatz übergeht den massiven Konservativismus des späten Schlegel, er stellt der fortschrittlichen Geschichtskonzeption nur die zyklisch-organologische entgegen, das heißt, er beschäftigt sich nur mit den subtileren Methoden des Konservativismus. Der Grund ist wenigstens zu vermuten. Die organologische Theorie entstammte der Tradition, der Heine sich verpflichtet fühlte. Nicht umsonst wird Goethe sowohl 1828 wie 1833 genannt und füe die quietistische, apolitische Geschichtsdeutung mitverantwortlich gemacht. Die restaurative Geschichtstheologie war offen zu bekämpfen, da sie explizit ihren Standort kenntlich machte, die zyklische Auffassung hingegen, gleichsam ein Feind von innen, aus der Aufklärungsbewegung selbst hervorgegangen, verdeckte ihre praktischen Interessen. Der Schein ihrer Objektivität und Interesselosigkeit blockier-

entscheidend in die Weltgeschichte eintrat, sondern in dem schlechten Gebrauch, welchen der Mensch als freies Wesen, von der neu erweckten Kraft gemacht hat, da er sie nicht in liebevoller Eintracht zu immer höherer Verherrlichung des Christentums, als des kostbaren Unterpfandes der göttlichen Überlieferung und Offenbarung gebraucht, sondern durchgehends fast nur in einem Geiste des Zwiespalts und der Trennung angewendet hat, bis in unsern Tagen aus dem Übermaß des langen Übels selbst, die Rettung hervorgegangen ist.« (6, 259)

te die Verwertung geschichtlicher Erfahrung für die Zukunft. Es bleibt nur die trostlose Einsicht, daß jeder Eingriff vergeblich sein muß. Insofern mußte dieser Aspekt an F. Schlegels Vorlesungen für Heine als der gefährlichere erscheinen. Schlegels Kritik des gegenwärtigen Zeitalters konnte Heine sogar zustimmen, wie er in der *Romantischen Schule* ausdrücklich vermerkt; widersprechen mußte Heine, wo die Krise fatalistisch als Ende ausgegeben, wo die triste Gegenwart, mit anderen Worten, als angemessener Zustand der Menschheit beschönigt wurde.

III

Für die jungen um das *Athenäum* gescharten Romantiker war die Französische Revolution samt ihren ideologischen Wirkungen in Europa eine entscheidende geschichtliche Erfahrung. Schlegels 216. *Athenäums*-Fragment sprach es unumwunden aus und kennzeichnete durch die Zusammenstellung mit einem literarischen Werk (Goethes *Meister*) und einem Philosophen (Fichte) zugleich auch die spezifische Art der Deutung: Die politische Revolution stellte sich dar als Teilaspekt einer alle Bereiche des Lebens umfassenden kulturellen Revolution[26]. Solche Ansichten, wie vage sie auch den modernen Betrachter anmuten mögen, waren kaum geeignet, das Vertrauen des aristokratischen Publikums im Wien des Jahres 1812 für Freidrich Schlegel zu vermehren. Die 16. Vorlesung, die die Revolutionsjahre und ihre Auswirkungen auf das deutsche Geistesleben behandelt, zeigt Schlegel in der Tat in einer schwierigen Lage. Allenthalben war zu dämpfen und zurechtzurücken. Will man dem späten Schlegel Glauben schenken, nahmen die deutschen Schriftsteller mit Ausnahme von Georg Forster an den politischen Ereignissen keinen oder geringen Anteil. Und wo sie beeinflußt wurden, war der Einfluß angeblich von kurzer Dauer. »Wenn einige der Bessern nicht ganz frei blieben von den trügerischen Hoffnungen jener Zeit, so ward ihre Rechtlichkeit bald inne, daß sie getäuscht waren, und sie ersetzten reichlich den vorübergehenden Irrtum« (6, 393). Sätze wie diese muß man im Gedächtnis

26 Vgl. E. Behler, Die Auffassung der Revolution in der deutschen Frühromantik. In: Essays on European Literature. Hrsg. v. P. U. Hohendahl, H. Lindenberger, E. Schwarz, St. Louis 1972, S. 191–216.

behalten, um Heines ganze Schärfe in der Kritik der deutschen Romantik begreifen zu können. Was Romantik wollte und bedeutete, erfuhr der 1797 geborene Heine aus den das Wagnis der frühen Ideen zurücknehmenden Schriften der Spätromantik. Freilich konnte Schlegel bei einer so negativen und verzerrenden Einstellung nicht verharren, ohne dem eigenen Frühwerk Gewalt anzutun. So gibt die 16. Vorlesung an anderen Stellen von der literarischen Entwicklung ein differenzierteres Bild; beispielsweise wenn Schlegel einräumt, daß die dritte Generation der deutschen Schriftsteller im 18. Jahrhundert, also die eigene Generation, die eigentlich politisch affizierte war, daß ihre Mitglieder sich mit der Französischen Revolution auseinandersetzen mußten und auf sehr verschiedene Art reagierten (vgl. 6, 395). Ja, Schlegel nimmt für jene Revolutionsjahre zwischen 1789 und 1802 sogar in Anspruch, daß sie wegen des »darin entwickelten Ideenreichtums« (6, 396) der vorangehenden Epoche überlegen gewesen seien. Dieser Anspruch bleibt formal genug: er identifiziert sich weder mit den revolutionären noch den gegenrevolutionären Tendenzen.

Schlegels abschließende 16. Vorlesung legte nicht nur Rechenschaft ab über die neueste deutsche Literatur und Philosophie, sie zog gleichzeitig die Summe der ganzen Epoche und erörterte die Bedingungen der Zukunft. Mehr als die anderen Teile bot diese Vorlesung Heine Material und Ideen zur Auseinandersetzung. Bei Schlegel hieß es über die Frühromantiker:

> Andre wandten sich weg von dem unmittelbaren Anblick dieses chaotischen Zustandes der jetzigen Menschheit, sich in das Gebiet der Fantasie flüchtend, und in ihren Spielen sich ergötzend, oder sich in die Arme der Natur werfend, und der von dem Zustande des Menschen ganz getrennten Betrachtung und Wissenschaft derselben. Noch andre Suchende ergriffen mit Begeisterung das Große der vergangenen Zeiten, sich ganz in sie versenkend und da die Auflösung hoffend für das Rätsel der unsrigen. Viele der Edelsten wandten sich unbefriedigt von der Außenwelt und auch von der Wissenschaft zurück zur Religion, die dem Zeitalter fast fremd geworden war, und zu dem lange verkannten Christentum (6, 395).

Die verschiedenen Tendenzen, die Schlegel hier apologetisch aufzählte, brauchte Heine nur noch mit dem gemeinsamen Namen »Romantische Schule« zu versehen und dem eigenen Argumentationszusammenhang einzufügen: Realitätsflucht als der gemeinsame Nenner sprang ins Auge. F. Schlegels *Geschichte der alten und neuen Literatur* schloß – in der zweiten Auflage noch weiter ausgeführt als in der ersten – mit dem Bekenntnis zur politischen wie weltanschaulichen Restauration: Allein vom Anschluß an eine positive, geoffenbarte Religion sei Heil und Überwindung der chaotischen und fragmentierten Epoche zu erwarten. Mit offenkundigem Mißmut behandelte Schlegel die liberal-nationalen Strömungen und die Agitation nach den Befreiungskriegen. In diesen Teilen, wo der restaurative Geist sich in massiver Weise zur Geltung brachte, war Schlegels Werk nur polemisch zu verwerten: im Aufweis der immanent-geschichtlichen Logik, die von der Flucht aus der Zeit über die Suche nach neuen Bindungen zur politischen Reaktion führte. Schon im ersten Buch der *Romantischen Schule* greift Heine Schlegels Thema kritisch auf:

> Ich spreche von einer Religion, die ebenfalls durch die Lehre von der Verwerflichkeit aller irdischen Güter, von der auferlegten Hundedemut und Engelsgeduld, die erprobteste Stütze des Despotismus geworden. . . . Eben weil wir alle Konsequenzen jenes absoluten Spiritualismus jetzt so ganz begreifen, dürfen wir auch glauben, daß die christkatholische Weltansicht ihre Endschaft erreicht (3, 362).

Damit ist der Kontrapunkt zu Schlegels Forderung nach positivem Christentum pointiert gesetzt. Über die ideologischen Gegensätze ist kein weiteres Wort zu verlieren. Heines Interesse an Schlegels Geschichte lag nicht auf der Ebene der dort formulierten Antworten, sondern im Bereich der Fragen, die sich hinter Schlegels Thesen verbargen. Das Zeitalter der Krise, das Revolutionszeitalter, von dem der alternde Romantiker schwankend und nicht ohne Retuschen berichtete: da war der Ausgangspunkt für Heines eigene Problemstellung genannt. Bezeichnete Schlegel das 18. Jahrhundert als das revolutionäre Jahrhundert, dann durfte er der Aufmerksamkeit Heines sicher sein. »Nicht bloß im Äußern und einzelnen, wo er sich zunächst kund gegeben«, behauptete Schlegel, »hat dieser Streit seinen Sitz; sondern es liegt ihm als allgemeine Ursache eine große Bewegung im Innern des Menschengeistes zum Grunde.« (6, 411) Das Echo findet sich in Heines *Geschichte der Religion und Philosophie in Deutschland*:

> Mit diesem Buche [Kants *Kritik der reinen Vernunft*], welches durch sonderbare Verzögerung erst am Ende der achtziger Jahre allgemein bekannt

wurde, beginnt eine geistige Revolution in Deutschland, die mit der materiellen Revolution in Frankreich die sonderbarsten Analogien bietet, und dem tieferen Denker eben so wichtig dünken muß wie jene. Sie entwickelt sich mit denselben Phasen, und zwischen beiden herrscht der merkwürdigste Parallelismus. Auf beiden Seiten des Rheines sehen wir denselben Bruch mit der Vergangenheit, der Tradition wird alle Ehrfurcht aufgekündigt; wie hier in Frankreich jedes Recht, so muß dort in Deutschland jeder Gedanke sich justifizieren (3, 590).

Offenkundig sind die Akzente anders gesetzt: aus Schlegels Begriff einer umfassenden Kulturrevolution, von der die politische Revolution in Frankreich nur einen Teilaspekt darstellte, wird bei Heine eine Analogie zwischen realer und ideologischer Evolution, welche den politisch-sozialen Ereignissen letztlich den Primat zuspricht. Es handelt sich um eine kritische Modifikation, die aus der vorgefundenen Charakteristik der Epoche andere, Schlegel durchaus fernliegende Konsequenzen zog. Denn solange der Revolutionsbegriff literarisch-philosophisch gefaßt und der politischen Praxis nur eine untergeordnete Funktion zugewiesen wurde, wurden Kunst und Literatur wohl hinsichtlich ihrer Tendenzen, nicht aber hinsichtlich ihrer praktischen Funktion und Relevanz problematisiert. In den Wiener Vorlesungen sah Schlegel keinen Grund, die Bedeutung der Kunst für die Zukunft prinzipiell in Frage zu stellen. Er sah Veränderungen voraus, bewertet diese indessen als weitere, wenn auch nicht notwendig leichte Schritte auf dem einmal eingeschlagenen Weg literarischer Evolution: »Wenn von dem Ganzen der deutschen Literatur die Rede ist, so zweifle ich auch keinen Augenblick daran, daß sie noch alle die großen Erwartungen erfüllen wird, welche sie bisher mehr nur lebhaft angeregt hat, als vollständig zu befriedigen vermochte« (6, 407). Dieser spannungslose Optimismus, der zu den Ansichten des jungen Schlegel eigentümlich kontrastiert, ist zu erklären aus Schlegels Auffassung, daß die revolutionäre Epoche im wesentlichen abgeschlossen sei und folglich jeder zu seinen alltäglichen Geschäften zurückkehren könne.

Unter dem Eindruck der Juli-Revolution sah Heine die Periode zwischen 1815 und 1830 in anderem Licht: Die post-revolutionäre Phase erschien nur als Latenzperiode innerhalb eines revolutionären Zeitalters. Und zwar revolutionär im politisch-gesellschaftlichen Sinn. Folglich gewinnt auch die Problematik der modernen Dichtung, die durch die romantische Revolutionstheorie eher verschüttet wurde, erneut an Aktualität. Indem Heine die *Romantische Schule* unter das Thema vom Ende der Kunstperiode stellt, markiert er mehr als eine Grenze zwischen sich und der deutschen Romantik. Er geht in der Sache zurück auf jenen Moment in der deutschen Geistesgeschichte, als im Schatten der Französischen Revolution Schiller und F. Schlegel die alte, scheinbar längst gelöste Streitfrage zwischen den Anwälten der antiken und der modernen Kunst wieder aufgriffen. Die *Romantische Schule* knüpft an die Problemstellung an, ohne sich des geschichtlichen Hintergrundes noch voll bewußt zu sein. Für Heine entfällt bereits die Antike als normenstiftender Kanon und Vorbild für die eigene Produktion. Das Ergebnis der älteren »querèlle« wird als selbstverständlich vorausgesetzt: »Die Poesie in allen diesen Gedichten des Mittelalters trägt einen bestimmten Charakter, wodurch sie sich von der Poesie der Griechen und Römer unterscheidet. In Betreff dieses Unterschieds nennen wir die erstere die romantische und die letztere die klassische Poesie« (3, 366). Diese Bestimmung stellt sich auf den historischen Standpunkt, wonach antike wie mittelalterliche Kunst gemäß ihren eigenen Bedingungen zu bewerten sind. Und wie Heine in der Polemik gegen Platen gezeigt hatte, daß die bloße Reproduktion antiker Formen unausweichlich den modernen Dichter in einen leeren Formalismus führt, so hält er den Romantikern die Unzeitgemäßheit der Flucht in das Mittelalter vor.

Gleichwohl setzt sich in Heines Auseinandersetzung mit der Kunstperiode der Goethezeit das Schema der Alten und Neuen wieder durch. In dieser Auseinandersetzung übernimmt die Goethezeit funktional, wenn auch nicht inhaltlich, die Position der Alten. Inhaltlich ist dies unmöglich, denn Heine ist natürlich mit dem romantischen Selbstverständnis als einer modernen, antiklassizistischen Bewegung vertraut. Dort, wo er die geschichtliche Stellung der deutschen Romantik nachzeichnet, folgt er weitgehend, und nicht ohne Grund, der Selbstdeutung der romantischen Kritiker. So kommt es zu einer eigentümlichen Überlagerung der Positionen: Infolge des geschichtlichen Horizontwandels rückt für Heine die prononciert modern aufgetretene Romantik zusammen mit dem Weimarer Klassizismus in die Stellung der Alten, denen an der Schwelle einer neuen Epoche der Abschied gegeben wird. Und gleichzeitig ist der eigene Anspruch auf Modernität, wie zu zeigen sein wird, durch die Literaturtheorie der Goethezeit vermittelt. Diese paradoxe Situation drückt sich in Heines Strategie unmißverständlich aus. Der Romantik werden, damit sie als die überholte Epoche figurieren kann, alle progressiven Züge abgesprochen, so daß der durch die Frühromantik postulierte Begriff von Modernität an die eigene Situation gebunden werden kann. Das romantische Geschichtsbild der deutschen Literatur wird inhaltlich weitgehend übernommen, jedoch radikal der veränderten Funktion unterstellt. Indem Heine die Frage nach den Bedingungen und der Möglichkeit von Kunst in der modernen Gesellschaft restituierte und gegen die Romantik ausspielte, nahm er die verschütteten Gedanken der Revolutionsepoche wieder auf, knüpfte er also in der Sache an die rebellische Frühromantik an.

IV

Die französische »Querèlle des Anciens et des Modernes«, ausgetragen an der Epochenschwelle zwischen Barockklassizismus und Aufklärung, stand eingangs, im Anschluß an den traditionellen Topos, unter der Fragestellung, ob die Alten unüberbietbar und daher als Muster der Perfektion nachzuahmen seien oder vielmehr die Modernen infolge ihrer Kenntnis der Alten der Vollendung nähergekommen seien als diese selbst. Gab es einen solchen Fortschritt, wie die Verfechter der modernen Dichtung unterstellten, dann hatten die antiken Muster nur noch relative Gültigkeit. Zum epochemachenden Wendepunkt in der Kunsttheorie wurde der Streit indessen erst dadurch, daß die ursprüngliche Antithese an Relevanz einbüßte und der relativierenden Historisierung den Weg bereitete. Das Ergebnis der »querèlle« läßt sich dann folgendermaßen zusammenfassen: Der überkommene Gegensatz löst sich in der Einsicht, »daß die Geschichte des wissenschaftlichen Fortschritts einer anderen Gesetzlichkeit gehorcht als die Geschichte der Künste, aus der im 18. Jahrhundert die Trennung der traditionell gebundenen Arts et Sciences und die Verselbständigung der fünf schönen Künste folgte, und die sie begründende Erkenntnis, daß antike und moderne Kunst letztlich darum nicht am selben Maß der Perfektion zu messen sind, weil jede Epoche ihre eigenen Sitten, also auch ihren eigenen Geschmack und damit ihren eigenen Begriff des Schönen (›Beau relatif‹) hat« (H. R. Jauß)[27]. Das Ergebnis des

27 Historisches Wörterbuch der Philosophie. Hrsg. v. Joachim Ritter. Darmstadt 1971, Bd. 1, Sp. 413 (H. J. Jauß).

Streits ist mit anderen Worten die Inauguration der historischen Kritik. Ob der deutsche Historismus (Winckelmann, Herder) von der französischen »querèlle« wesentlich beeinflußt worden ist, ja ob der Aufklärung im ganzen ein solches primäres Interesse an historischer Argumentation unterstellt werden darf, kann dahingestellt bleiben, weil es für die Wiederaufnahme der Streitfrage in der Epoche des deutschen Idealismus bedeutungslos ist. Signifikant dagegen ist Jauß' These, daß gleichzeitig Schiller und der junge F. Schlegel in zwei Programmschriften auf die alte und mittlerweile als überholt angesehene Streitfrage zurückkamen, das anerkannte Ergebnis verwarfen und Lösungen vorschlugen, welche für die Bestimmung des Modernen in der Literaturtheorie ausschlaggebend wurden[28].

Das Ergebnis dieser Bemühungen ist knapp zu referieren, um Heines Voraussetzungen zu klären. Folgt man Arthur O. Lovejoy und Jauß, gelang Schiller der Durchbruch zu einer Theorie der Modernen, während Schlegel die Merkmale moderner, d. h. nachantiker Kunst noch unter dem Aspekt ihrer Verschuldung gegenüber der Antike sah. Hemmend wirkte der Widerspruch des deutschen Klassizismus zwischen Griechenbegeisterung und historischem Denken, der dazu führte, daß man die deutsche Literatur unter dem Vorbild der Antike noch zur Klassik führen wollte, obwohl man die klassische Antike mit Winckelmann und Herder schon historisch sah. Indem Schlegel noch einmal die antike Kunst als seinen Ausgangspunkt wählte und an der generellen Norm des Schönen festhielt, blieb seine Charakteristik der modernen Literatur an die klassizistische Wertung gebunden. Dem Interessanten als dem gemeinsamen Charakteristikum moderner Dichtung vermag er auf dieser Stufe seines Denkens nur relative Gültigkeit zuzuerkennen, die im Fortgang des geschichtlichen Wandels durch das

28 Jauß konnte sich dabei auf die Ergebnisse von Arthur O. Lovejoy stützen, der in dem Essay »Schiller and the Genesis of Romanticism« bereits 1920 feststellte, daß (1) Schlegel sehr wahrscheinlich unter dem Eindruck von Schillers Abhandlung »Über naive und sentimentalische Dichtung« die eigene, fast krampfhaft klassizistische Position überwunden hat und daß (2) Schiller wie Schlegel sich gleichzeitig mit der Frage auseinandersetzten, auf welche Weise die Moderne prinzipiell von der Antike zu differenzieren wäre, und dabei zu Ergebnissen gelangten, die dann wenige Jahre später von der romantischen Literaturtheorie voll expliziert wurden. Vgl. Lovejoy, Essays in the History of Ideas. New York 1960, S. 207–227.

Allgemeingültige und Objektive aufzuheben ist. In der Schrift *Über das Studium der griechischen Poesie* (1797) liegt der Nachdruck auf der Insuffizienz der eigenen Epoche, die (im Unterschied zur natürlichen Bildung der Antike) als ein Zeitalter der künstlichen Bildung begriffen wird. Da Schlegel die Veränderungen des literarischen Marktes als Korruption des allgemeinen Geschmacks versteht und das damit Hand in Hand gehende Aufkommen von professionellen Schriftstellern, die den kommerzialisierten Buchmarkt bedienen, als Dekadenz auslegt, registriert er die eigene Gegenwart als einen Endpunkt, auf den eine Revolution folgen muß. »Die Herrschaft des Interessanten ist durchaus nur eine vorübergehende Krise des Geschmacks: denn sie muß sich endlich selbst vernichten« (Rasch, 140f.). Unter der Voraussetzung der klassizistischen Position, der »das Schöne ... der allgemeingültige Gegenstand eines uninteressierten Wohlgefallens« (Rasch, 140) ist, kann diese Revolution von Schlegel nur als Wiederherstellung des ursprünglichen Zustands vorgestellt werden. Um dieses Postulat mit den historischen Motiven seines Denkens in Einklang zu bringen, greift Schlegel auf die Idee des Kreislaufs zurück, in dessen Vollzug der Zustand der natürlichen Bildung nach dem Durchgang durch die künstliche Phase gleichsam von hinten wieder erreicht wird. Ist indessen der geschichtliche Wandel einmal als unbegrenzter, fortschreitender Prozeß erfaßt, verbürgt das Ende nicht mehr die Wiederholung des Anfangs. So bleibt es auch für Schlegel eine Frage, ob die gegenwärtige Dekadenz in eine Phase der natürlichen Bildung und objektiven Ästhetik wieder einmündet. Demgemäß ist die prognostizierte Revolution letztlich nur als ein qualitativer Sprung einsichtig zu machen.

> Die Rückkehr von entarteter Kunst zur echten, vom verderbten Geschmack zum richtigen scheint nur ein plötzlicher Sprung sein zu können, der sich mit dem steten Fortschreiten, durch welches sich jede Fertigkeit zu entwickeln pflegt, nicht wohl vereinigen läßt. Denn das Objektive ist unveränderlich und beharrlich: sollte also der Geschmack je Objektivität erreichen, so müßte die ästhetische Bildung gleichsam fixiert werden. Ein absoluter Stillstand der ästhetischen Bildung läßt sich gar nicht denken. Die moderne Poesie wird sich also immer verändern (Rasch, 141f.).

Das Unbefriedigende dieser Lösung ist offenbar. Nicht zu vereinigen war die Konzeption einer zyklischen Naturgeschichte der Kunst und die Anerkennung der Moderne als eines unabsehbaren, offenen geschichtlichen Prozesses. Da die Moderne gemäß ihrer eigenen Konstitution sich nicht mehr in den Kreislauf einfügt, ist der Übergang von der verderbten Zeit zum neuen Zeitalter nur unvermittelt durch einen Hiat zu erklären. In gleicher Weise bleibt bei Schlegel unvermittelt der Übergang von der in sich geschlossenen Kunstgeschichte der Antike zur nach-antiken Kunst. So ist nur zu konstatieren, »daß die Uhren der Antike und der Neuzeit bei Schlegel offensichtlich verschieden gehen: sein Prinzip der alten Geschichte ist der natürliche Kreislauf, sein Prinzip der neuen eine – man weiß nicht wie – eingetretene Progression, die unumkehrbar ins Unendliche fortschreitet«[29]. Schlegels Eintreten für die antike Klassik und seine Polemik gegen die Moderne resultieren daher nicht mehr, wie Schlegel wohl intendiert haben mag, in der Rückgewinnung vorbildlicher Muster für die Moderne, sondern in einer weiteren Distanzierung von der Antike, die nur noch als Exempel eines verlorenen Geschichtsmodells dienen kann.

Unter dem Gesichtspunkt der Wiederaufnahme der Streitfrage bei Heine ist freilich die Apologie des Klassizismus weniger wichtig als die Charakteristik der modernen, nach-antiken Dichtung, denn diese geht wenige Jahre später in die Selbstbestimmung der Jenaer Romantik ein. Was F. Schlegel zuvor als moderne Dekadenz beschrieben und verurteilt hatte, figuriert dann unter der Bezeichnung ›romantisch‹ als Programm des Athenäums. Der Ausdruck ›romantisch‹ kennzeichnet – und das ist bei dem Vergleich mit Heines Position durchaus zu beachten – eine unbeschränkt subjektive, interessante, nicht mehr dem Ideal objektiver Schönheit verpflichtete Kunst, wie sie sich nach der Antike konstituiert hat. Dante, Shakespeare und Cervantes erfüllten in weit stärkerem Maße diesen Begriff als die zeitgenössische Dichtung – selbst Goethe nicht ausgeschlossen. Am Beispiel Shakespeares konnte Schlegel, wenn auch 1797 noch unter klassizistischem Vorzeichen, alle Merkmale der Einstellung und Formgebung beschreiben, die ihm modern und unklassisch erschienen.

Shakespeare aber ist unter allen Künstlern derjenige, welcher den Geist der modernen Poesie überhaupt am vollständigsten und am treffendsten charakterisiert. In ihm vereinigen sich die reizendsten Blüten der romantischen Phantasie, die gigantische Größe der gotischen Heldenzeit mit den feinsten Zügen moder-

29 Jauß, S. 93.

ner Geselligkeit, mit der tiefsten und reichhaltigsten poetischen Philosophie. In den beiden letzten Rücksichten könnte es zu Zeiten scheinen, er hätte die Bildung unseres Zeitalters antizipiert. Wer übertraf ihn je an unerschöpflicher Fülle des Interessanten? An Energie aller Leidenschaften? An unnachahmlicher Wahrheit des Charakteristischen? An einziger Originalität? Er umfaßt die eigentümlichsten ästhetischen Vorzüge der Modernen im weitesten Umfange, höchster Trefflichkeit und in ihrer ganzen Eigentümlichkeit, sogar bis auf die exzentrischen Sonderbarkeiten und Fehler, welche sie mit sich führen (Rasch, 137).

Der Katalog moderner Spezifika ist fast vollständig: Phantasie, Fülle des Interessanten, Wahrheit des Charakteristischen und Originalität. An Shakespeare kann Schlegel demonstrieren, in welchem Maße die Suche nach dem Individuellen, Einmaligen gemäß ihrer immanenten Logik zur Vernachlässigung des maßvoll Schönen führt. Ein Verlust, der durch die Stiftung einer individuellen Manier aufgehoben wird. Diese von Schlegel unterstellte Identität von romantisch und modern ist um so nachdrücklicher hervorzuheben, als Heine und die jungdeutschen Schriftsteller sich gegen sie wandten.

Wenn im 116. Athenäums-Fragment die romantische Poesie als »eine progressive Universalpoesie« (2, 182) definiert wird, welche die Gattungen auflöst und mischt, Poesie und Philosophie miteinander in Berührung setzt, das Charakteristische des Autors wie des Zeitalters zum Ausdruck bringt und sich selbst in der Reflexion unendlich potenzieren kann, so handelt es sich um längst vorbereitete, nur noch nicht pointiert formulierte Einsichten in das Wesen der modernen Kunst. Bereits im Studium-Aufsatz charakterisierte Schlegel die eigene Zeit als anarchisch:

So verwirrt sind die Grenzen der Wissenschaft und der Kunst, des Wahren und des Schönen, daß sogar die Überzeugung von der Unwandelbarkeit jener ewigen Grenzen fast allgemein wankend geworden ist. Die Philosophie poetisiert, und die Poesie philosophiert: die Geschichte wird als Dichtung, diese aber als Geschichte behandelt. Selbst die Dichtarten verwechseln gegenseitig ihre Bestimmung; eine lyrische Stimmung wird der Gegenstand eines Dramas, und ein dramatischer Stoff wird in lyrische Form gezwängt (Rasch, 115).

Das Moment der unendlichen Progression erschien in klassizistischer Sicht als das »rastlose unersättliche Streben nach dem Neuen,

Piquanten und Frappanten, bei dem dennoch die Sehnsucht unbefriedigt bleibt« (Rasch, 122). Die ästhetische Revolution des Jenaer Kreises war das paradoxe Ergebnis des Versuchs, die klassizistische Position befriedigender zu etablieren. Daß diese Umpolung nicht allein die ästhetische Theorie betraf, daß in der ästhetischen Revolution die Korrelation zum politisch-gesellschaftlichen Bereich wenigstens angesprochen war, geht aus dem 216. Athenäums-Fragment hervor: »Die französische Revolution, Fichtes Wissenschaftslehre und Goethes Meister sind die größten Tendenzen des Zeitalters« (2, 198). Politische, philosophisch-wissenschaftliche und poetisch-ästhetische Revolution werden hier vom »hohen, weiten Standpunkt der Geschichte der Menschheit« als verschiedene Ansichten eines tiefergreifenden epochalen Vorgangs begriffen. F. Schlegel und die anderen Mitglieder des Jenaer Kreises verstanden die Rebellion gegen den Klassizismus und seine Norm des objektiv Schönen als Analogie der politischen Umwälzungen. Poetische Theorie und Praxis brauchte nicht mehr in einem hoffnungslosen Gegensatz zur Gegenwart gesehen zu werden, sondern konnte als integraler Teil einer Gesamtbewegung verstanden werden. Daß Dante und Shakespeare als Zeugen angerufen wurden, bedeutete nicht in erster Linie Rückwendung zu einer besseren, weil harmonischeren Vergangenheit, sondern Beschwörung von Beispielen der nach-antiken Literatur. Erst in späteren Phasen romantischer Geschichtschreibung sonderte sich bei den Brüdern Schlegel die mittelalterliche Kunst als eine eigene Epoche von der neuzeitlichen Dichtung ab. Damit aber wurde der Blick auf den aktuellen Zusammenhang verstellt, den Mittelalter und Neuzeit für die Frühschichten Schlegels noch hatten.

In seiner *Geschichte der Religion und Philosophie in Deutschland* entwickelte Heine den Gedanken einer Parallele zwischen der revolutionären Epoche in Frankreich und der Entfaltung der idealistischen Philosophie in Deutschland, um die innere Gleichzeitigkeit von philosophischer Theorie und politischer Praxis zu verdeutlichen. Die Idee lag der Frühromantik nicht fern. F. Schlegel sympathisierte nicht nur zeitweilig mit der Französischen Revolution, er interpretierte die eigenen Bemühungen als umfassende, über den konkreten Anlaß hinausgehende Auseinandersetzung mit den generellen Umwälzungen, die sich konkret in Frankreich manifestiert hatten. Dabei verloren die politischen Ereignisse westlich des Rheins bald ihren Eigenwert und sanken zu bloßen Symptomen herab. Von den politischen Beobachtern in Deutschland, den Jakobinern zumal – und damit letztlich noch von Heine – unterscheidet sich Schlegel mit voller Absicht durch die Betonung des philosophischen Standpunkts. Das 424. Athenäums-Fragment nennt die Französische Revolution »den Mittelpunkt und den Gipfel des französischen Nationalcharakters, wo alle Paradoxien desselben zusammengedrängt sind; als die furchtbare Groteske des Zeitalters, wo die tiefsinnigsten Vorurteile und die gewaltsamsten Ahndungen desselben in ein graues Chaos gemischt, zu einer ungeheuren Tragikomödie der Menschheit so bizarr als möglich verwebt sind« (2, 248). Ernst Behlers Urteil »Diese Reduzierung der Französischen Revolution auf Frankreich geht aber aus der Vision einer Revolution hervor, die viel größeren Ausmaßes als die dort stattgefundene ist und das gesamte Zeitalter in allen Kulturbereichen durchtönt«[30], ist von dem anderen Befund nicht zu trennen, daß Schlegels Vision die materielle Basis der Geschichte für kontingent erklärt und dementsprechend die Entpolitisierung der Ereignisse indirekt unterstützt. Die Analogie von kultureller und politischer Revolution läßt mehrere Deutungen zu. Liegt der Nachdruck, wie bei Schlegel, auf der intellektuell-literarischen Ansicht, wird das Politische zum bloßen Akzidenz herabgedrückt, die pragmatische Geschichte als Epiphänomen behandelt. Eben diese Mediatisierung ist bei F. Schlegel und auch bei Novalis, wie Behler stringent, wenn auch mit entgegengesetzter Intention dargelegt hat, erfolgt[31]. Der Revolutions-Begriff wird eigentümlich gedehnt. Wo die menschlichen Aktionen zur Veränderung eines politisch-gesellschaftlichen Systems periodischen Naturereignissen gleichgesetzt werden, die auf ein neues Weltalter hindeuten, ist die Geschichte der menschlichen Verfügung entzogen. In diesem Sinn nimmt die Französische Revolution für Novalis geradezu negative Züge an; sie erscheint als der Scheitelpunkt eines gottverlassenen Zeitalters, als die Manifestation des modernen Unglaubens, so daß erst durch ihre Überwindung das neue Zeitalter zu erwarten ist. So lautet das Postulat in *Die Christenheit oder Europa*: »Nur die Religion kann

30 Behler, S. 204.
31 Behler, S. 204ff.

Europa wieder aufwecken und die Völker sichern, und die Christenheit mit neuer Herrlichkeit sichtbar auf Erden in ihr altes friedenstiftendes Amt instellieren.«[32] Novalis' Idee der Wiedergeburt ist nicht mit den ideologischen Voraussetzungen der Französischen Revolution zu vollziehen, sondern nur gegen diese[33].

Heines Entwicklung als Schriftsteller fiel in die Epoche der Restauration, deren Ziel war, die revolutionären Dekaden aus dem allgemeinen Bewußtsein zu verdrängen. Die Niederlage Napoleons und die Wiederaufnahme der Kabinettspolitik (von den Legitimisten, zu denen nunmehr auch manche Romantiker zählten, ideologisch abgesichert) verstellten den Zugang zu den Zeugnissen der intellektuellen Rebellion der neunziger Jahre. Die Kontinuität der Rezeption war, von wenigen Ausnahmen abgesehen, unterbrochen[34]. Das Engagement der Frühromantik, die Motive für die Auseinandersetzung mit dem Klassizismus, waren verschüttet. In der *Romantischen Schule* sind die Spuren verloren. Die Korrelation von politischer Revolution in Frankreich und intellektueller Revolution in Deutschland wird für Heine nur in der Philosophie evident. Heines Rekonstruktion der deutschen Philoso-

32 Novalis, Schriften. Hrsg. v. P. Kluckhohn u. R. Samuel. Bd. 3, Stuttgart 1960, S. 523. Angemessen ist Hans Joachim Mähls Kommentar zu dieser Stelle, der gegen eine allzu handgreifliche ideologische Auslegung von Novalis' Ideen den geistesgeschichtlichen Kontext markiert hat: »Der Traum des Novalis von einem künftigen goldenen Zeitalter hat hier, unter Aufgreifen der alten, apokalyptisch-chiliastischen Gedanken von einer Wiederkehr Christi und ihrer spiritualistischen Umwandlung in die Vorstellungsform eines dritten Zeitalters des heiligen Geistes, seine umfassende geschichtsprophetische Verkörperung gefunden.« Mähl, Die Idee des goldenen Zeitalters im Werk des Novalis, Heidelberg 1965, S. 380.

33 In dieser Hinsicht ist Hans Mayer gegen Ernst Behler recht zu geben, wenn er Novalis' Programmschrift pointiert als »Zurücknahme des Realismus, der Aufklärung, der modernen Naturwissenschaft, letztlich der bürgerlichen Emanzipation« betrachtet. Vgl. Mayer, Von Lessing bis Thomas Mann. Pfullingen 1959, S. 25; dazu Behler, S. 206f. Statt Zurücknahme wäre besser von einer Umbiegung zu sprechen, bei der der Fortschrittsgedanke eine wesentlich andere Funktion erhält.

34 Im Falle Börnes hat Walter Hinderer dargelegt, wie die politischen Vorstellungen Adam Müllers und Görres durch Börne aufgenommen werden konnten und in den deutschen Frühliberalismus einflossen. Vgl. Börne, Menzel der Franzosenfresser und andere Schriften. Hrsg. v. W. Hinderer. Frankfurt a. M. 1969, S. 26ff.

phiegeschichte, insbesondere ihrer idealistischen Phase, setzt sich zur Aufgabe, die in Frankreich eingeleitete revolutionäre Bewegung in einen weiteren Zusammenhang zu stellen, um aus der Entfaltung der philosophischen Theorie ihre Applikation auf die politische Praxis zu vindizieren. Dem prognostischen Blick erscheint die deutsche Geistesgeschichte zwischen Kant und Hegel nicht allein als Parallele zur politischen Geschichte Frankreichs, sondern zugleich als Vorbereitung auf eine zukünftige weit größere Revolution. Heine scheint sich hier der frühromantischen Position zu nähern, doch ist gerade an der Bestimmung des Revolutionsbegriffes die Differenz in aller Schärfe erkennbar. Wo F. Schlegel die Idee der Revolution philosophisch entpolitisierte, politisiert Heine die Philosophiegeschichte. An zwei Stellen erläutert Heine in der *Geschichte der Religion und Philosophie in Deutschland* den Zusammenhang von intellektueller und materieller Geschichte als Finalkonnex: »Der Gedanke will Tat, das Wort will Fleisch werden . . . Die Welt ist die Signatur des Wortes« (3, 593), heißt es mit Bezug auf die philosophischen Prämissen der Französischen Revolution; und im Hinblick auf die antizipierte deutsche Revolution gibt Heine zu bedenken: »Der Gedanke geht der Tat voraus, wie der Blitz dem Donner« (3, 639). Die Theorie erfüllt sich erst in ihrer Anwendung, wie umgekehrt die politische Praxis auf die Philosophie angewiesen bleibt. Die scheinbar vom Tagesgeschehen abgewandten theoretischen Auseinandersetzungen erweisen sich als Projektionen zukünftiger politischer Fronten. So beurteilt Heine den französischen Materialismus, der ihm persönlich eher unsympathisch ist, positiv, weil er die Französische Revolution ideologisch vorbereitete[35]. Und so liest er umgekehrt die Schriften des deutschen Idealismus, die den politischen Praktiken als bloße Hirngespinste erscheinen, als eine verborgene jedoch unerläßliche Vorbereitung jener größeren Revolution, für die die französische von 1789 nur der Auftakt war: »Die deutsche Philosophie ist eine wichtige, das ganze Menschenge-

35 »Die Franzosen waren schon auf dem Wege zu jener politischen Revolution, die erst am Ende des achtzehnten Jahrhunderts ausbrach, und wozu sie eines Beils und einer eben so kaltscharfen, materialistischen Philosophie bedurften. Der christliche Spiritualismus stand als Mitkämpfer in den Reihen ihrer Feinde, und der Sensualismus wurde daher ihr natürlicher Bundesgenosse.« (3, 556)

schlecht betreffende Angelegenheit, und erst die spätesten Enkel werden darüber entscheiden können, ob wir dafür zu tadeln oder zu loben sind, daß wir erst unsere Philosophie und hernach unsere Revolution ausarbeiteten« (3, 638). Heines Interpretation der Entsprechung von intellektueller und politischer Revolution unterscheidet sich von der frühromantischen durch ihren Zielpunkt: Sie nimmt die Ideen für die Veränderung der bestehenden Verhältnisse in Anspruch; diese werden als direkte oder indirekte Förderer der menschlichen Geschichte begriffen. So wenig er den materialistischen Charakter der Französischen Revolution als endgültig betrachtet, so wenig denunziert er die Ereignisse von 1789 wegen ihres ›materialistischen‹ Charakters. Denn diese sind und bleiben für Heine der »Orientierungspunkt als der geschichtliche Wendepunkt, an dem das materielle Glück der Völker« (3, 570) auf die Tagesordnung gesetzt wurde.

Insofern ist auch das Problem der Modernität für Heine nicht ausschließlich eine ästhetisch-poetologische Frage, die sich aus der immanenten Logik des literarischen Prozesses stellt und löst. Es steht vielmehr unter einer doppelten Optik: In jedem künstlerischen Entwurf ist, soll er Signatur seiner Epoche sein, der geschichtliche Augenblick gegenwärtig. In diesem Sinne trennt Heine die nach-reformatorische Literatur von der mittelalterlichen als die eigentlich moderne, nämlich diejenige Dichtung, welche ihren Anstoß von den realgeschichtlichen Umwälzungen erhält:

> Eine neue Ordnung der Dinge gestaltet sich; der Geist macht Erfindungen die als Wohlsein der Materie befördern; durch das Gedeihen der Industrie und durch die Philosophie wird der Spiritualismus in der öffentlichen Meinung diskreditiert; der dritte Stand erhebt sich; die Revolution grollt schon in den Herzen und Köpfen; und was die Zeit fühlt und denkt, und bedarf und will, wird ausgesprochen, und das ist der Stoff der modernen Literatur (3, 551).

Ein Material, das, wie Heine sehr wohl sieht, spezifische Bedingungen der Gestaltung enthält, nicht im Sinne von Vorschriften, sondern als stringent sich immer wieder durchsetzende Grundtendenzen, gleichgültig welche formalen Vorbilder herangezogen werden. »Der allgemeine Charakter der modernen Literatur besteht darin, daß jetzt die Individualität und die Skepsis vorherrschen. Die Autoritäten sind niedergebrochen; nur die Vernunft ist jetzt des Menschen einzige

Lampe, und sein Gewissen ist sein einziger Stab in den dunkeln Irrgängen dieses Lebens« (3, 552). Und die inhaltlichen Momente schlagen sich formal nieder als die primären Gestaltungsmerkmale: »Die Poesie ist jetzt nicht mehr objektiv, episch und naiv, sondern subjektiv, lyrisch und reflektierend« (3, 552). Diese Abgrenzung hat bezeichnenderweise mittelalterliche Dichtung im Auge, nicht die Antike, und schon gar nicht neuzeitlichen Klassizismus, der für Heine eine bloß formale Aneignung »klassischer Kunstformen« (3, 552) darstellt, die die subjektiv-individualistischen Prämissen der Neuzeit nicht auslöschen konnten.

Anläßlich der Besprechung saint-simonistischer Grundbegriffe in Heines Ästhetik verweist Wolfgang Kuttenkeuler auf Heines Nähe zur romantischen Dichtungstheorie: »Was Heines Kritik am Grundsatz der Naturnachahmung angeht, so konvergiert seine poetologische Konzeption ganz offensichtlich mit der der Romantik.«[36] Und zwar, Kuttenkeuler zufolge, insbesondere in der Einschätzung der dichterischen Phantasie als des wesentlichen Instruments poetischer Schöpfung. In Kuttenkeulers Argumentation ist diese Übereinstimmung ein kontingentes Faktum. Seine Feststellung ermöglicht Vergleich und kritische Abgrenzung, die mit Recht als ebenso wichtig hervorhebt. Treffend ist seine Formulierung: »Während die Romantiker von der Entfaltung der poetischen Phantasie die Dechiffrierung der poetischen Schöpfungsordnung, des gleichsam fixen und firmen Schöpfungssinns erwarten, geht es Heine um die Erschließung und Darstellung von Gesetz und Anspruch der historischen Entwicklung.«[37] Allerdings verdunkelt diese pointierte Gegenüberstellung von Natur- und Geschichtsentzifferung den inneren Problemzusammenhang. Nicht deutlich wird, warum Heine, der doch seine Opposition zur Romantik so ausdrücklich niedergelegt hatte, bei der Artikulation der eigenen poetologischen Theorie zu Bestimmungen gelangt, die sich dem romantischen Begriff moderner Dichtung annähern. Zu zeigen wäre mithin, daß die von Kuttenkeuler bemerkte Übereinstimmung wie Differenz aus der geschichtlichen Überlieferung der Fragestellung selbst hervorgeht. Nicht die partielle Koinzidenz an sich scheint uns bedeutungs-

36 Kuttenkeuler, S. 90f.
37 S. 91f.

voll, sondern Heines Verhältnis zu der Fragestellung, auf die die romantische Theorie die Antwort war. Da die romantische Lösung für Heine und seine Generation infolge ihrer ideologischen Verkrustung ihre Evidenz verloren hatte, mußte Heine in der Sache noch einmal auf die »querèlle« zurückkommen, der die romantische Theorie wesentliche Impulse verdankte.

Dabei ist nicht zu übersehen, daß die Problematisierung der Dichtung in ein fortgeschritteneres Stadium getreten war, nicht zuletzt durch Hegels Reflexionen über den Status der Kunst in der modernen Gesellschaft. Denn Hegels geschichtsphilosophische Kritik setzte die moderne Kunst (wiederum verstanden im weiteren Sinne als nach-antike Kunst) in weit radikalerer Weise ins Unrecht als der noch klassizistisch gesinnte junge F. Schlegel. Hegels Kritik berührte unter anderem auch jene Eigenschaften, an denen Schlegel Anstoß genommen hatte – das Übermaß des Charakteristischen und Interessanten sowie das Hervortreten der schöpferischen Freiheit und Willkür –, stellte sie jedoch in einen Zusammenhang, der allererst den finalen Charakter der modernen Krise ganz ins Licht hebt. Denn was Hegel gegen die Moderne einwendet, ist nicht ihre Korruption, gemessen am Standard klassizistischer Normen, sondern ihre prinzipielle Unfähigkeit, totaler Ausdruck ihres Zeitalters zu sein. Hegels Satz, daß »die Kunst nach der Seite ihrer höchsten Bestimmung für uns ein Vergangenes« ist[38], unterstellt eine aus dem Geschichtsprozeß gemäß immanenter Logik folgende Insuffizienz moderner Kunst, die nicht auf Selbstverschuldung beruht und daher auch nicht kraft eigener Besinnung aufzuheben ist. Wenn Hegel zufolge die Überholtheit der Kunst dadurch bedingt ist, daß die ihr gegebenen Möglichkeiten der Versinnlichung dem Gehalt der eigenen Epoche nicht mehr gerecht werden können (und zwar im Unterschied zur begrifflichen Anstrengung der Philosophie), dann ist auch der romantische Anspruch, durch eine progressive Literaturtheorie und -praxis das Weltganze poetisch zu durchdringen, erneut in Frage gestellt. Modernität mißt sich unter Hegels Verdikt an der Fähigkeit zur Explikation der Epochenstruktur mit ästhetischen Mitteln. Und angesichts der abstrakt gewordenen Lebensverhältnisse

38 Theorie Werkausgabe. Hrsg. v. E. Moldenhauer u. K. M. Michel, Frankfurt a. M. 1970, Bd. 13, S. 25.

hat Kunst ihre universale Geltung als eigentümliche Erscheinungsweise der Wahrheit eingebüßt. Mit Hegels Worten: »Die eigentümliche Art der Kunstproduktion und ihrer Werke füllt unser höchstes Bedürfnis nicht mehr aus; wir sind darüber hinaus, Werke der Kunst göttlich zu verehren und sie anbeten zu können; der Eindruck, den sie auf uns machen, ist besonnener Art, und was durch sie in uns erregt wird, bedarf noch eines höheren Prüfsteins und anderweitiger Bewährung. Der Gedanke und die Reflexion hat die schöne Kunst überflügelt.«[39] Aus dieser Überlegung folgt die philosophische Reduzierung der modernen Kunst, aber gleichzeitig ihre Freisetzung von der Aufgabe anschaulicher Darstellung der Wahrheit zugunsten einer »spielerischen Bewährung des Wissens« (Dieter Heinrich)[40]. Daß Heine solchen Überlegungen nicht ganz fernstand, geht daraus hervor, daß er verschiedentlich reflektierte Subjektivität als die eigentliche Möglichkeit der modernen Literatur ausgibt. An die Stelle der poetischen Vision, wie sie die Romantik angesichts des prosaischen Alltags zu forcieren versuchte, tritt die Verschränkung von Imagination und ideologischer Reflexion[41].

Vor dem Hintergrund von Hegels Verdikt über die moderne Kunst läßt sich Heines Dilemma folgendermaßen formulieren: Wenn dem Dichter infolge der zunehmenden Abstraktheit der gegenwärtigen Weltverhältnisse die anschauliche Nachbildung des Ganzen versagt ist, welchen eigenen Zugang zur Wahrheit hat dann der Künstler? In

39 Ebd., S. 24.

40 Die Konsequenzen der Hegelschen Kritik für die moderne Kunst hat neuerdings Dieter Heinrich thesenartig zusammengefaßt: (1) Der Verzicht auf die poetische Utopie einer zukünftigen Universalpoesie; (2) die notwendige Reflektiertheit der modernen Kunst, der der naive Regreß in die Übereinstimmung mit der eigenen Epoche verschlossen ist; (3) die freie Verfügbarkeit über Kunstformen der Vergangenheit (»Die Last des ›imaginären Museums‹ erscheint als das Stigma der Freiheit des Künstlers«, S. 14); (4) die Partialität moderner Kunst gegenüber dem Ganzen im Vergleich mit früherer Kunst, als poetischer Ausdruck und Wahrheitsgehalt noch in eins fielen. Vgl. D. Henrich, Kunst und Kunstphilosophie in der Gegenwart (Überlegungen mit Rücksicht auf Hegel). In: Immanente Ästhetik – Ästhetische Reflexionen. Hrsg. v. Wolfgang Iser. München 1966, S. 11–32.

41 W. Preisendanz, Der Funktionsübergang von Dichtung und Publizistik bei Heine. In: Die nicht mehr schönen Künste. Grenzphänomene des Ästhetischen. Hrsg. v. J. R. Jauß. München 1968, S. 343–374.

diesem Zusammenhang rekurriert Heine auf Vorstellungen und Denkmodelle, die ihre romantische Herkunft nicht verleugnen können, die der naive Leser folglich als affirmative Fortsetzung romantischer Dichtungstheorie verstehen könnte. Wenn es in Shakespeares *Mädchen und Frauen* heißt: »er [der Dichter] trägt ja ein Gleichbild des Ganzen in seinem Geiste, erkennt die letzten Gründe aller Phänomene, die dem gewöhnlichen Geiste rätselhaft dünken und auf dem Wege der gewöhnlichen Forschung nur mühsam oder auch gar nicht, begriffen werden . . .; er kennt gleichsam Zirkulatur und Zentrum aller Dinge; er begreift die Dinge in ihrem weitesten Umfang und tiefsten Mittelpunkt« (4, 181), dann wird dem Dichter und der Dichtung eben wieder jene Sonderstellung zugewiesen, die die Hegelsche Ästhetik für die Moderne bestritten hatte. Es wäre müßig, weitere Belege für ›romantische‹ Restbestände im Denken Heines vorzuzeigen, denn deren strukturelle Bedeutung erhellt erst, wenn sie auf die nachromantische Ausdruckskrise bezogen werden. Ablehnung der klassizistischen Regeln, Geniebegriff, Lob der Phantasie und Forderung nach einfühlender Kritik (an die sich Heine am wenigsten gehalten hat) konvergieren in der Negation der Naturnachahmung, deren Voraussetzung ein geschlossener Kosmosbegriff ist[42]. Angesichts der Insuffizienz der nachbildenden Darstellung in abstrakt gewordenen Lebensverhältnissen und angesichts der Reduktion des ästhetischen Gehalts auf das Partiale, steht dem Künstler nur noch der Weg nach innen offen. Und das bedeutet, so sehr dies der Polemik gegen die Romantik zu widersprechen scheint, die kritische Fortsetzung der von der Frühromantik angestellten Überlegungen. Nicht aus dem Geist der Jenaer oder Heidelberger Schule, aber im Anschluß an die frühromantische Problematisierung der modernen Kunst. Nebeneinanderhalten muß man Heines Urteile über den kommerzialisierten Kunstbetrieb in Paris und das einzuschlagende poetische Verfahren, um zu ermessen, was ›kritisch‹ in diesem Zusammenhang bedeutet. »Jeder Maler malt jetzt auf eigene Hand und für eigene Rechnung«, notiert Heine als Beobachter

42 Vgl. H. Blumenberg, »Nachahmung der Natur«. Zur Vorgeschichte der Idee des schöpferischen Menschen. In: Studium Generale 10 (1957), S. 266–283; ferner der Aufsatz des Verf., Zum Erzählproblem des utopischen Romans im 18. Jh. In: Gestaltungsgeschichte und Gesellschaftsgeschichte. Hrsg. v. Helmut Kreuzer. Stuttgart 1969, S. 79–114.

der Pariser Gemäldeausstellung von 1831, »die Tageslaune, die Grille der Geldreichen oder des eigenen müßigen Herzens gibt ihm den Stoff, die Palette gibt ihm die glänzendsten Farben, und die Leinwand ist geduldig« (3, 29). In derselben Schrift heißt es dann später über das Ziel künstlerischer Darstellung: »Töne und Worte, Farben und Formen, das Erscheinende überhaupt, sind jedoch nur Symbole der Idee, Symbole, die in dem Gemüte des Künstlers aufsteigen, wenn es der heilige Weltgeist bewegt, seine Kunstwerke sind nur Symbole, wodurch er andern Gemütern seine eigenen Ideen mitteilt« (3, 45). In Übereinstimmung mit dieser Formulierung kann Heine sich als »Supernaturalist« in Fragen der Kunst bezeichnen, denn im Innern, nicht in der äußeren Natur findet er die Ideen und die ihnen zugehörigen Symbole. Insofern mußte sich Heine trotz der weltanschaulichen Differenz dem Darstellungsmodus der mittelalterlichen Kunst nahe fühlen. Die durchaus traditionalistische Unterscheidung zwischen klassischer und romantischer Kunst in der *Romantischen Schule* hebt bezeichnenderweise gerade den symbolischen beziehungsweise parabolischen Charakter romantischer Kunst hervor:

> Die klassische Kunst hatte nur das Endliche darzustellen, und ihre Gestalten konnten identisch sein mit der Idee des Künstlers. Die romantische Kunst hatte das Unendliche und lauter spiritualistische Beziehungen darzustellen oder vielmehr anzudeuten, und sie nahm ihre Zuflucht zu einem System traditioneller Symbole (3, 367).

Was Heine von der mittelalterlichen Kunsttheorie trennt, ist weniger ihr Spiritualismus als das rigorose Schema der Allegorisierung, das dem modernen Künstler als autoritärer Zwang entgegentritt. Denn das parabolische System setzt zwischen Autor und Publikum Übereinstimmung in metaphysischen Grundannahmen voraus, die der skeptischen und individualistischen Neuzeit widersprechen.

Heines Kunsttheorie konvergiert dort mit den Ansichten der Romantiker, wo diese die exzeptionelle Rolle des Dichters und den symbolisch-antizipierenden Charakter von Dichtung unterstrichen. Auch für Heine gehört zu den unabdingbaren Merkmalen, daß der Dichter die Welt besser versteht als der wissenschaftliche Kopf und daß er Einsichten in die Zukunft zu vermitteln weiß:

In der Brust der Schriftsteller eines Volkes liegt schon das Abbild seiner Zukunft, und ein Kritiker, der mit hinlänglich scharfem Messer einen unserer neuen Dichter sezierte, könnte, wie aus den Eingeweiden eines Opfertiers, sehr leicht prophezeien wie sich Deutschland in der Folge gestalten wird (3, 868).

Die Richtung der Antizipation markiert freilich zugleich unmißverständlich die Grenze gegenüber dem romantischen Versuch, die Weltverhältnisse poetisch aufzulösen und dem Dichter einen Platz jenseits des prosaischen Lebens anzuweisen. An die Stelle der Offenbarung des Unendlichen im Prozeß der poetischen Dechiffrierung von Natur ist hier die Freilegung realgeschichtlicher Evolutionen getreten. Wenn wir Heines Urteil über das Ende der vorangegangenen Kunstperiode nicht nur auf den Weimarer Klassizismus, sondern auch auf die Romantik beziehen dürfen, so deshalb, weil auch romantische Theorie noch an der Autonomie von Kunst unwillkürlich festhält, weil auch sie den eigentümlichen Seinsmodus der ›zweiten Wirklichkeit‹ postuliert und somit an die Grenzen des Ästhetischen nicht vorstößt. Heine versucht nicht mehr, vergessen zu machen, daß die Subjektivität des Künstlers vermittelt ist durch die Bedingungen des literarischen Marktes, die ihrerseits beruhen auf sozioökonomischen Prozessen allgemeiner Natur. Was die Romantiker bereits bemerkten, jedoch konsequent durch die Unterscheidung von Dichtung und Trivialliteratur aussonderten[43], wird von Heine als integraler Teil der eigenen Produktionsbedingungen mitreflektiert. Poetische Unmittelbarkeit, wie sie Friedrich Schlegel noch einmal durch den Rückgriff auf den Mythos restaurieren wollte, ist verloren. Wo sie in Anspruch genommen wird, ist sie um den Preis falscher Simplizität erkauft:

Unsere Poesie, sagten die Herren Schlegel, ist alt, unsere Muse ist ein altes Weib mit einem Spinnrocken, unser Amor ist kein blonder Knabe, sondern ein verschrumpfter Zwerg mit grauen Haaren, unsere Gefühle sind abgewelkt, unsere Phantasie ist verdorrt: wir müssen uns erfrischen, wir müssen die verschütteten Quellen der naiven, einfältiglichen Poesie des Mittelalters wieder aufsuchen, da sprudelt uns entgegen der Trank der Verjüngung. . . . Wahrlich, so ging es namentlich unserem vortrefflichen Herrn Tieck, einem der besten Dichter der Schule; er hatte von den Volksbüchern und Gedichten des Mittelalters so viel eingeschluckt, daß er fast wieder ein Kind wurde, und zu jener

43 Vgl. J. Schulte-Sasse, Die Kritik an der Trivialliteratur seit der Aufklärung. München 1971, S. 123–129.

lallenden Einfalt herabblühte, die Frau v. Staël so sehr viele Mühe hatte zu bewundern (3, 376).

Der Wert dieser Kritik ist unabhängig davon, ob hier das romantische Interesse an mittelalterlicher Kunst gerecht dargestellt ist. Der Einspruch gegen die Nachahmung von mittelalterlicher Dichtung ist sekundär gegenüber dem Vorwurf, sich der Ausdruckskrise regressiv zu entziehen. Literarische Theorie und Praxis, die auf der Höhe ihrer Epoche stehen will, kann an den materiellen Umwälzungen nicht vorbeisehen, die auch Status und Funktion der Kunst betreffen. Heine war sich bewußt, daß im Zeitalter des Kapitalismus die Kunst ihre sakrale Stellung einbüßte und zur Dekorateurin bürgerlicher Bedürfnisse herabsank. Ihr Wert bemißt sich, gleich welches Sujet sie behandelt, nach der Intensität kulinarischer Konsumtion[44].

Angesichts dieses Befundes ist die Rezeption der romantischen Theorie, namentlich ihre Bestimmung des Modernen, für Heine nur aufgrund einer radikalen Umfunktionierung möglich. Betont man ausschließlich die Nähe, wird der falsche Anschein einer Kontinuität erweckt, der Heines gesellschaftliches Bewußtsein, seine Einsicht in die Effekte der grundlegenden Veränderungen an der sozialen Basis unterschlägt. Erneut ist also zu fragen: Worauf beruht Heines Hoffnung, daß das Ende der Kunstepoche nicht zugleich das Ende von Kunst überhaupt ist? Welche Fundierung ist möglich, wenn die ästhetische als gescheitert angesehen wird? Am Schluß der *Französischen Maler* legt Heine sich und seinen Lesern die Frage vor, ob eine Wiedergeburt der Kunst zu erwarten sei:

> Oder wird das greise Europa sich wieder verjüngen, und die dämmernde Geistigkeit seiner Künstler und Schriftsteller ist nicht das wunderbare Ahnungsvermögen der Sterbenden, sondern das schaurige Vorgefühl einer Wiedergeburt, das sinnige Wehen eines neuen Frühlings? (3, 73).

Die metaphorische Sprache, einen zyklischen Geschichtsverlauf suggerierend, verschleiert das Problem mehr, als daß sie es erhellt. Denn wie soll das neue Reich der Poesie hervortreten in einem

44 Zu diesem Aspekt A. Betz, Ästhetik und Politik. Heinrich Heines Prosa. München 1971.

Zeitalter, in dem die siegreiche Bourgeoisie, wie Heine sehr wohl bemerkt, zur Mediatisierung aller idealen Werte ansetzte? Das Goethesche Kunstreich, von dem Heine nie ohne Achtung sprach, war nur zu bewahren unter Preisgabe des Lebens, d. h. der Forderungen und Probleme, die die pragmatische Geschichte aufgab. »Die Tat ist das Kind des Wortes und die Goetheschen schönen Worte sind kinderlos. Das ist der Fluch alles dessen was bloß durch die Kunst entstanden ist« (3, 395). Ideologische und poetische Aufgabe, gesellschaftskritische und artistische Funktion sind nicht mehr zu trennen. Die Autarkie der Kunst, einst Einspruch gegen ihre Inanspruchnahme durch die Moralphilosophie, verfällt selber dem Verdacht, im Felde der Politik parti pris zu sein. Heines journalistische Tätigkeit als Sonderkorrespondent für deutsche Blätter und seine Mitarbeit an französischen Zeitungen signalisieren eine neue Auffassung des Dichters – eine Konzeption, der sich dann das Junge Deutschland östlich des Rheins anschloß. Heines Arbeiten sind von dem Wunsch getragen, die öffentliche Meinung in Deutschland und Frankreich im Sinne seiner Forderungen und Einsichten zu beeinflussen. Die Fundierung der Kunst auf Politik resultiert, wie Preisendanz an Heines Prosa gezeigt hat[45], in der Integration von ästhetischer und politisch-ideologischer Reflexion, in bewußter Grenzüberschreitung also[46].

Heines Aktivismus ist das Ergebnis der kritischen Auseinandersetzung mit dem Modernitätsanspruch der Romantik und der Einsicht in die Unhaltbarkeit der poetischen ›Rettung‹ angesichts der bürgerlichen Revolution. Kunstgeschichte und Realgeschichte, so dürfen wir Heines Position zusammenfassen, mögen ihr eigenes Zeitmaß haben, doch ihre Uhren sind miteinander verbunden (vgl. 4, 53). Und so ist an der Kunst abzulesen, was sich materialisieren wird. Mit den Worten

45 Siehe Anm. 39; entscheidende Einsichten in das Verhältnis von Ästhetik, Stilistik und Politik jüngst bei N. Altenhofer, Harzreise in die Zeit. Düsseldorf 1972 (Schriften der Heinrich Heine Gesellschaft, Bd. 5).

46 Es ist publikumsbewußte Schriftstellerei, nicht nur in dem Sinn, daß Heine sich von seinen Zeitungsaufsätzen eine breitere Wirkung erhoffen durfte (sein Verleger Campe berichtete ihm bald, wie sehr seine Berichte gelesen und geschätzt wurden), sondern zugleich mit der Absicht, die öffentliche Meinung in Frankreich und Deutschland im Sinne seiner Einsichten und Forderungen zu beeinflussen. Daraus resultiert gelegentlich eine Überschätzung seiner publizistischen Möglichkeiten; dazu Altenhofer, S. 42ff.

Heines: »In dem heutigen Deutschland haben sich die Umstände geändert, und die Partei der Blumen und der Nachtigallen ist eng verbunden mit der Revolution. Uns gehört die Zukunft, und es dämmert schon herauf die Morgenröte des Sieges« (3, 582). Man würde Heines Ästhetik mißverstehen, läse man aus diesem Satz primär die Mediatisierung der Kunst. Nicht dadurch wird moderne Kunst für Heine politisch, daß sie sich zum Sprachrohr der Parteiinteressen macht; ihr politischer Charakter drückt sich vielmehr in der Werkstruktur ab, der Modus der Darbietung selbst wird zum Politikum. Heines Geschichtskonzeption und besonders sein Bewußtsein, in einer revolutionären Epoche zu leben, wo die menschlichen Interessen auf dem Spiel standen, geben der literarischen Produktion Triebkraft, Thema und Tendenz:

> Nicht den Werkstätten der Parteien will ich ihren banalen Maßstab entborgen, um Menschen und Dinge damit zu messen, noch viel weniger will ich Wert und Größe derselben nach träumenden Privatgefühlen bestimmen, sondern ich will so viel als möglich parteilos das Verständnis der Gegenwart befördern, und den Schlüssel der lärmenden Tagesrätsel zunächst in der Vergangenheit suchen. Die Salons lügen, die Gräber sind wahr. Aber ach! die Toten, die kalten Sprecher der Geschichte, reden vergebens zur tobenden Menge, die nur die Sprache der Leidenschaft versteht (3, 164).

Historische Geschehnisse verdichten sich dort zur Menschheitsgeschichte, wo sie die naturgeschichtliche Gleichförmigkeit und Wiederholbarkeit transzendieren, wo der Dichter sie deuten kann als konkrete, erfüllte Stufen auf dem Weg zur Vollendung. Der Rückblick auf die Historie der ›Ideen‹ (im Unterschied zur bloßen Ereignisgeschichte) enthält Verheißung für die Zukunft[47] und weist der kritischen Poetologie den Standpunkt an[48].

47 »In der Trübnis der Gegenwart schauen wir hinauf nach ihren tröstenden Standbildern und sie nicken eine glänzende Verheißung. Ja, kommen wird auch der dritte Mann, der da vollbringt was Luther begonnen, was Lessing fortgesetzt, und dessen das deutsche Vaterland so sehr bedarf – der dritte Befreier!« (3, 585) Zu Heines Geschichtsdeutung ferner Maier, S. 119ff., zur topologischen Deutung S. 131ff.

48 Übereinstimmungen ergaben sich in den ersten Pariser Jahren mit den Saint-Simonisten, denen Heine sich, ohne ihre Ansichten im ganzen zu teilen, verbunden fühlte, denn ihre Ideen kamen seinen Vorstellungen sehr nahe. Vgl.

Kuttenkeuler, S. 83. Nimmt man an, daß Heine sich der von den Schülern Saint-Simons revidierten Geschichtsauffassung anschloß, also mit ihnen den Nachdruck legte auf die Überwindung der kritischen, irreligiösen Epoche zugunsten einer organischen, dann wäre Heines Hoffnung auf eine Wiedergeburt der Kunst (nach einem Durchgangsstadium reflektierter Subjektivität) im Lichte saint-simonistischer Geschichtsphilosophie zu verstehen. Denn die Signatur des organischen Zeitalters ist die Vorherrschaft des dichterischen Geistes über den nützlich-rationalen. Der Dichter der Gegenwart, als Kind einer kritisch-analytischen Epoche, steht zwischen einer unwiderruflich vergangenen Kunstperiode und der antizipierten Restitution poetischer Weltdeutung. In der Übergangsphase, dem Zeitalter der Revolution, vermag nur die Subjektivität des Dichters, die sinnhaften Momente des geschichtlichen Wandels im parabolischen Verfahren anzudeuten. Fraglich ist jedoch, ob man Heine eine solche zyklische Geschichtsauffassung im ganzen unterstellen darf.

Literarische und politische Öffentlichkeit
Die neue Kritik des Jungen Deutschland

Für die französische Fassung der *Geschichte der neueren deutschen Literatur* war ein abschließendes Kapitel vorgesehen, in dem Heine auf die Veränderungen in der zeitgenössischen deutschen Literatur eingehen wollte. Offen spricht der Entwurf von der Politisierung der Dichtung: »Man kann unsere neueste deutsche Literatur nicht besprechen, ohne ins tiefste Gebiet der Politik zu geraten« (3, 869).[1] In diesem Sinn empfiehlt Heine die jungdeutschen Schriftsteller seinen französischen Lesern:

›Vorwärts‹ dies ist auch das Losungswort des neuen Jungen Deutschlands und es spricht sich aus in unserer jüngsten Literatur, welche sich eben dadurch von der romantischen, wie von der poetischen Schule sosehr unterscheidet....
Diese Eigenschaft, diese Ganzheit finden wir auch bei den Schriftstellern des Jungen Deutschlands, die ebenfalls keinen Unterschied machen wollen zwischen Leben und Schreiben, die nimmermehr die Politik trennen von der Wissenschaft und der Kunst, und die zu gleicher Zeit Gelehrte, Künstler und Apostel sind. (3, 868 f.)

Heine mag die populäre Wirkung der jungdeutschen Literaten überschätzt haben, wesentlich ist der Befund: die für Deutschland revolutionär zu nennende Umwälzung in der Selbstbestimmung des Schriftstellers. Der mit der Öffentlichkeit wirkende Literat, eine Heine aus Paris vertraute Erscheinung, hält seinen Einzug in Deutschland. F. Schlegel hatte zwar in seinen Wiener Vorlesungen das Entstehen eines literarischen Publikums gegen Ende des 18. Jahrhunderts mit Recht konstatiert, doch war der Begriff der literarischen Öffentlichkeit in der Restaurationsepoche dezidiert apolitisch. Wie Heine sarkastisch bemerkte, war die Blüte des literarischen und kulturellen Lebens die Garantie dafür, daß die politische Stagnation perennierte. Angesichts der eingebürgerten und offiziellen Seite immer wieder geförderten Trennung von literarischer und politischer Diskussion, war das Auftreten von Schriftstellern, die diesen Zustand aufbrechen und die

1 Zitiert nach Heinrich Heine, Sämtliche Schriften. Hrsg. v. Klaus Briegleb. München 1971, unter Angabe von Band und Seitenzahl (z. B. 3, 869).

Literatur im Anschluß an die aufklärerische Tradition in den politischen Dialog einbringen wollten, ein entscheidender und keineswegs zu verachtender Schritt. Die Bezeichnung »literarisches Dezennium« tragen die Jahre zwischen 1830 und 1840 zu Recht, denn in erster Linie wird die ästhetisch-literarische Kommunikation einem Funktionswandel unterworfen, während die gesellschaftliche Basis noch kaum berührt ist. Im Unterschied zu Heine, der aufgrund seiner Pariser Erfahrungen die Chancen der Demokratisierung im Rahmen des bürgerlichen Parlamentarismus besser einzuschätzen wußte, waren für die Jungdeutschen die immanenten Widersprüche der bürgerlichen Öffentlichkeit nicht sichtbar. In einem Lande, das von Staats wegen öffentliches Räsonnement nicht kannte, setzten sie alle Hoffnungen auf Literatur und Kritik. Zensur- und Pressefreiheit, d. h. die Garantien des politisch-literarischen Gesprächs, erhalten unter diesen Bedingungen für die deutschen Literaten eine Bedeutung, welche sie für den in Frankreich lebenden Heine nicht mehr haben konnten. Für ihn war der institutionalisierte Rechtsstaat kontinentaler Prägung, in dem die Grundrechte des Individuums und des räsonnierenden Publikums durchgesetzt waren, eine Gegebenheit, auf die erneut kritisch zu reflektieren war. Denn diese Publizität des politischen Lebens ist, wie Heine sehr wohl bemerkt, auf die Schicht der Besitzenden und Gebildeten beschränkt. In Paris kann Heine sich keine Illusionen mehr darüber machen, daß die Juli-Revolution nicht das Volk befreit, sondern nur das Bürgertum zur Herrschaft gebracht hat. In dem gleichen unterdrückten neunten Kapitel, das die neue literarische Bewegung in Deutschland feiert, resümiert Heine schonungslos die materiellen Bedingungen der neuen politischen Freiheit: »Alle unsere neueren Institutionen [beruhen] auf den Glauben an Geld, auf wirkliches Geld« (3, 867f.). Und in den Helgoländer Briefen heißt es: »Im Juli 1830 erfocht es [das Volk] den Sieg für jene Bourgeoisie, die eben so wenig taugt wie jene Noblesse, an deren Stelle sie trat, mit demselben Egoismus . . . Das Volk hat nichts gewonnen durch seinen Sieg, als Reue und größere Not« (4, 60). Der liberale Rechtsstaat vermochte die Chancengleichheit und die allgemeine Zugänglichkeit der politischen Institutionen zu formulieren, aber nicht zu verwirklichen. Denn nur unter der Voraussetzung, daß jedermann Besitzer ist und an der Produktion und dem Austausch der Waren teilnimmt (wie dies die klassische Ökonomie stipuliert), kann bürgerliche Öffentlichkeit funktionieren.

Wenn jedermann, wie es scheinen mochte, die Möglichkeit hatte, ein ›Bürger‹ zu werden, dann sollten zur politisch fungierenden Öffentlichkeit eben nur Bürger Zutritt haben, ohne daß diese ihr Prinzip dadurch eingebüßt hätte. Im Gegenteil, nur Eigentümer waren in der Lage, ein Publikum zu bilden, das legislativ die Grundlagen der bestehenden Eigentumsordnung schützen konnte; nur sie hatten jeweils private Interessen, die automatisch in dem gemeinsamen Interesse der Wahrung einer bürgerlichen Gesellschaft als Privatsphäre konvergierten.[2]

Mithin ist, wie Habermas darlegt, das Klasseninteresse als Basis von der Institution der öffentlichen Meinung, mag diese das Interesse auch leugnen, nicht zu trennen. Diese Diskrepanz zwischen radikalem Anspruch und begrenzter Realisierungsmöglichkeit im Rahmen der bestehenden Klassenstruktur führte bereits im 19. Jahrhundert bei ihren liberalen Ideologen zu vorsichtigen Einschränkungen. Obwohl Tocqueville und J. St. Mill das Prinzip der Öffentlichkeit und die daraus folgende politische Gleichheit bejahen, schrecken sie vor der Erweiterung des Publikums durch die unteren sozialen Schichten zurück, weil damit gesellschaftliche Konflikte in die öffentliche Meinung hineingetragen würden, welche aufgrund ihrer materiellen Natur den Rahmen der leidenschaftslosen rationalen Debatte zu sprengen drohen. Der öffentlichen Meinung wird mithin das Merkmal abgesprochen, das für ihre Genesis konstitutiv gewesen war: die Vernunft. Für Mill wie für Tocqueville wird, wie Habermas gezeigt hat, die Herrschaft der Öffentlichkeit zum Zwang, weil sie in ihren Artikulationen (deren Interessen freilich nicht anerkannt werden) nunmehr unauflösbare Gegensätze des Denkens und Fühlens erblicken. Konsequent führt diese Haltung zur Befürwortung einer selektiven Repräsentation, so daß dem unvernünftigen Begehren der öffentlichen Meinung ein klärendes und stabilisierendes Element entgegengehalten wird. »Gebildete und mächtige Bürger sollen in Ermangelung einer geborenen Aristokratie das Elitepublikum bilden, dessen Räsonnement die öffentliche Meinung bestimmt«[3]. Daß diese Einschränkung

2 J. Habermas, Strukturwandel der Öffentlichkeit. Neuwied u. Berlin [2]1965, S. 100.

der ursprünglichen Konzeption von Öffentlichkeit auf die literarische Kritik zurückwirkte, ließe sich an den kulturkritischen Schriften eines Matthew Arnold unschwer aufweisen. Die Weise, wie Arnold Heines kritische Ideen verarbeitet und für seinen Kampf gegen das zeitgenössische kulturelle Leben in England einsetzt, dokumentiert die Umbiegung von Heines politischen Intentionen zu einer apolitischen Elitekultur. Arnolds Begriff der Kultur teilt mit Mill und Tocqueville die Furcht vor der Vermassung und Plebejisierung des öffentlichen Lebens[4]. Schon Heine beobachtete im Frankreich der dreißiger Jahre ein Nachlassen des politischen Engagements in der Literatur und verglich damit die Zunahme politischer Aktivität innerhalb der deutschen Intelligenz. Heine sprach in diesem Zusammenhang mit Recht von einem Nachholbedarf. Die Problematik der bürgerlichen Öffentlichkeit konnte nicht auf der Tagesordnung stehen, wo ihre Grundlagen nicht einmal gesichert waren.

Wer das deutsche Leben jener Zeit [der zwanziger Jahre] mit dem gleichzeitigen Leben der Franzosen vergleicht, kann sich über die Verschiedenheit, welche hier hervortritt, nicht genug wundern und wird einsehen, daß man die dortigen Verhältnisse keineswegs mit den hiesigen vergleichen kann: der Rhein schied damals nicht bloß zwei Länder, sondern auch zwei Welten von entgegengesetzter Temperatur: die Sonne machte ein ganz anderes Gesicht jenseits dieses Flusses wie diesseits bei euch, die deutschen Wolken waren noch grauer geworden, die Nachtigallen verstummten, dagegen bellten die Hunde weit lauter – die Eichen rauschten sehr kleinmütig, die Rosen sahen aus, als hätten sie den Schnupfen, alles Leben schien auf immer versumpft – überall Stagnation, Lethargie und Gähnen (2, 678)[5].

Nicht anders urteilte Börne, der der deutschen Kritik Engherzigkeit und Mangel an öffentlichem Geist vorwarf. Der deutsche Beamtengeist, die hierarchische Mentalität der Verwaltung, so bemerkte er anläßlich der Anzeige der neuen *Jahrbücher der wissenschaftlichen Kritik* sarkastisch, bestimme auch Stil und Gehabe der literarischen Kritik. Bildete die Trennung von Staat und bürgerlicher Gesellschaft das Merkmal der westeuropäischen Entwicklung, konnte in Deutsch-

3 Habermas, Strukturwandel, S. 151.

4 Zum Verhältnis von Heine und Arnold siehe: I. M. Tesdorpf, Die Auseinandersetzung Matthew Arnolds mit Heinrich Heine. Frankfurt a. M. 1971.

5 Vgl. auch 2, 539f.

land von einer eigenständigen, dem Staat gleichberechtigten Gesellschaft nicht im vollen Sinne gesprochen werden. Die Staaten und ihre Beamtenschaften verstanden sich nach wie vor, und ungeachtet aller Reformbestrebungen, als übergeordnete Instanzen, die zur Beaufsichtigung der bürgerlichen Gesellschaft berufen waren.

> Für diese leitenden Minister [der süddeutschen Staaten] waren die parlamentarischen Vertretungen kaum mehr als einmal vorhandene, leider nicht zu beseitigende Übel, zeitraubend, wenig nutzbringend und politisch gefährlich.[6]

Die preußische Reformbewegung konnte zwar an die Ideen des *Allgemeinen Landrechts* anschließen, in dem der aufgeklärte Absolutismus seinen Gegenentwurf zur Französischen Revolution formuliert hatte, aber auch hier wurde sie alte ›bürgerliche Gesellschaft‹, von der sich die neue Bourgeoisie kaum emanzipiert hatte, in den Staat integriert. Obwohl das preußische Provinzbeamtentum den Geist der Reformbewegung noch lange weitertrug, war bald nicht mehr zu übersehen, daß der preußische Liberalismus eine Halbheit darstellte, da die für die Liberalen entscheidende konstitutionelle Verfassung nicht gewährt wurde. Heines Vorrede zu den *Französischen Zuständen* spielt auf diese Ambivalenz des preußischen Staates an, der sich das Ansehen der Progressivität gab und gleichzeitig restaurative Machtpolitik betrieb[7]. Selbst dort, wo der Parlamentarismus formal eingeführt wurde und wo man sich bemühte (auch in Preußen), die Bevölkerung an den politischen Institutionen zu beteiligen, machten sich immer wieder der unterentwickelte Charakter der Gesellschaft bemerkbar. Nur selten war die sogenannte Mittelschicht oder Mittelklasse breit und stark genug, um sich als Publikum vom Staat abzusetzen. Es fehlte an politischer Vorbildung; es fehlte nicht selten an der nötigen formalen Schulung, um mit den Vertretern des Staates politisch konkurrieren zu können; es fehlte vor allem aber an der wirtschaftlichen Grundlage. Als Vertreter kamen gemäß den Bedingungen des Systems nur Honoratioren in Betracht, die es sich leisten konnten, ihre privaten Interessen zurückzustellen, um öffentlich zu wirken.

6 W. Conze, Das Spannungsfeld von Staat und Gesellschaft im Vormärz. In: Staat und Gesellschaft im deutschen Vormärz 1815–1848. Stuttgart 1962, S. 220.

7 3, 95.

Aber unter diesen Honoratioren waren wiederum nur wenige abkömmlich, wobei die in der aufstrebenden und doch sehr eingeengten Wirtschaft tätigen Männer hinter den freiberuflich Arbeitenden, Advokaten und Ärzten vor allem, den Beamten und den bürgerlich-bäuerlichen Grundbesitzern zurücktraten.[8]

Da der Adel von diesem Problem weniger betroffen war, vermochte er sich oft in den Landständen und Landtagen zu behaupten. Die wirtschaftliche wie soziale Basis der liberalen Opposition war schmal, die Stoßkraft der ökonomischen Interessen des Bürgertums vergleichsweise gering. Beunruhigend war dagegen, gerade auch für die Liberalen, die nach 1830 wachsende Tendenz zur Parteibildung und Gruppierung nach ideologischen Fronten, bevor sich überhaupt eine Staat und Gesellschaft tragende Konstitution überall durchgesetzt hatte.

Diesen beschränkten soziopolitischen Rahmen muß man sich vor Augen halten, um die Wirkungsmöglichkeiten der literarischen Intelligenz in Deutschland abschätzen zu können. Besitz und Bildung waren die Voraussetzung für den Zugang zur literarisch-politischen Öffentlichkeit, und an ein solches Publikum wandten sich die Jungdeutschen. Ein wirklicher Kontakt mit den Massen, etwa den unterprivilegierten sozialen Schichten, kam nicht zustande, selbst wenn die Absicht vorhanden war[9]. Am witzig-essayistischen Stil Heines deutscher Schüler ist übrigens schon abzulesen, daß man ein gebildetes Publikum mit hoher Sprachkompetenz voraussetzte. Zum Verständnis von Heines Prosa war die Kenntnis des literarischen Hintergrunds unabdingbar.

8 Conze, Spannungsfeld, a. a. O., S. 225.

9 Der von Walter Dietze angeführte Konfidentenbericht aus dem Jahr 1835, demzufolge Gutzkows *Wally* auch von Handwerkern gelesen wurde, dürfte eher atypisch sein. Nicht umsonst heißt es dann in diesem Bericht: »Wer Geld hat, schafft sich die übrigen Schriften der Jünger des jungen Deutschland an, und diese Schriften sind jetzt bestimmt die ausschließliche Lektüre der Gebildeten.« Das Volk hatte kaum das Geld, um sich die teueren Bücher (die ja noch nicht in Massenauflagen erschienen) anzuschaffen. Im übrigen enthält der Bericht eine starke Übertreibung, wenn er die jungdeutsche Literatur als die einzige Lektüre der Gebildeten bezeichnet. Das Junge Deutschland stand, wie Friedrich Sengle gezeigt hat, in Idealkonkurrenz mit der Spätromantik einerseits und der biedermeierlichen Literatur andererseits. Vgl. F. Sengle, Biedermeierzeit I. Stuttgart 1971; zum Konfidentenbericht vgl. Dietze, Junges Deutschland und deutsche Klassik. Berlin [3]1962, S. 215.

Zweifellos hat sich das literarische Publikum in den ersten Jahrzehnten des 19. Jahrhunderts erweitert, wie auch die Zahl der Literaturproduzenten erheblich anstieg; und der Widerstand der klassizistischen und romantischen Gruppen gegen diese Ausweitung ist offensichtlich erfolglos geblieben, aber diese Vermehrung vollzog sich innerhalb der bürgerlichen Schichten. Damit aber waren den Wirkungsmöglichkeiten der literarischen Revolution, wie Büchner sehr wohl erkannte, angesichts der Schwäche dieser Bourgeoisie, relativ enge Grenzen gesetzt. Soweit Zensur- und Pressefreiheit es gestatteten, vermochten sie, die Idee einer literarisch-politischen Öffentlichkeit, d. h. das Postulat des öffentlichen Räsonnements der Bürger, durchzusetzen. Die Bedeutung dieses Schritts ist nicht zu unterschätzen. Die literarische Opposition war in den dreißiger Jahren noch ein echtes Politikum, da sie zum Prüfstein für das Funktionieren der öffentlichen Meinung wurde. Dieses geschichtliche Verdienst wird nicht dadurch gemindert, daß mancher der von den Bundestagsbeschlüssen (1835) betroffenen Schriftsteller dem Druck durch Kompromisse mit den Behörden auszuweichen versuchte.

Das Bewußtsein, in einem kritischen Zeitalter (im Sinne des Saintsimonismus) zu leben, prägt die Einstellung der jungen Schriftstellergeneration. Man widerspricht dem elitären Selbstbewußtsein der Romantik; man macht sich lustig über die literarischen Zirkel, in denen Bedürfnisse befriedigt wurden, die für das gesellschaftliche und politische Leben der Nation gleichgültig waren. »Und an welche Klasse von Lesern mußte man sich immer mit Tieckschen Sachen wenden?« fragte Laube.

> Nur an die, welche durch allerlei Leseübung vorbereitet war, an die Professionsleser, er hat nie etwas geschaffen, was unsre Nation interessiert hätte, er wurzelt nirgends in der Nation, und das geht jedem so, dem es nicht ernst ist, der nur spielt mit den Dingen.[10]

Aus Heines Analyse zog man nun die polemischen Konsequenzen: die Literatur stand am Beginn eines umwälzenden Demokratisierungsprozesses.

10 Ludwig Tieck, zitiert nach Das Junge Deutschland. Hrsg. v. J. Hermand. Stuttgart 1966, S. 46; diese Dokumentation wird im folgenden zitiert als: Hermand.

Jetzt, wo in Deutschland der Kampf gegen die aristokratischen Prinzipien begonnen hat, ist die Literatur bereits auf der Höhe des Demokratismus. ... Die einzelnen Höhen verschwinden, aber die ganze Masse rückt höher, die Gebirgsgegend der Aristokratie schwindet mehr und mehr, die Täler werden ausgefüllt, es entsteht eine demokratische Hochebene.[11]

Noch in Scherrs Kritik der Jungdeutschen spiegelt sich indirekt diese epochale Veränderung: »Du weißt, meine Teure, wir Deutsche haben kein anderes öffentliches Leben als das der Literatur, wir produzieren keine andern Taten als literarische«[12], und »Die Hauptsache war die Diskussion sozialer Fragen, die in ästhetischem Gewande abgehandelt wurden«[13]. Ziel der Rebellion war die Überführung der Dichtung in publikumsorientierte Gebrauchsliteratur. Demgemäß werten die jungdeutschen Programmschriften Originalität und ästhetisches Formbewußtsein zugunsten der kommunikativen Funktion ab. Typisch ist Gutzkows Einspruch gegen den Originalitätsbegriff:

Die Notwendigkeit der Politisierung unserer Literatur ist unleugbar. Man gehorcht ihr zwar, aber mit welcher Zögerung! mit welchen fremdartigen Erscheinungen! Sie wird noch die häßlichsten Leidenschaften aufrufen. Die Eitelkeit der Originalität, die schmutzige Begeiferung, die fast anerkannter Ton unserer Kritik ist, Neid auf literarische Berühmtheit, das alles steht dem Siege der guten Sache entgegen.[14]

Eine republikanische Literaturverfassung gehört zu den Schlagworten der dreißiger Jahre. Beseitigt werden sollen die traditionellen Bildungsbarrieren, indem die poetischen Formen an die aktuellen Gebrauchsfunktionen angepaßt und indem Zeitschriften gegründet werden, die die neue Mobilität fördern. Börne, an den frühen Görres anknüpfend, ging hier den Jungdeutschen voraus. »Die Zeitschriften sind es«, hieß es in der Ankündigung der *Waage* (1818):

»welche diese Münzen bilden; von der Ausbeute der Erkenntnis geprägt, unterhalten sie den Wechselverkehr zwischen Lehre und Ausübung. Nur sie

11 Hermand, S. 104.
12 Hermand, S. 349.
13 Hermand, S. 352.
14 Hermand, S. 101.

führen die Wissenschaft ins Leben ein und das Leben zur Wissenschaft zurück.«[15]

Vermittlung zwischen Wissenschaft und Publikum, zwischen Theorie und Praxis, Information der Öffentlichkeit durch Popularisierung von Ideen, offene Kritik von Mißständen und Diskussion staatlicher Maßnahmen: dieses journalistische Programm Börnes wurde in den dreißiger Jahren von der jungen Generation aufgenommen und fortgeführt.

Die Idee einer republikanischen Literaturverfassung, so wenig die jungdeutschen Literaten sie wirklich durchsetzen konnten, entsprach genau dem Wandel in der Selbstbestimmung der Presse. Aus der Sicht der Zeitungsgeschichte stellt die Politisierung der Literatur nur einen Aspekt der Politisierung der Öffentlichkeit dar. Was die westeuropäischen Länder seit Generationen als gesichert ansehen konnten, war in Deutschland noch zu erkämpfen: die Presse als Organ der öffentlichen Meinung, beauftragt mit der Artikulierung der bürgerlichen Interessen. Repräsentativverfassung und Pressefreiheit gehören mithin für den Frühliberalismus eng zusammen. In beiden Institutionen schafft sich die Bourgeoisie Organe, um als räsonnierende Öffentlichkeit vom Staat und seiner Verwaltung sich abzusetzen und diese schließlich der Kontrolle zu unterwerfen. Welckers Definition der Zeitung als einer »tägliche[n], wechselseitige[n] Sprache der Staatsbürger über ihre eigenen gemeinschaftlichen Angelegenheiten«[16] nimmt dieses Recht der freien Selbstverständigung implizit in Anspruch. Daß dies in einem politisch zerstückelten Land wie Deutschland vorerst nur durch das Mittel der Presse geschehen konnte, erhöhte die Bedeutung der Pressefreiheit und machte sie auf der anderen Seite den Konservativen um so verdächtiger. Protest gegen Zensurmaßnahmen und jede Form der staatlichen Kontrolle sind die Signatur dieser Epoche, in welcher der Spielraum der öffentlichen Meinung noch in erster Linie gegen den vor- oder halbkonstitutionellen Staat zu gewinnen und zu verteidigen

15 L. Börne, Kritische Schriften. Hrsg. v. E. Schumacher. Zürich und Stuttgart 1964, S. 306.

16 Censur der Druckschriften, Staatslexikon Bd. 3, S. 336; zitiert nach Franz Schneider, Pressefreiheit und politische Öffentlichkeit. Neuwied u. Berlin 1966, S. 224.

war. Mit Recht macht Franz Schneider darauf aufmerksam[17], daß die Kommerzialisierung der Presse in Frankreich bereits in den dreißiger und vierziger Jahren die Öffentlichkeitsfunktion bedrohte. Heine sprach angesichts der Einschränkungen der französischen Zeitungen durch marktwirtschaftliche Interessen von einer Abhängigkeit, »wogegen die Hemmnisse der deutschen Zensur nur wie heitere Rosenketten erscheinen dürften«[18]. Zu solchen Beobachtungen war in Deutschland kein Anlaß. Das Postulat der Pressefreiheit als partielles Moment der politischen Emanzipation richtet sich in erster Linie gegen den Staat und unterstellt, daß der wirtschaftliche Bereich als Domäne der Privatleute herrschaftsfrei ist[19]. In der *Deutschen Tribüne* nannte Wirth (12. Juli 1831) die staatliche Verwaltung als den eigentlichen Unterdrücker der Meinungsfreiheit:

> Es muß nach und nach die Meinung Wurzel fassen, daß ein Censor als besoldeter Geistesunterdrücker, als ein Diener der Finsterniß, als ein jämmerliches Werkzeug roher Gewalt und Anmassung, als ein abgesagter Feind aller wahrhaften und freimüthigen Gesinnungen und Äußerungen, eine ganz verächtliche Rolle spielt und den Haß des Volks noch mehr verdient als Polizeispionen und Contrebandenschmuggler.[20]

Vor dem Hintergrund dieser Versuche, in den deutschen Staaten gegen die ausdrücklichen Wünsche der Regierungen eine öffentliche Meinung zu konstituieren, muß das literaturpolitische Programm der jungdeutschen Schriftsteller betrachtet werden. Zweifellos waren sie geneigt, die Bedeutung ihrer Rebellion zu überschätzen. Um frei wirken zu können, mußten sie ökonomisch unabhängig sein. Doch die

17 Pressefreiheit, S. 230f.

18 Heine, Sämtliche Werke. Hrsg. v. E. Elster, Leipzig und Wien, o. J., Bd. 6, S. 181.

19 Sehr anschaulich schildert Gutzkow in seinen Erinnerungen den Widerstand des preußischen Innenministers von Rochow, als er seine Zeitschrift ›Telegraph‹ von Hamburg nach Berlin verlegen wollte. Das Gesuch wird abschlägig beschieden, da der Minister von einer jungdeutschen Zeitschrift »Trübung der öffentlichen Ruhe« und »Verletzung der monarchischen Autorität« erwartete. Vgl. Die Zeitung. Deutsche Urteile und Dokumente von den Anfängen bis zur Gegenwart. Hrsg. v. E. Blühm und R. Engelsing. Bremen 1967, S. 164f.

20 Zitiert nach Kurt Koszyk, Deutsche Presse im 19. Jahrhundert (Geschichte der deutschen Presse, Teil II). Berlin 1966, S. 73.

wirtschaftlichen Verhältnisse waren allgemein nicht entwickelt genug, um eine Schicht von Berufsschriftstellern zu tragen[21]. Man war genötigt, Kompromisse einzugehen; die politische Spitze der Kritik wurde abgebogen. Dadurch aber setzte man sich in den Augen der folgenden literarischen Generation herab. Robert Prutz faßte nur das allgemeine Urteil über das Junge Deutschland zusammen, wenn er schrieb:

> Wie im Jungen Deutschland, dem vorhin gebrauchten Ausdruck nach, die politische Partei sich zur literarischen Koterie verdummt, so wird ihm auch die Freiheit zur Willkür, das philosophische System zur einseitigen und exklusiven Schule. Es sind die wahren Louis Philipps unserer literarischen Revolution: unter dem Titel des Bürgerkönigs, des Volksfreundes ist es nur die eigene Persönlichkeit, das eigene vergängliche Ich, dem sie schmeicheln und für das sie arbeiten.[22]

Diese Kritik trifft den inneren Widerspruch des jungdeutschen Programms, d. h. den Versuch, mit den Stilmitteln des Witzes und der Ironie, die der literarischen Salonkultur entstammten, die Massen zu erreichen und die Verhältnisse zu verändern. Bereits Georg Büchner hatte diese politische Naivität in einem Brief an Gutzkow getadelt:

> Sie und Ihre Freunde scheinen mir nicht grade den klügsten Weg gegangen zu sein. Die Gesellschaft mittelst der Idee, von der gebildeten Klasse aus reformieren? Unmöglich! Unsere Zeit ist rein materiell; wären Sie je direkter politisch zu Werke gegangen, so wären Sie bald auf den Punkt gekommen, wo die Reform von selbst aufgehört hätte. Sie werden nie über den Riß zwischen der gebildeten und ungebildeten Gesellschaft hinauskommen.[23]

21 Vgl. Sengle, Biedermeierzeit I, S. 163.

22 Hermand, S. 354.

23 Büchner, Werke und Briefe. Hrsg. v. F. Bergemann. Wiesbaden 1958, S. 411 f. Sengles Einwand gegen die Jungdeutschen, sie seien weder politisch noch literarisch zu einer realistischen Einstellung fähig gewesen, verfehlt recht eigentlich die Pointe, insofern Heine und seine Schüler um der Politisierung willen den klassizistischen Objektivismus aufzulösen trachteten. Ihre politische Progressivität an einem Realismus zu messen, der sich auf politische Reformprogramme einstellt, und ihnen den englischen Empirismus entgegenzuhalten, heißt den historischen Zusammenhang mit der politischen und ideologischen Entwicklung in Frankreich verkennen. Heines Abneigung gegen England, so ungerecht sie gelegentlich sein mag, ist im Glauben an die umwälzende Kraft der Französischen Revolution begründet und nicht bloß rhetorischer Natur, wie Sengle unterstellt. Vgl. Sengle, Biedermeierzeit I, S. 164–167.

Mit Recht hat Walter Dietze dargelegt, daß »die jungdeutsche Bewegung, die das Neue sucht, für die Verwirklichung ihrer Absichten im Deutschland der dreißiger Jahre noch keine qualitativ neue Klassengrundlage finden konnte«[24] und ihrer Opposition daher ein klares politisches Ziel fehlte. Freilich wären dann Heine und Börne, die Emigranten in Paris, auszunehmen, denn beide waren sich über den Unterschied zwischen den deutschen und den französischen Verhältnissen im klaren[25]. Heines und Börnes politische Kritik wurde erst in den vierziger Jahren durch die Linkshegelianer eingeholt, wobei Börne zeitweilig sogar in den Vordergrund trat[26]. Denn Börnes Schriften, ihre Thematik wie ihre Rhetorik, enthielten jene prononciert politische Tendenz, die man am ›verspielten‹ Jungen Deutschland vermißte. Verschärfung des politischen Engagements, unbedingte Ernsthaftigkeit in der Durchsetzung der literarischen Demokratisierung: durch diese Einstellung setzten sich die Schriftsteller des Vormärz von den Jungdeutschen ab. Der Begriff der Kritik erfuhr bei dieser Gelegenheit eine klare Abgrenzung: An die Stelle der witzig-ironischen Polemik, wie Heine sie zu handhaben verstand, sollte (in der Nachfolge Hegels) ein strenger Begriff wissenschaftlich-philosophischer Kritik treten.

Der Einspruch der Linkshegelianer wie der revolutionären Vormärzdichter gegen den witzig-ironischen Stil, gegen den angeblich selbstgefälligen Subjektivismus der dreißiger Jahre, darf uns freilich

24 Dietze, S. 208.

25 Börne zum Beispiel sah mit aller Schärfe den Widerspruch der bürgerlichen Öffentlichkeit, die ihren Status als Forum der Diskussion nur wahren konnte, indem sie die unterprivilegierten Schichten von den politischen Institutionen fernhielt. »Die armen Leute in Frankreich haben in der Kammer keine Stellvertreter. Die neueste französische Konstitution hat die alte Torheit, die alte Ungerechtigkeit, die alte, erbärmliche Philister-Politik beibehalten, das Wahlrecht an den Besitz gebunden und die Besitzlosen auch ehrlos gemacht. Die Reformbill in England hat nur den Zustand der Mittelklassen verbessert und das Heloten-Verhältnis des niedern Volks von neuem befestigt. Im Parlament wie in der Deputiertenkammer sitzen nur die reichen Gutsbesitzer, die Rentiers und Fabrikanten, die nur ihren eigenen Vorteil verstehen, welcher dem der Arbeitsleute gerade entgegensteht.« Briefe aus Paris, hier zitiert nach Hermand, S. 280.

26 Beispielhaft Friedrich Engels, Alexander Jung, Vorlesungen über die moderne Literatur der Deutschen, MEW Bd. 1, S. 433–445; die Rezension wurde 1842 geschrieben.

den Zugang zum Selbstverständnis des Jungen Deutschlands nicht verstellen. Die Frage des Stils war für Börne und Heine wie für ihre Schüler keine Äußerlichkeit. Die Unzufriedenheit mit dem deutschen Rezensionsbetrieb, seiner stagnierenden und folgenlosen Massenproduktion, spiegelt sich in der Kritik der Schreibweise. »Deutsche Rezensionen«, stellt Börne lapidar fest, »lassen sich in der Kürze mit nichts treffender vergleichen, als mit dem Löschpapier, auf dem sie gedruckt sind.«[27] Dies ist nicht nur ein ästhetischer Einwand. Börne hat die Wirkung im Auge; sein Vorwurf richtet sich gegen die umständliche Unverständlichkeit. Die deutsche Kritik wird in der Regel Makulatur, noch bevor sie gedruckt ist, weil sie in einer dem Publikum unverständlichen Sondersprache geschrieben ist. Der Rezensent versteht sich als Mitglied einer gelehrten Klasse, sein Jargon richtet sich ausschließlich an die Fachgenossen:

> Seine Bücher sind ihm Akten, seine Studierstube ist ihm eine Kanzlei, seine Wissenschaft ein Geheimnis. Er hat es geschworen, den Verstand zu Hause zu lassen, so oft er ausgeht, nämlich, so oft er schreibt für die Menge.[28]

Die unglückliche Schreibweise ist mehr als ein subjektiver Mangel der Sprachbeherrschung, sie ist die notwendige Folge der Grundeinstellung: der Kommunikationsraum der Kritik ist die gelehrte Welt, ihre Publizität ist rein formaler Natur. Sobald diese Trennung von wissenschaftlicher und allgemeiner Mitteilung in Frage gestellt wird, bildet die Durchsichtigkeit der Sprache den Testfall publizistischer Kommunikation. Für das Junge Deutschland war der Stil kein peripheres, sondern ein mit den literarisch-politischen Intentionen zusammenhängendes zentrales Problem. Der Erfolg der ›Rebellion‹ hing davon ab, ob es gelang, die deutsche Prosa so umzuformen, so zu schmeidigen, daß sie als Instrument der öffentlichen Kritik brauchbar würde. Ästhetische und ideologische Ziele gehen hier ineinander über. Die »Emanzipation der Prosa« (Mundt) bedeutete nicht nur Aufwertung bestimmter Gattungen und Formen gegenüber älteren Mustern und Haltungen, sondern eine Veränderung ihrer Funktion. Im Sinne Börnes unterscheidet auch Mundt zwischen wissenschaftlicher und publizistischer Prosa:

27 Kritische Schriften, S. 53.
28 Ebda, S. 53f.

Die deutsche Prosa war in ihrer Entstehung etwas Wissenschaftliches, eine Produktion der Gelehrsamkeit, eine Abstraktion aus den Alten, sie wurde nicht durch die Bedürfnisse des öffentlichen Lebens, noch durch gesellschaftliche Reize und Anlässe hervorgerufen und gefärbt.[29]

Diese Gegenüberstellung von neuem und altem Stil tut zweifellos dem Klassizismus und der Romantik Unrecht, deren Schreibweise kaum als Gelehrtenjargon abzuqualifizieren ist. Gleichwohl hat die Differenzierung ihr Wahrheitsmoment. Börne und Heine schufen, wie Wienbarg einsichtsvoll in den *Ästhetischen Feldzügen* bemerkte, neue Muster, die bei aller Verschiedenheit des Personalstils doch epochaltypisch waren. Obwohl Heines Stil in mancher Hinsicht eher an Goethes Prosa erinnert und Börne mehr Jean Paul zu folgen scheint, glaubt Wienbarg gemeinsame Merkmale hervorheben zu können, durch welche sich beide von der älteren Prosa unterscheiden:

Die neue Prosa ist von der einen Seite vulgärer geworden, sie verrät ihren Ursprung aus, ihre Gemeinschaft mit dem Leben, von der andern Seite aber kühner, schärfer, neuer an Wendungen, sie verrät ihren kriegerischen Charakter, ihren Kampf mit der Wirklichkeit, besonders auch ihren Umgang mit der französischen Schwester, welcher sie außerordentlich viel zu verdanken hat.[30]

Der Hinweis auf die Wirkung der französischen Prosa ist bedeutungsvoll: das Deutsche wird angeregt durch eine in öffentlicher Rede geübten Sprache. Die in den Untergrund abgedrängte publizistische Tradition der Revolutionsepoche kommt in verwandelter Form wieder an die Oberfläche. Die Prosa wird durchblutet, d. h. der latinisierende Satzbau wird aufgelöst, die pedantische Begrifflichkeit (die Heine an Kant so sehr rügte) gelockert, die Stilebenen werden gemischt. Prosa ist angelegt als kritische Waffe, und literarische Kritik immer zugleich als politische Opposition zu begreifen. Wienbarg kann sich bereits auf das Beispiel Heines berufen und seine Bemerkungen über den Witz als Waffe gegen die Herrschenden zitieren. Noch unumwundener hatte Börne vom Witz als integralem Teil der polemischen Kritik gesprochen:

29 Hermand, S. 110.
30 Ästhetische Feldzüge. Berlin und Weimar, S. 189.

Der Tadel braucht ihn; der Witz macht ihn milder, erhebt den Ärger zu einem Kunstwerke. Ohne ihn ist Kritik gemein und boshaft ... Der Witz ist das demokratische Prinzip im Reiche des Geistes; der Volkstribun, der, ob auch ein König wolle, sagt: *ich will nicht!*[31]

Soll die neue Prosa zum Instrument des öffentlichen Räsonnements werden, entfallen überlieferte poetische und gattungstheoretische Maßstäbe. Stilmittel der beschreibenden, darstellenden und kritischen Prosa gehen ineinander über und verbinden sich in einem Text. Durch die Emanzipation der Prosa wird auch die Literaturkritik aus der ästhetischen Isolation herausgenommen. Und zwar geschieht dies nicht, wie die Gegner des Jungen Deutschland gelegentlich unterstellt haben, aus fehlender Einsicht oder mangelndem Differenzierungsvermögen, sondern im klaren Bewußtsein, die Grenzen der ästhetischen Betrachtung zu sprengen. Die Spannung zwischen Kunst und Leben, zwischen ästhetischem und gesellschaftlichem Verhalten, ist durch Kritik nicht mehr harmonisch auszugleichen, sondern scharf und prägnant zu formulieren. Dafür stellte die jungdeutsche Prosatheorie Anweisungen zur Verfügung, die für romantische Literaturkritik, so polemisch diese auch gelegentlich sein konnte, nicht annehmbar gewesen wären. Die Integration von Literaturkritik in den Bereich der kritischen und polemischen Prosa mußte dem Grundsatz der ästhetischen Autonomie seine unbefragte Gültigkeit nehmen.

Der jungdeutsche Begriff der Literaturkritik drückt sich negativ in den Stellungnahmen zur Tradition ab. Der klassizistischen Theorie stand man nicht weniger ablehnend gegenüber als die Romantiker. »Auch Frankreich«, erläutert Heine in den *Französischen Malern*:

... hat seine stehenden Kunstrezensenten, die nach alten vorgefaßten Regeln jedes neue Werk bekritteln, seine Oberkenner, die in den Ateliers herumschnüffeln und Beifall lächeln, wenn man ihre Marotte kitzelt ... Dem armen Verstande gebührt wirklich niemals die erste Stimme, wenn über Kunstwerke geurteilt wird, ebensowenig als er bei der Schöpfung derselben jemals die erste Rolle gespielt hat. Die Idee des Kunstwerks steigt aus dem Gemüte, und dieses verlangt bei der Phantasie die verwirklichende Hülfe (3, 44).

31 Aus meinem Tagebuch, Sämtliche Schriften. Hrsg. Inge und Peter Rippmann. Düsseldorf 1964, Bd. 2, S. 811.

Bemerkenswert nahe gerät Heine hier, wo es gilt, den rationalistischen Regelzwang zur Ordnung zu rufen, an romantische Vorstellungen und Formulierungen. Verfehlt wäre jedoch, diese gegen den Klassizismus gewandte Äußerung zu verallgemeinern und als Nachfolge der Romantik auszulegen. Deutlich distanziert sich Heine auch von der romantischen Kritik. Zugestanden wird den Brüdern Schlegel die Fähigkeit der »reproduzierenden Kritik«, »wo die Schönheiten eines Kunstwerks veranschaulicht werden, wo es auf ein feines Herausfühlen der Eigentümlichkeiten ankam« (3, 374), abgesprochen dagegen der »feste Boden einer Philosophie, eines philosophischen Systems« (3, 375). Heine zufolge beschränkt sich daher die Methode der Brüder Schlegel auf den historischen Vergleich, der insofern willkürlich bleibt, als er beliebig eine Epoche gegen die andere ausspielen kann. Der Vorwurf, den Romantikern habe es an einer bindenden Theorie gefehlt, der wohl als Anspielung auf Hegels Ästhetik zu lesen ist, ist taktisch zu verstehen, denn Heine hat sich nicht zu einer systematischen Abkapselung seiner Ideen zwingen lassen. Auch die Schulung und Bereicherung durch Hegel hat ihn nicht zu einem Verfechter der Hegelschen Ästhetik gemacht. Was Heine und die Schriftsteller des Jungen Deutschlands von den Romantikern unterscheidet, ist nicht so sehr das Bekenntnis zu einer systematischen Theorie, sondern die *prinzipielle* Rehabilitierung von polemischer Kritik. Reproduzierende Kritik, d. h. verstehende Analyse und vervollständigende Synthese, die Vollendung des Kunstwerks durch seine kritische Reflexion, Kunstkritik also als Kunstwerk: das ist der Inbegriff solipsistischen ästhetischen Nachdenkens, das den Zusammenhang mit anderen Lebensbereichen verloren hat oder zumindest in Gefahr steht, die Beziehung zur gesellschaftlichen Praxis preiszugeben. Im Falle von August Wilhelm Schlegel resultierte es, nach dem Urteil Heines, in der bewußten Herabsetzung engagierter moderner Literatur durch den historischen Vergleich.

Die Abgrenzung gegen die rationalistisch-dogmatische wie die hermeneutisch-intuitive Kritik umreißt negativ den Standpunkt des Jungen Deutschland. Eine Kunstkritik, die keine anderen Ziele verfolgt, als zu referieren und gemäß dem herrschenden Geschmack zu werten, verdient nicht den Namen der Kritik. »Es gibt kein kritisches Blatt in Deutschland, das verdiente, sein eigner Gegenstand zu werden.«[32] So

Börne. Der Vorgang der ästhetischen Bewertung ist immer mehr als ein ästhetisches Urteil, nämlich Stellungnahme zur Praxis. Anders ausgedrückt: kritische Anstrengung und Kunstwerk spiegeln nicht lediglich einander; Kritik reflektiert im gleichen Maße auf die eigenen Bedingungen wie Wirkungen. Dort wo sie sich ausschließlich zu ihrem Kunstgegenstand verhält, wird sie willentlich oder unwillentlich zum integrierten Bestandteil des kulturellen und im weiteren Sinne des sozio-politischen Systems, vor dessen Hintergrund sie formuliert wird. So verspottet Heine in der *Romantischen Schule* die Ersatzfunktion der ›freien‹ Kunstkritik. Ihre Freiheit besteht darin, über die politische Unfreiheit schweigen zu müssen:

> Für die Kunst wird jetzt in Deutschland alles mögliche getan, namentlich in Preußen. Die Museen strahlen in sinnreicher Farbenlust, die Orchester rauschen, die Tänzerinnen springen ihre süßesten Entrechats, mit tausend und eine Novelle wird das Publikum ergötzt, und es blüht wieder die Theaterkritik (3, 424).

So wie die politischen Verhältnisse, auf die Heine hier anspielt, ihr historisches Datum tragen, ist auch der Einspruch gegen die selbstgenügsame Kunstkritik epochal markiert. Er fixiert die Ideologisierung der ästhetischen Autonomie. Die Unabhängigkeit von der pragmatischen Geschichte, die Loslösung von der materiellen Produktion, hat ihren Stachel verloren und sanktioniert bereits den status quo. Diese Ideologisierung vorzuweisen und zu dokumentieren, wird zur historisch übernommenen Aufgabe der jungdeutschen Kritik.

Die offensive Kritik und ihre Forcierung des politischen Moments konnte sich auf Börne berufen. Nicht ohne Grund griff dieser, dem vor allem am öffentlichen Räsonnement gelegen war, auf die Rolle des richtenden Kritikers zurück, wie sie dem aufklärerischen Kritikbegriff innewohnte. Richter freilich nur in dem Sinne, daß unumwunden vor dem zum Urteil versammelten und mündigen Publikum zwischen gut und schlecht unterschieden wird. In dem Aufsatz »Über den kritischen Lakonismus« bemerkt Börne über die Aufgabe des Rezensenten:

32 Kritische Schriften, S. 53.

Sie sind Richter; sie müssen also freisprechend oder verdammend ihre Entscheidungsgründe angeben, und das klar und umständlich. Tun sie dieses nicht, begnügen sie sich zu sagen: das ist gut, das ist schlecht – so kann ihnen jeder Leser mit Recht bemerken: das weiß ich ohnedies, das sagt mir mein Gefühl; du aber sollst mir mein Gefühl deutlich machen, und mir erklären, warum dieses gut, warum dieses schlecht sei.[33]

Vorausgesetzt ist die Mündigkeit des Publikums, vor dem die kritische Analyse nur verdeutlicht, was als Gefühlsmeinung bereits vorhanden war. Börnes idealer Kritiker gleicht dem Bulldozer: er schafft beiseite, was nicht haltbar ist. Am wenigsten ist er produktiv im Sinne der romantischen Dichtungstheorie. »Der Kritiker befördert so wenig die schöne Kunst, als der Scharfrichter die Tugend befördert. Beide schrecken nur von Vergehungen ab, beide bestrafen sie nur.«[34] So messen seine Theaterkritiken das deutsche Drama an der Möglichkeit seiner Realisierung genau so wie am Standard einer selbständigen nationalen Dramentradition. In einem Atemzuge nennt die Vorrede der *Dramaturgischen Blätter* die literarische und die politische Zielsetzung:

Aber am folgenden Tage kam immer etwas, das mich daran erinnerte: das Stück mußte schlecht gewesen sein, und da setzte ich mich hin und beurteilte es, und tadelte die Zeitung des Morgens im Komödienzettel des Abends, die Natur in der Kunst. Ich schlug den Sack und meinte den Esel.[35]

Und über das nationale Drama heißt es: »Die Gebrechen des deutschen Dramas aber zeugen von der Unnationalität der Deutschen, und das ist zum Verzweifeln, das ist keine bloße Komödie.«[36] Daß dieses Programm nicht auf kunstfeindliches Banausentum hinauslief, daß dieses ethisch-politische Engagement vielmehr die Grenzen geschichtsfeindlicher Kunstprogramme unterlief, hat jüngst Walter Hinderer einsichtsvoll dargelegt:

33 Ebda, S. 47.
34 Ebda, S. 65.
35 Ebda, S. 67.
36 Ebda.

Obwohl er selten als Theaterkritiker den ›Zeitschriftsteller‹ verleugnete, wußte er doch klug die sittliche Wirkung eines Stückes, die auf der Struktur eines Dramas beruht, von dem bloß sittlichen Zweck oder einer bloß sittlichen Absicht, unter die ein Dramatiker Handlung und Charaktere eines Stückes stellt, zu trennen.[37]

Börne hatte Grund, als kritischer Beobachter des literarischen Lebens, in dem, was das Publikum schätzt, womit es sich identifiziert, Tendenzen zu lesen, die in die reale Geschichte sich eindrücken. Insofern findet nicht eine Vermischung von ästhetischen und gesellschaftlichen Gesichtspunkten statt, sondern es wird extrapoliert, welche Möglichkeiten der Rezeption und Verarbeitung das Werk enthält. Es trifft weniger den Dramatiker Schiller, dem Börne seinen Respekt nicht versagt, als den Typus des Helden und seine bedenkliche Vorbildlichkeit, wenn Börne in dem Essay *Über den Charakter des Wilhelm Tell* an Schillers Drama die Syndrome deutscher Kleinbürgerlichkeit demonstriert[38]. In der Beschränktheit des dramatischen Helden malt sich die politische Borniertheit des Publikums: die Unfähigkeit, angemessen zu denken und zu handeln, die Unfähigkeit, mit anderen Worten, sich von Ideen und Begriffen zu emanzipieren, auf welche die dominierende Klasse ihre Herrschaft gründet. Börnes ästhetische Grundsätze, etwa seine Deutung der Nachahmungstheorie, gingen nicht über das hinaus, was dem 18. Jahrhundert vertraut war. Börnes Anforderungen an das Geschichtsdrama (anläßlich von Immermanns *Trauerspiel in Tirol*) formulieren noch einmal Lessings Einsichten in das Verhältnis von Geschichte und Drama:

Ein Drama aber muß ein ganzes, abgeschlossenes, lebendiges Wesen sein, das vor unsern Augen geboren wird und stirbt; das sein eignes Herz hat, seine

37 Ludwig Börne, Menzel der Franzosenfresser und andere Schriften. Hrsg. v. W. Hinderer. Frankfurt 1969, S. 16f.

38 »Tells Charakter ist die Untertänigkeit. Der Platz, den ihm die Natur, die bürgerliche Gesellschaft und der Zufall angewiesen, den füllt er aus und weiß ihn zu behaupten; das Ganze überblickt er nicht, und er bekümmert sich nicht darum . . . Es ist nicht der edle Trotz der Freiheit, dem schnöden Trotze der Gewalt entgegengesetzt: es ist nur Philisterstolz, der nicht Stich hält. Tell hat Ehre im Leibe, er hat aber auch Furcht im Leibe.« Vgl. Kritische Schriften, S. 108f.

eignen Glieder, das sich bewegt nach eigenem Gesetze, seinen eigenen Dunstkreis hat und die Welt nur berührt, sie als Nahrung zu erfassen.[39]

Dieses Urteil ließe sogar eine Deutung zu, die auf eine konsequente Trennung von Kunst und Leben hinausliefe und damit von Börnes Rezensionspraxis abwiche. Börnes Theaterkritiken sind nicht so sehr innovativ durch die Problematisierung überlieferter Theorie, sondern durch die Inanspruchnahme dieser Theorie für das literarisch-politische Gespräch zwischen Kritiker und Publikum. Börne will seine Leser einbeziehen, provozieren und zum Widerspruch aufrufen. Daher der knappe Stil, der »Hundetrapp«, wie ihn Heine boshaft charakterisierte.

Noch bevor sich zwischen den beiden Großen der Pariser Emigration eine unüberbrückbare Kluft aufgetan hatte, nahm Wienbarg in seiner Vorlesung an der Universität Kiel von 1833 eine behutsame, aber bemerkenswerte Abgrenzung von Heines und Börnes Schreibart vor:

Vergleichen Sie den Heineschen Stil mit dem Börneschen, so werden Sie die Absichtlichkeit der Heineschen Darstellung als etwas ihr Eigentümliches nicht verkennen. Heine bedenkt sich, wo Börne unbedenklich hinschreibt.[40]

Diesen »unbedenklichen« Stil hatte Wienbarg vorher folgendermaßen charakterisiert: »Jeder Satz ein abgeschlossener Gedanke, Schlag um Schlag eine neue Behauptung, Schritt vor Schritt ein Stück Weges zurückgelegt, Stoß um Stoß irgendeine träge Masse von Vorurteilen und Dummheiten verdrängt.«[41] Diese Gegenüberstellung von Kunst- und Natursprache, von Absichtlichkeit und Unbedenklichkeit, bliebe fragwürdig, wäre sich Wienbarg nicht zugleich der epochalen Gemeinsamkeiten bewußt. Dann nämlich ist die stilistische Differenzierung hilfreich für die Bestimmung der verschiedenen kritischen Intentionen. Der Stil darf als Signatur des kritischen Verfahrens verstanden werden. Heines Prosa entfaltet sich dialektisch; sie löst sich von der Gesinnung ihres Autors. Der Zugriff auf geschichtliche Wirklichkeit, der sich bei

39 Kritische Schriften, S. 163.
40 Ästhetische Feldzüge, S. 186.
41 Ebda.

Heine nicht weniger dringlich durchsetzt als bei Börne, instrumentalisiert die Sprache nicht, diese darf vielmehr unter der Obhut des kritischen Subjekts das Reale abtasten, immer wieder neu in Frage stellen, jede Position, auch diejenige des Autors, auflösen. In Heines Prosa verleugnet sich das Subjekt in keinem Augenblick zugunsten einer harmonisierenden objektiven Berichterstattung oder Darlegung, ohne doch je dogmatisch gegen die an Sprüngen und Rissen reichen Wirklichkeit einen beschränkten Standpunkt durchsetzen zu wollen. Indem das widersprüchliche Verhältnis des Subjekts zu eben dieser Realität in die Reflexion einbezogen wird, entzieht es sich der Fixierung, die Börnes größte Gefahr darstellt. Heines Stil scheut nicht die Gewaltsamkeit, wenn es um eine prägnante These geht, er schreckt vor Vereinfachungen und ungerechten Zuspitzungen nicht zurück – die *Romantische Schule* ist reich an Beispielen –, aber Heine läßt den Formulierungen die Spannkraft, durch die die bewußte Verzerrung den Ausblick auf die bessere Wahrheit freigibt.

Mit Recht hat neuerdings Albrecht Betz darauf bestanden, daß Heines Schriften der frühen dreißiger Jahre eine Einheit bilden, daß derselbe Ansatz vormals getrennte Prosagattungen wie fiktionales Schreiben, journalistischen Bericht und literaturkritischen Essay beherrscht. Seine Frage: »Was ermöglicht Heine die Aufhebung der vordem arbeitsteilig geschiedenen Ansätze wie Zeitungsbericht, wissenschaftliche Prosa und Roman?«[42] kennzeichnet prägnant das Problem der ›neuen‹ Kritik, denn diese kann sich gemäß ihrem eigenen methodologischen Anspruch, die Grenzen des Kunstschönen zu sprengen, auf traditionelle Darbietungsformen nicht mehr berufen. Verwendbar sind diese allenfalls in der Weise des parodierenden Zitats. Zu kurz greift die bloß inhaltliche Gegenüberstellung, welche an der *Romantischen Schule* den ideologischen Widerspruch gegen die Romantik nachweist. Dergleichen liegt auf der Hand und wäre überdies durch den Gegenbeweis einzuschränken, daß Heine die Romantik ›mißverstanden‹ habe. Als epochaler Wendepunkt in der Geschichte der Kritik erweist sich die *Romantische Schule* dadurch, daß sie die postulierte Modernität auch in der Schreibweise und in der Komposi-

42 A. Betz, Ästhetik und Politik. Heinrich Heines Prosa. München 1971, S. 50.

tion unter Beweis stellt. Wienbargs Feststellung, die neue Prosa – und dabei hat er vor allem Heine im Sinn – sei »vulgärer« geworden, gibt von den Veränderungen nur eine ungefähre und möglicherweise sogar mißverständliche Vorstellung, da sie Dekadenz suggeriert. Als hätte Heine artistisch geringere Forderungen an sich gestellt als die Goethezeit. Volle Bewußtheit im Umgang mit der Sprache ist indessen bei Heine vorauszusetzen. Die feuilletonistischen Effekte, d. h. Lockerung im Aufbau, anekdotische Auffüllung, verkürzte Argumentation, um nur einige Merkmale zu nennen, sind kalkuliert: sie sollen nicht nur den Gegenstand durch seine ›unangemessene‹ Behandlung entwerten, sondern zugleich die Tradition diskreditieren. Angesichts der gesellschaftlichen Umwälzungen, deren Zeuge Heine in Paris ist, erweist sich der Begriff einer autonomen literarischen Geschichte als unhaltbar. Heines aggressive Schreibart stellt ähnlich wie Börnes Stil, freilich auf einem höheren Reflexionsniveau, die idealistische Literaturkritik auf die Füße. Die journalistische Darstellung kennzeichnet auch in der *Form* die aktuellen Interessen der Gegenwart, die romantische Kritik im Namen des Kunstwerks zu unterschlagen versuchte.

Am wirkungsvollsten ist Heines entlarvende Kritik dort, wo sie unter dem Schein der wohlmeinenden Plauderei, den Leser ins Vertrauen zieht und ihm den Gegenstand nahebringt, freilich nur, um im plötzlichen Umschlag der Perspektive diesen Gegenstand kritisch zu vernichten. Die Behandlung August Wilhelm Schlegels ist das auffälligste Beispiel; sublimer ist die Würdigung Tiecks, in der das Pendel heftig hin und herschlägt. Von jeder persönlichen Einmischung frei ist die Darstellung Arnims, dessen männlicher Charakter unter wenig charakterfesten Literaten ausdrücklich in Schutz genommen wird. Der kritische Essay fingiert hier den Ton des persönlichen Berichts, der von diesem Autor wie von einem fremden Fabelwesen erzählt. Der Kontrast zur Realität des Alltags wird vergrößert durch den Vergleich mit dem in Frankreich bekannten und geschätzten E. T. A. Hoffmann.

Wenn Hoffmann seine Toten beschwört und sie aus den Gräbern hervorsteigen und ihn umtanzen: dann zittert er selber vor Entsetzen, und tanzt selbst in ihrer Mitte, und schneidet dabei die tollsten Affengrimassen. Wenn aber Arnim seine Toten beschwört, so ist es, als ob ein General-Heerschau halte, und er sitzt so ruhig auf seinem hohen Geisterschimmel, und läßt die entsetzlichen Scharen vor sich vorbeidefilieren, und sie sehen ängstlich nach ihm hinauf und scheinen sich vor ihm zu fürchten. Er nickt ihnen aber freundlich zu (3, 458).

Die fiktionale Veranschaulichung unterstreicht die These: romantische Dichtung ist dem Leben abgewandt. Angemessen geht der Autor in die Charaktere seiner Werke ein. Arnim und Hoffmann erscheinen im Lichte des nüchternen Tages nicht weniger gespenstisch als ihre fiktionalen Welten. Die Mächtigkeit des Bildes tritt hier an die Stelle des Arguments – ein Verfahren der Verkürzung, das Heine mit Meisterschaft zu handhaben weiß.

Die romantischen Kritiker haben literarische Vernichtungsfeldzüge geführt – Heine selbst weist anläßlich seiner literarischen Exekution von A. W. Schlegel darauf hin –, doch der strenge Begriff von Kritik scheidet in der Romantik Polemik aus. Für das Junge Deutschland hingegen sind Polemik und Satire wesentliche Bestandteile. Offenkundig ist ihre Funktion als Waffe im Kampf gegen zurückgebliebene und reaktionäre Kunstwerke und Autoren. Heine zum Beispiel liebt die Allegorese, die bewußte Parallelisierung von verschiedenen Bereichen. Um die Beziehung zwischen Goethe und den Brüdern Schlegel darzulegen, wird die griechische Mythologie bemüht:

Denn wie Voß dem starren einäugigen Odin glich, so glich Goethe dem großen Jupiter, in Denkweise und Gestalt. Jener, freilich, mußte mit Thors Hammer tüchtig zuschlagen; dieser brauchte nur das Haupt mit den ambrosischen Locken unwillig zu schütteln, und die Schlegel zitterten, und krochen davon (3, 389).

Der Abstand zwischen Goethe und den beiden Romantikern wird noch dadurch vergrößert, daß Goethe als Gott, die Brüder Schlegel jedoch in eigener Person erscheinen. Die Allegorie zielt offenkundig auf die Romantiker; verdeckt kritisiert sie indes auch Goethe. Denn die Vergöttlichung, die der Vergleich bewirkt, ist im Wert durchaus ambivalent. Sie hebt die Bedeutung des Dichters hervor, aber sie enthält auch den Vorwurf aristokratischer Gewaltherrschaft und Unterdrückung. In diesem spielerischen Verfahren bewährt sich die ironische Haltung Heines; sie läßt das Bedeutende an Goethe gelten, ohne die Schwächen zu verdecken. Wenn Ironie bei Heine im weitesten

Sinne ein »Grundmuster des menschlichen Lebens, der gesellschaftlichen Wirklichkeit, der geschichtlichen Welt« darstellt[43], dann dient sie, jenseits der unmittelbar polemischen Funktion, zur Markierung und Fixierung jener Bruchstellen und Wendemarken des geschichtlichen Prozesses, in denen Negatives und Positives zusammenwirken. Der Aufklärer Nicolai, Spottbild des Sturm und Drang und der Romantik, läßt sich nur durch die ironische Figur retten; desgleichen Johann Heinrich Voß, den Heines vormaliger Bundesgenosse Menzel angegriffen hatte:

Ja, wenn ich mir den Johann Heinrich Voß in seiner Polemik und in seinem ganzen Wesen betrachte, so ist mir als sähe ich den alten einäugigen Odin selbst, der seine Asenburg verlassen, um Schulmeister zu werden zu Otterndorf im Lande Hadeln, und der da den blonden Holsteinern die lateinischen Deklinationen und den christlichen Katechismus einstudiert, und der in seinen Nebenstunden die griechischen Dichter ins Deutsche übersetzt, und von Thor den Hammer borgt, um die Verse damit zurecht zu klopfen, und der endlich, des mühsamen Geschäftes überdrüssig, den armen Fritz Stolberg mit dem Hammer auf den Kopf schlägt (3, 384 f.).

Die offensichtliche Diskrepanz zwischen Form und Inhalt, zwischen sorgfältigem humanistischem Periodenbau und aggressiver Haltung der beschriebenen Person, zwischen Mythologie und kümmerlicher gesellschaftlicher Wirklichkeit: in diesen Kontrasten artikuliert sich die schmerzhafte Sympathie mit einem Schriftsteller, der in seinem Wert nicht erkannt wurde. Die Darstellung wägt ab zwischen progressiver Tendenz und altertümlicher, ja unbeholfener Form. Indem das kritische Subjekt sich ironisch über seinen Gegenstand erhebt, rettet es ihn vor dem Vergessenwerden. Man hat beobachtet, daß Heine in der *Romantischen Schule* positive Kontrastfiguren einführt. Damit rebelliert er gegen den Kanon des bürgerlichen Kunstpublikums. Heine setzt freilich den Verlierern keine heroischen Denkmäler, er entlarvt das Mißverständnis oder die böse Absicht, wodurch das ›Urteil der Geschichte‹ zu bedenklicher Würde gelangt:

43 W. Preisendanz, Ironie bei Heine. In: Ironie und Dichtung. Hrsg. v. A. Schaefer. München 1970, S. 93.

Diesen Geist begriff Herr Schlegel nicht; sonst würde er in dem Ungestüm, womit dieser Geist zuweilen aus den Bürgerschen Gedichten hervorbricht, keineswegs den rohen Schrei eines ungebildeten Magisters gehört haben, sondern vielmehr die gewaltigen Schmerzlaute eines Titanen, welchen eine Aristokratie von hannövrischen Junkern und Schulpedanten zu Tode quälten (3, 413).

Offenkundig verschärfte Heine in den *Französischen Malern* und der *Romantischen Schule* die politische Interpretation zur Ideologiekritik. Dies ist mittlerweile gesichertes Ergebnis der Heine-Forschung. Die These, die romantische Bewegung sei in Deutschland eine Rückwendung zum Mittelalter gewesen, impliziert ihre Denunzierung, denn das Mittelalter nimmt in Heines Geschichtsbild im wesentlichen eine negative Stelle ein. Am Ende des dritten Buches der *Romantischen Schule* kommt Heine folgerichtig auf die These und ihre politische Bedeutung zurück:

Die Schriftsteller, die in Deutschland das Mittelalter aus seinem Grabe hervorzogen, hatten andere Zwecke, die man aus diesen Blättern ersehen wird, und die Wirkung, die sie auf die große Menge ausüben konnten, gefährdete die Freiheit und das Glück meines Vaterlandes (3, 494).

Romantik und politische Reaktion werden hier auf einen Nenner gebracht. Es erübrigt sich, für dieses Leitmotiv in der *Romantischen Schule* weitere Belege zu suchen. Spricht man jedoch von Ideologiekritik, bleibt die Art der Vermittlung zu bedenken. Gewiß, Heine scheut nicht vor Vereinfachungen zurück, um den Gegner zu treffen; aber er verfährt nicht mechanisch. Der kritische Eingriff vertraut der subjektiven Kombination, so daß im Einzelnen das signifikante Moment erhellt. Heine gebraucht »seine Subjektivität als eine, die repräsentativ für seine Epoche zu stehen vermöge«[44]. Das historische Material sei es realgeschichtlicher oder literarischer Natur, wird durch die Sensibilität des Künstlers zusammengeschlossen. Seine Wahrheit und Aussagekraft ist niemals auf faktische Richtigkeit zu reduzieren, (insofern wirken die Daten in der *Romantischen Schule* wie parodistische Zitate aus Kompendien) sie wird durch die Stimmigkeit der Komposition gewährleistet. Dieses Verfahren enthält die Gefahr des Absturzes in

44 Betz, S. 37.

feuilletonistische Beliebigkeit. Der heftige Einspruch der Junghegelianer gegen die egoistische Willkür des Jungen Deutschland, gegen das pseudopolitische Engagement (ein Vorwurf, der auch vor Heine nicht haltmachte) fixiert lediglich den Punkt, wo die Spannkraft der Subjektivität in routinierte Produktion abglitt. Dann wird die politische Rhetorik eines Börne und Heine in der Tat zum marktgerechten Spiel.

Literaturkritik im Zeitalter der Massenkommunikation

Der Titel dieses Essays lädt zu einer kulturkritischen Betrachtung ein: die Einwirkung der auf ein niedriges intellektuelles Niveau berechneten Massenmedien auf die Kunstkritik, die Korruption einer intellektuellen Disziplin durch die Kommerzialisierung des kulturellen Lebens. Massenkommunikation und Literaturkritik, sonderlich, wo diese sich als Bemühung um avancierte Kunstwerke versteht, scheinen einander auszuschließen. Ich will diesen Weg nicht weiter verfolgen, weil er meines Erachtens in eine Sackgasse führt. Und zwar aus zwei Gründen: Einmal wird hier ein bestimmter Zustand der Literaturkritik, der professionellen wie der akademischen, als selbstverständlich vorausgesetzt, und es bleibt unbefragt, ob die uns vertraute Institution der Literaturkritik überhaupt zeitlose Gültigkeit beanspruchen darf. Zweitens wird von kulturkritischen Betrachtern dem Begriff der Massenkommunikation von vornherein ein negativer Wertakzent beigelegt. Massenkommunikation erscheint als ein fast sündhafter Zustand, in dem sich die Menschheit von ursprünglichen Formen der wechselseitigen Kommunikation entfernt hat. Diese Sicht ist von Literaturkritikern oft genug dargestellt worden, um die Schwierigkeit, ja Unmöglichkeit ihrer Aufgabe in der modernen Gesellschaft zu erläutern und die Absonderung vom breiten Publikum zu begründen; doch verdeckt sie das eigentliche Problem mehr, als daß sie es klärt[1].

In welchem Sinn lassen sich dann Massenkommunikation und Literaturkritik sinnvoll aufeinander beziehen? Ich möchte die Vermutung aussprechen, daß die Massenmedien nicht nur in einer allgemeinen und vagen Weise den Hintergrund für die zeitgenössische Literaturkritik darstellen, sondern die Produktionsbedingungen des Kritikers unmit-

1 Die Litaraturkritiker haben sich den Weg zum Verständnis ihrer gegenwärtigen Lage oft verstellt, indem sie die Kommunikationsverhältnisse in der modernen Industriegesellschaft als schlechthin negativ hingestellt haben. Dies gilt zum Teil auch noch für die Neue Linke, wenn sie Massenkommunikation und Manipulation gleichsetzt. Vgl. die kritischen Anmerkungen bei H. M. Enzensberger, Baukasten zu einer Theorie der Medien. In: Kursbuch, (1970) 20, S. 159–186, besonders S. 163 ff.

telbar und mittelbar determinieren. Das gilt für den professionellen wie den akademischen Kritiker gleichermaßen. Freilich ist der professionelle Kritiker, der von seinen Veröffentlichungen leben muß und auf den literarischen Markt angewiesen ist, davon unmittelbar betroffen, während der akademische Kritiker sich mit seinen Arbeiten im allgemeinen an ein spezialisiertes Fachpublikum wendet und an dem Echo der öffentlichen Meinung in der Regel nicht mehr interessiert ist. Er setzt bereits voraus, daß seine Untersuchungen literarischer Texte sprachlich wie inhaltlich dem breiten Publikum ebenso unzugänglich sind wie die Forschungen des Ökonomen oder des Chemikers. Vom professionellen Kritiker indessen wird noch erwartet, daß er die Öffentlichkeit – was immer man darunter versteht – über die rezente literarische Produktion zu informieren hat. Freilich hat sich herumgesprochen, daß die Kommunikation zwischen der zünftigen Kritik und dem breiten Lesepublikum nicht mehr recht funktioniert. Schon 1932 klagte Q. D. Leavis darüber, daß ernsthafte, avantgardistische Literatur und Literaturkritik nur noch von einer Minorität rezipiert werde. Ähnliche Argumente hörte man aus Deutschland und Frankreich. Horkheimer und Adorno, die Führer der Frankfurter Schule, bestanden darauf, daß moderne Kunst und Massenverbreitung einander ausschlössen. Den Massen wurde die Fähigkeit, an avancierten Kunstwerken teilzuhaben, abgesprochen[2]. Folglich konnte es auch nicht mehr Aufgabe der Kunstkritik sein, das breite Publikum über die Entwicklung der Literatur zu informieren. Nicht anders verhält sich Roland Barthes, der führende Vertreter der »Nouvelle Critique« in Paris, wenn er die Perspektive des normalen Lesers und die des Kritikers ausdrücklich unterscheidet und davon spricht, daß der Kritiker niemals der Exponent des durchschnittlichen Lesers sein könne und dürfe[3]. Für Samuel Johnson und Lessing wäre diese Behauptung unverständlich gewesen, denn beide erblickten ihre Aufgabe nicht zuletzt darin, den Geschmack des Lesepublikums zu klären.

Die Aporie des zeitgenössischen Berufskritikers läßt sich auf folgende Weise beschreiben: Ihm ist in einem hochentwickelten, arbeitsteili-

2 M. Horkheimer und Theodor Adorno, Dialektik der Aufklärung. Frankfurt ²1969, S. 169f.

3 R. Barthes, Kritik und Wahrheit. Frankfurt 1967, S. 88.

gen Gesellschaftssystem die Aufgabe zugewiesen, literarische Texte zu entziffern und sie einem weiteren Leserkreis verständlich zu machen. Seine Arbeit steht daher unter einer doppelten und für ihn widersprüchlichen Anforderung: Die Information soll einerseits sachgerecht sein, d. h. der Komplexität des untersuchten literarischen Werks angemessen sein, auf der anderen Seite soll die Mitteilung allgemein rezipierbar sein, so daß auch der weniger gut informierte Leser sie verstehen kann. Diesem zweifachen Auftrag fühlt sich der Kritiker nicht gewachsen und lehnt ihn daher als Zumutung ab. Entweder benutzt er die spezielle Terminologie seiner Disziplin, dann verstehen ihn nur noch seine Kollegen und eine Minorität der literarischen Interessierten, oder er berücksichtigt die Rezeptionsfähigkeit des breiten Publikums, dann macht er sich gegenüber der komplexen Struktur eines literarischen Textes der Simplifikation schuldig. So beruft sich Reich-Ranicki auf die zwei Seelen, die auch in der Brust des Kritikers wohnen: »Die eine ruft ihm zu: Sprich nur von den entscheidenden Aspekten der Phänomene. Die andere warnt: Du verschweigst die Feinheiten, du vergröberst. . . . Die eine Stimme fordert: Vereinfache, um zu klären, scheue weder polemische Zuspitzungen noch aphoristische Formeln. Die andere stellt resigniert fest: Es ist doch alles viel komplizierter, keine Formel kann dem Wesen literarischer Probleme und Kunstwerke gerecht werden.«[4]

Dieser subjektive Zwiespalt hat ein objektives Fundament. Literaturkritik ist dort, wo sie mit dem Anspruch eines öffentlichen Urteils auftritt, bis heute an ein Kommunikationsmuster gebunden, das sich in der gegenwärtigen Gesellschaft nicht mehr verwirklichen läßt. Professionelle Literaturkritiker haben sich wiederholt beklagt, daß die Menge der jährlich produzierten Bücher – in Westdeutschland handelte es sich 1968 um 4478 neue Titel auf dem Gebiet der schönen Literatur –, die Organisation des literarischen Marktes und die Struktur der Massenmedien, auf die sie angewiesen sind, fast Unmögliches von ihnen fordern, aber sie nehmen diese Arbeitsbedingungen als naturgegeben und daher unveränderlich hin. Obwohl sie die Beschränkung ihrer Freiheit täglich erfahren, halten sie theoretisch ihre Unabhängigkeit gegenüber den Medien für gegeben. Obgleich sie natürlich wissen, daß

4 Literarisches Leben in Deutschland. München 1965, S. 286.

der Büchermarkt ein Warenmarkt ist, bestehen sie auf der Autonomie des Kunstwerks und der ihm gewidmeten kritischen Analyse. Außerliterarischen Faktoren wird im Prinzip kein Einfluß zugestanden, und wo sie empirisch nachweisbar sind, werden sie als Verfallserscheinungen gebrandmarkt. Infolgedessen treten in den Regeln der Kritik weder die Leser noch die Medien in Erscheinung. Dem den literarischen Kommunikationsraum umgebenden sozialen wie ökonomischen System wird der Charakter von neutralen Bedingungen zugeschrieben, die für den Ablauf des Kommunikationsprozesses unabdingbar sind, jedoch auf die Form der Kritik keinen Einfluß haben. Es wird stillschweigend vorausgesetzt, daß die sozialen Apparate von Presse, Rundfunk und Fernsehen ihre Kommunikationskanäle den Kommunikanten ohne weiteres zur Verfügung stellen. Und stillschweigend wird angenommen, daß die Rezensionen, so wie sie von Spezialisten geschrieben werden, ein interessiertes Lesepublikum finden. Kurz, die Kritiker gehen bei ihrer Arbeit davon aus, daß es eine funktionierende literarische Öffentlichkeit gibt, in der Schriftsteller, Kritiker und Publikum gleichmäßig und gleichinteressiert zusammenwirken. So fest ist der Glaube an diese autonome literarische Öffentlichkeit, daß widersprechende Erfahrungen als Störungen abgewiesen werden. Die Diskrepanz zwischen dem Arbeitsmodell der Kritik und der gesellschaftlichen Realität hat eine lange Vorgeschichte. Nur wenige Generationen, nachdem das Modell aufgestellt worden war, erwies sich angesichts gesellschaftlicher Veränderungen bereits seine Fragwürdigkeit. So wurden sehr bald Gegenmodelle entwickelt, doch vermochten diese nicht, das Grundmodell gänzlich außer Kurs zu setzen.

Die Geschichte der Literaturkritik ist kürzer, als man gemeinhin annimmt. Zu einer festen Institution wurde sie erst im Zeitalter der Aufklärung. In dieser Epoche bildete sich auch das Kommunikationsmodell heraus, auf das sich die professionellen Kritiker auch heute noch berufen, wenn sie für sich ein öffentliches Amt in Anspruch nehmen. Zwischen staatlichem und privatem Bereich, zwischen Untertan und Regierung konstituierte sich öffentliche Meinung[5]. In ihr artikulierten sich die moralischen und politischen Emanzipationsfor-

5 Vgl. J. Habermas, Strukturwandel der Öffentlichkeit. Neuwied/Berlin ²1965.

derungen der aufstrebenden Bourgeoisie. Die öffentliche Meinung wurde gegen den Absolutismus ins Feld geführt, der das Räsonnement über politische Entscheidungen dem Souverän und seinen Beratern vorbehalten wissen wollte. Daher wurde die Freiheit der Meinungsäußerung, der Kampf gegen die Zensur zur Kernfrage für die liberale Öffentlichkeit[6]. Beschneidung von Information und Unterdrückung von nichtkonformen Meinungen widersprachen der Idee dieser Öffentlichkeit, die gesellschaftliche und politische Privilegien negierte und postulierte, daß jeder Bürger mündig sei und sich an der Diskussion beteiligen könne.

Das Kommunikationsmodell dieser liberalen Öffentlichkeit nimmt an, (1) daß jeder an der Diskussion teilnehmen kann ohne Rücksicht auf seine soziale Stellung, (2) daß es keinen prinzipiellen Unterschied zwischen den Kommunikanten als Kommunikanten gibt, (3) daß die Rollen zwischen Sender und Empfänger nicht festgelegt sind, sondern austauschbar bleiben, so daß der Strom der Information nicht nur in eine Richtung fließt, sondern immer eine wechselseitige Kommunikation besteht, (4) daß die Medien allen zugänglich sind und nicht durch eine Instanz außerhalb der Öffentlichkeit kontrolliert werden. Den letzten Punkt hob Jefferson hervor, als er an Carrington schrieb: »The basis of governments being the opinions of the people, the first object should be to keep that right; and were it left to me to decide whether we should have a government without newspapers, or newspapers without a government, I should not hesitate a moment to prefer the latter.«[7] Dieses liberale Kommunikationsmodell wurde zur Grundlage der Institution Literaturkritik, und zwar nicht bloß aus technischen Gründen, sondern gemäß dem inneren Zusammenhang von politischer und literarischer Öffentlichkeit. Jürgen Habermas hat in seiner Untersuchung über den Strukturwandel der Öffentlichkeit dargelegt, daß die literarische Diskussion im 18. Jahrhundert die politische vorbereitete[8]. Es handelt sich um die Umfunktionierung des literarischen Gesprächs, in der die durch die Literatur vermittelte Selbsterkenntnis sich in

6 Vgl. F. Schneider, Pressefreiheit und politische Öffentlichkeit. Neuwied/Berlin 1966, bes. Kap. 3.

7 Zitiert nach Peterson, Jensen und Rivers, The Mass Media and Modern Society. New York 1966, S. 95.

8 Strukturwandel der Öffentlichkeit, S. 63–68.

politisches Bewußtsein umsetzt. Das literarische Publikum stellte die Institutionen wie Salon, Kaffeehaus und Tischgesellschaften zur Verfügung, die sich als Plattform des politischen Räsonnements gebrauchen ließen.

Aus dem liberalen Kommunikationsmodell ergeben sich für die Rolle und Funktion des Kritikers Konsequenzen, die bis in die Gegenwart bedeutungsvoll geblieben sind. Die Vorstellung, daß Literaturkritik überhaupt notwendig sei, daß literarische Produktion regelmäßig der Kritik zu unterwerfen sei, ist von der Idee des öffentlichen Räsonnements nicht zu trennen. Zwar ist der Kritiker Privatperson, aber ihm ist ein öffentliches Amt übertragen, in welchem er nicht mehr partikularen gesellschaftlichen Gruppen, sondern der Allgemeinheit verantwortlich ist. Dies bedeutet nicht Willkür des Urteils. Die Freiheit des Kritikers wird reguliert durch allgemeinverbindliche Normen, die sich im Prozeß der öffentlichen literarischen Kommunikation artikulieren. Mit anderen Worten: Literaturkritik bleibt bezogen auf das allgemeine Publikum; sie ist ein Dialog, in dem der Kritiker nicht von den Erwartungen und Meinungen des Publikums absehen kann, auch wenn ihm als dem Experten die führende Rolle zufällt. Im Prinzip ist er privater Leser unter Lesern, indessen mit der Aufgabe betraut, die öffentliche Meinung in literarischen Fragen zu führen. Daß das Publikum, zu dem der Kritiker spricht, von gleicher Art ist wie er, so daß es Verständigungsschwierigkeiten nicht gibt, ist stillschweigend vorausgesetzt. Theoretisch kann jeder Leser in die Rolle des Kritikers eintreten, also aus einem Empfänger zu einem Sender werden.

Offenkundig steht die moderne Buchkritik noch heute unter dem Einfluß dieses Modells. Nur die Annahme eines öffentlichen Interesses macht verständlich, daß Zeitungen und Zeitschriften, die sich an ein allgemeines Publikum wenden, die Meinungen von Privatleuten über literarische Texte abdrucken. Freilich ist nicht zu übersehen, daß das System nicht mehr recht funktioniert. Das liberale Kommunikationsmodell ist eine Fiktion geworden.

Die Krise ist älteren Datums. Bereits 1791 stellte Schiller fest, daß der Kritiker mit einem signifikanten Abstand zwischen der kulturellen Elite und der breiten Menge zu rechnen habe[9]. Er zog daraus die Folgerung, daß ästhetische Kritik, wo sie es mit hoher Literatur zu tun habe, sich auf den Beifall der Leser keinesfalls berufen dürfe. Das Geschmacksurteil der Allgemeinheit ist für den Kritiker nicht ohne Belang, es dient als Index für die Popularität eines Werks, aber es ist Schiller zufolge nicht geeignet zur Legitimierung eines kritischen Urteils. Allgemeine Rezeption und Kritik fallen auseinander; der Kritiker sieht sich nicht mehr unter den Lesern, als deren öffentlicher Sprecher, sondern als Anwalt der Kunst, die gegen die negativen Effekte einer arbeitsteiligen Gesellschaft bereits in Schutz genommen werden muß. Eine rein ästhetische Wirkung hält Schiller nur dort für möglich, wo der Zwang der Arbeit aufgehoben ist. Folglich läuft es dann auch auf den Gedanken einer kleinen Elite hinaus, die sich, frei vom gesellschaftlichen Druck, mit Kunstwerken beschäftigen kann. Bei Schiller ist in Ansätzen zu erkennen, was von den Romantikern dann konsequent vollzogen wurde: die Eliminierung des Publikums aus der Literaturkritik. Diese Aussage ist freilich zu qualifizieren, wenn sie nicht mißverständlich sein soll. Nicht angetastet wurden von der Romantik die im 18. Jahrhundert gewachsenen literarischen Institutionen. Kritiken und theoretische Abhandlungen wurden weiterhin für die Öffentlichkeit geschrieben, waren also der Idee nach jedermann zugänglich. Die Form der Mitteilung fügte sich dem liberalen Kommunikationsmuster, nicht dagegen Struktur und Inhalt der Aussage. Der strenge Begriff einer immanenten Kritik sieht das Publikum als einen notwendigen Bestandteil des ästhetischen Urteils nicht mehr vor[10]. Der Kritiker nimmt der romantischen Theorie zufolge keine Rücksicht auf die soziale Wirkung des Kunstwerks. Das kritische Urteil ist zwar der Theorie bedürftig, doch diese Theorie ist gegenüber dem Geschmack des Publikums autonom gedacht[11]. Noch innerhalb

9 Vgl. seine Rezension über Bürgers Gedichte. In: Meisterwerke deutscher Literaturkritik, Bd. 1. Hrsg. von Hans Mayer. Berlin 1954, S. 446.

10 In der Vorrede zu seinen Kritischen Schriften von 1828 verdeutlichte A. W. Schlegel den Unterschied zwischen literarischer Tageskritik und philosophisch-historischer, d. h. hermeneutischer Kritik. Während die erstere Ausdruck der »gemeinsamen Empfindungen« ist, also auf den Leser rekurriert und die Übereinstimmung sucht, gilt die hermeneutische Kritik der schwierigen Aufgabe, das Meisterwerk zu charakterisieren. Hierzu ist das Bündnis mit der Geschichte und der Philosophie unvermeidbar. Vgl. Schriften, Bd. 1. Hrsg. von E. Lohner, S. 16.

11 Der Begriff des allgemeinen Geschmacks, den A. W. Schlegel als »freie

der Epoche liberaler Öffentlichkeit bildete sich also in der Literaturkritik eine Methode heraus, welche die Prämissen des liberalen Kommunikationsmodells verneinte. Der in der Romantik zum ersten Mal voll ausgeprägte Typus der hermeneutischen Kritik verläßt sich zwar auf die liberale Öffentlichkeit, wo es sich darum handelt, die Freiheit der Kritik zu stipulieren, verkürzt sie jedoch in entscheidender Weise. Als seine Aufgabe versteht der Kritiker, den literarischen Text gemäß den Regeln der Hermeneutik zu entschlüsseln, die Mitteilung dieser Dekodierung an das allgemeine Publikum ist von sekundärer Bedeutung[12]. Folglich entsteht vom Rezipienten kein scharf strukturiertes Bild mehr. Nicht ohne Grund machten die jungen Liberalen der Juni-Revolution von 1830 in Deutschland den Romantikern zum Vorwurf, sich vom Publikum zurückgezogen zu haben, so daß Literatur und Kritik zur Sache einer kleinen kulturellen Elite wurden.

Der liberale Kritiker versteht sich als Informant der Öffentlichkeit und zugleich als ihr wohlmeinender Erzieher. Er rechnet mit einem Publikum von weniger informierten aber mündigen Lesern. Umgekehrt erblickt das Publikum im Kritiker seine Experten und Sprecher. Auf beiden Seiten besteht kein Grund, die Relevanz der Literaturkritik zu bezweifeln, denn diese ist ein wichtiges Instrument, um die kulturelle Kohärenz der Gesellschaft herzustellen und zu bewahren. Mag die kritische Analyse sich auch ins technische Detail vertiefen, sie hat einen selbstverständlichen Bezug auf die soziale Praxis: sie ermöglicht die Selbstverständigung der kulturellen Gemeinschaft. Der romantische Kritiker dagegen sieht sich im Dienst einer nach Auslegung verlangenden Literatur. Aus dem universalen Anspruch der Dichtung, Wahrheit in einer höheren Form zu vermitteln als Wissenschaft, leitet sich das Amt des Kritikers ab. Von dorther ergeben sich Maßstäbe, die

Übereinstimmung in Sachen des Schönen und der Kunst, welche auf Ähnlichkeit der Anlagen und ihrer Ausbildung durch Erziehung, Sitten ... beruht«, bestimmt, wird durch das individuelle reflektierte Verstehen ersetzt. Kritik ist für Schlegel nicht Anwendung des allgemeinen Geschmacks, sondern Reflexion auf die Bedingung seiner Möglichkeit. Vgl. Schriften, Bd. 2, S. 34.

12 Bezeichnenderweise forderte Friedrich Schleiermacher, der Begründer der modernen Hermeneutik und Freund Friedrich Schlegels, vom interpretierenden Kritiker, er müsse sich »selbst gleichsam in den anderen [d. h. den Autor, P.U.H.] verwandeln«. Zitiert nach H. G. Gadamer, Wahrheit und Methode. Tübingen [2]1965, S. 177.

dem allgemeinen Publikum nicht mehr notwendig zugänglich sein müssen. Pointiert formuliert: Die Massen sind abzuschreiben; ihre Leseinteressen haben auf ernsthafte Literaturkritik keinen Einfluß mehr. Der Unterschied zwischen Elite- und Massenkultur deutete sich in der Epoche der Romantik erst an; zwei Generationen später, im Symbolismus, ist die soziale wie ästhetische Distanz zu einer irreversiblen Selbstverständlichkeit geworden. Als Mitglied der literarischen Intelligenz hat sich der Kritiker aus der Sphäre der öffentlichen Meinung zurückgezogen. In feindlicher Abwehr verharrt er gegen die industrialisierte Massengesellschaft und ist von Mißtrauen erfüllt gegen die neuen Massenmedien, die aus ihm fremden Bedürfnissen erwachsen sind.

Erneut stehen wir also vor der Frage: Wie verhalten sich Literaturkritik und Massenkommunikation zueinander? Wenn die These richtig ist, daß Literaturkritik seit dem 18. Jahrhundert das liberale Kommunikationsmodell zur Voraussetzung hat, wäre zu prüfen, wieweit seine Postulate im Zeitalter der Massenkommunikation zu verwirklichen sind. Das liberale Kommunikationsmodell wurde entworfen in einer vorindustriellen und nicht-egalitären Gesellschaft. Vor der industriellen Revolution sind die technischen Mittel zur massenhaften Verbreitung von Information beschränkt. Nur das Buch und Vorformen der modernen Presse stehen zur Verfügung. Das aber bedeutet: Vorwiegend spielt sich Kommunikation noch in primären Gruppen ab. Direkte Kommunikation ist die Regel, indirekte die Ausnahme. An dieser direkten Kommunikation, die die Möglichkeit der Reziprozität natürlich enthält, orientiert sich auch die Literaturkritik. Noch bevor sich die Kritik in Literaturzeitschriften institutionalisierte, hatte sich die literarische Öffentlichkeit in aristokratischen Salons, in Kaffeehäusern, Lesegesellschaften, und vor allem in der Familie konstituiert. Ich glaube, man geht nicht fehl in der Annahme, daß der Literaturkritiker des 18., ja noch des 19. Jahrhunderts sein Publikum aus direkten Gesprächen kennt. Die modernen Massenmedien erlauben zwar, den Kreis der Rezipienten beliebig zu erweitern, doch besteht für den Kommunikator keine Möglichkeit, unmittelbar zu überprüfen, an wen er sich wendet und wie der Empfänger die Information aufnimmt. Der Kritiker ist also wie jeder andere Kommunikator darauf angewiesen, sich vom Kreis der Rezipienten aufgrund von statistischen Erhebungen oder aus seiner Phantasie ein Bild zu machen. Diese Verunsicherung des Kommunikators, die sich aus der Struktur der Medien ergibt, wir noch verstärkt durch einen sozialen Faktor. Das klassische liberale Kommunikationsmuster postulierte die Zugänglichkeit von Information für jedermann, faktisch jedoch blieb bis ins 19. Jahrhundert hinein das literarische Publikum auf die oberen Gesellschaftsschichten beschränkt, denen in der Regel auch der Kritiker entstammte. Ungeachtet der ideologischen Differenzen zwischen der Intelligenz und dem Bürgertum handelte es sich um eine relativ homogene Schicht. Dies erleichterte die Verständigung über literarische Fragen. Viele Kritiker operieren noch heute so, als gäbe es einen wohldefinierten, geschlossenen ästhetischen Kommunikationsraum, obwohl die Wirklichkeit anders beschaffen ist. Statt der *einen* literarischen Öffentlichkeit, mit der das liberale Modell rechnete, gibt es heute eine Mehrzahl, die nur noch in sehr lockerer Verbindung miteinander stehen. Ich erwähne Bekanntes, wenn ich daran erinnere, daß der Arbeiter andere Leseinteressen hat als die obere Mittelklasse, daß jemand mit einem akademischen Grad andere Bücher liest als jemand, dessen Schulbildung mit der Volksschule abschloß, und daß es einen Unterschied macht, ob es sich um das Lesepublikum der Hauptstadt oder der Provinz handelt. Betrachtet man Literatur nicht nach der Weise der Philologen als die Gesamtheit von Texten mit bestimmten ästhetischen und poetologischen Merkmalen, sondern als ein spezielles Kommunikationssystem, ist es nicht mehr sinnvoll, von *einer* Literatur zu sprechen. Es haben sich eine Mehrzahl von literarischen Kommunikationsräumen herausgebildet, die nicht nur ihren eigenen Rezipientenkreis haben, sondern gleichfalls ihre besonderen Produzenten und Vermittler[13]. In der modernen Gesellschaft haben sich in zunehmender Weise literarische Subsysteme mit besonderen Kommunikatoren, spezialisierten Medien,

13 Als Beispiel sei der serielle Unterhaltungsroman genannt. Bestimmte Medien wie zum Beispiel Illustrierte spezialisieren sich auf die Verbreitung bestimmter literarischer Formen und Inhalte. Die Steuerung dieser literarischen Kommunikation beschränkt sich nicht auf den Verteilungsprozeß. Sie erstreckt sich auch auf die Produktion. Umfang und Inhalt der Romane werden mit Rücksicht auf die genau kalkulierten Interessen der Leser geplant. Der Schriftsteller leistet hier Auftragsarbeit. Vgl. W. Nutz, Der Trivialroman. Reinbek 1962.

besonderen Vermittlern und einem speziellen Leserkreis gebildet. Die Tatsache ist auch den Kritikern bekannt, doch haben sie im allgemeinen keine Folgerungen daraus gezogen für die eigene Tätigkeit. Wenigstens ist dies in Deutschland der Fall, wo empirische Erhebungen der Kommunikationsforschung gezeigt haben, daß die professionellen Kritiker von Ansehen sich ungern mit Unterhaltungsliteratur beschäftigen, weil sie ihnen unter literarisch-ästhetischen Gesichtspunkten weniger interessant erscheint[14]. Wenn Unterhaltungsliteratur überhaupt beachtet wird, dann nur von der Lokalpresse, die mit einem literarisch weniger vorgebildeten Publikum rechnet. Die institutionalisierte Literaturkritik paßt sich also dem vorgefundenen Kulturmuster mit seiner Polarisierung von Elite- und Massenkultur an.

Genauer sollten wir von einer kulturellen Differenzierung sprechen, die durch die industrielle Revolution wenn nicht eingeleitet so doch beschleunigt wurde und im 20. Jahrhundert durch die Kulturindustrie der Organisationen, Verbände, Akademien, und vor allem durch die Massenmedien verfestigt wurde. Durch diesen institutionalisierten Differenzierungsprozeß wurde die Chance des Kritikers, mit dem Lesepublikum in allen seinen Schichten in Kontakt zu kommen, vermindert. Die gegenwärtige Lage ließe sich folgendermaßen zusammenfassen: Die Literaturkritik hat die Funktion, die ihr das liberale Kommunikationsmodell zuwies, verloren, einmal weil ihr ein homogenes Publikum als Partner fehlt, zum zweiten weil die Massenmedien trotz ihrer Omnipräsenz in ihrer gegenwärtigen Struktur dem Kritiker nicht die Gelegenheit geben, die Allgemeinheit zu erreichen, und drittens weil die Kritiker sich überwiegend noch nicht auf die Bedingungen der Massenkommunikation eingestellt haben. Die drei genannten Punkte sind natürlich als interdependente Faktoren zu begreifen. Die Struktur der Massenmedien spiegelt die kulturelle Parzellierung und trägt andererseits zu ihrer Stabilisierung bei. Und die Diskrepanz zwischen der modernen Kommunikationssituation und den Aufgaben, die sich die Literaturkritiker stellen, ist begründet in der Polarisierung von Elite- und Massenkultur.

Diese Hypothese ist zu entfalten. Fragen wir zunächst, mit welchen

14 Vgl. Peter Glotz, Buchkritik in deutschen Zeitungen. Hamburg 1968, S. 104ff.

objektiven Bedingungen der Kritiker zu rechnen hat, wenn er die Massenmedien benutzt. Massenkommunikation ist von Freidson auf folgende Weise definiert worden: »A mass communication may be distinguished from other kinds of communication by the fact that it is addressed to a large cross-section of a population rather than to only one or few individuals or a special part of the population. It also makes the implicit assumption of some technical means of transmitting the communication in order that the communication may reach at the same time all the people forming the cross-section of the population.«[15] Einige Merkmale dieser Definition möchte ich besonders hervorheben. Massenkommunikation ist öffentlich, denn sie wendet sich gemäß ihrer technischen Möglichkeiten und ihrer sozialen Funktion an das allgemeine Publikum, selbst dann, wenn sie in bestimmten Darbietungen primär eine besondere Gruppe der Bevölkerung ansprechen will. Unterscheidet man zwischen direkter und indirekter Kommunikation, so fällt Massenkommunikation ausschließlich unter die Kategorie der indirekten Kommunikation, denn zwischen Kommunikator und Rezipient ist ein technischer Apparat geschaltet, der die Übertragung der Botschaft übernimmt. Ein weiteres wichtiges Merkmal scheint mir in Freidsons Definition zu fehlen. Der technische Apparat der Massenmedien ist fast ausnahmslos darauf eingestellt, daß die Rollen von Sendern und Empfängern eindeutig festgelegt sind. Mit anderen Worten, der Kommunikationprozeß ist einwegig konzipiert. Die Antwort der Leser, Hörer und Seher ist zwar nicht absolut ausgeschlossen, doch bleibt sie sehr beschränkt. Sie wird in besondere Sektionen des Programms abgedrängt, wodurch sie als Äußerungen privater Rezipienten sofort kenntlich gemacht wird. Die Kommunikationsfachleute wissen, daß diese Äußerungen nicht repräsentativ für die Meinung des Publikums sind, da in der Regel nur die positiven und negativen Extreme zum Ausdruck gelangen, und behandeln sie daher häufig als Kuriositäten. Ich will nicht behaupten, daß diese Einwegigkeit der Kommunikation in der Natur der Sache liegt. Eine andere Verwendung der technischen Apparaturen ließe sich sehr wohl vor-

15 E. Freidson, Communications Research and the Concept of the Mass. In: W. Schramen (Hrsg.) The Process and Effects of Mass Communication. Urbana 1955, S. 381.

stellen. Der Mangel an Reziprozität wäre folglich auf besondere soziokulturelle Bedingungen zurückzuführen. Dagegen ist deutlich, daß dieses Muster, wenn es einmal eingeschliffen ist, das Verhältnis der Kommunikatoren zueinander wie auch zum Medium determiniert, so daß es subjektiv als Sachzwang erfahren wird. Sowohl der Kommunikationsplan des Senders wie auch die Aufnahmeerwartung des Rezipienten werden sich auf die Gegebenheiten einstellen. Das Übergewicht des Senders wird noch durch einen weiteren Faktor verstärkt: Mit Ausnahme der Zeitungskommunikation, die dem Leser erlaubt, die empfangene Zeitungskopie aufzubewahren und den Informationsinhalt mehrfach zu studieren und zu prüfen, ist der Rezipient, beispielsweise des Fernsehens oder des Radios, wenn er nicht eine kostspielige Apparatur einsetzt, nicht in der Lage, die Information zu speichern. Der Sender und die das Medium tragende Institution sind gegenüber dem Publikum im Vorteil: Sie können Inhalt und Form der Botschaft sorgfältig vorbereiten und den Zeitpunkt der Emission bestimmen, während das Publikum auf einmaligen Empfang angewiesen ist.

Die Kommunikationsforschung hat versucht, den Kommunikationsprozeß in grundlegende Faktoren aufzulösen. Laswells nicht von allen Forschern akzeptierte, aber für meine Zwecke genügende Formulierung unterscheidet fünf Aspekte. Er fragt: »Who says what in which channel to whom with what effect?«[16] Er differenziert also Sender, Medium, Aussage, Rezipient und Wirkung. Im Rahmen dieses funktionalen Modells interessieren uns besonders drei interdependente Relationen: (1) Sender und Medium, (2) Sender und Rezipient, (3) Aussage und Medium. Anders ausgedrückt: Wie beeinflussen sich Medium und Kritiker? In welchem Verhältnis stehen Kritiker und Publikum? In welcher Weise werden Form und Inhalt der Literaturkritik durch das Medium bedingt?

Die erste Frage ist mehrdeutig. Sie kann sich beziehen auf die technische Struktur des Mediums oder auf die soziale Organisation, die das Medium besitzt oder kontrolliert. In der empirischen Untersuchung jedoch sind beide Aspekte schwer zu trennen. Die Selektion der Information zum Beispiel hängt von der Natur des Mediums ebenso

16 H. D. Laswell, The Structure and Function of Communication in Society. In: L. Bryson (Hrsg.), The Communication of Ideas. New York 1948, S. 37.

ab wie von den Absichten der kontrollierenden Instanzen. So ist einmal im Vergleich der verschiedenen Medien ein deutlicher Unterschied festzustellen: Die Presse berücksichtigt Literatur und Literaturkritik in größerem Maße als Rundfunk und Fernsehen. Unterschiede innerhalb eines Mediums, wo die technischen Bedingungen also als konstant zu betrachten sind, zeigen die Bedeutung von soziokulturellen Faktoren. In der Lokalpresse ist die Rolle der Literaturkritik in der Regel marginal. Buchbesprechungen dienen häufig als Lückenbüßer, denn die Redakteure setzen bei ihren Lesern ein besonderes Interesse an ernsthafter Literaturkritik nicht voraus[17]. Außerdem verfügen die kleinen Redaktionen meistens nicht über genügend Experten, um regelmäßig Buchbesprechungen zu bieten. Ob Buchbesprechungen überhaupt erscheinen, hängt also von der ökonomischen Situation, dem Verteilungsapparat und der Einstellung der Chefredakteure ab. Bei überregionalen Prestigezeitungen ist die Lage wesentlich günstiger, doch auch hier wird das Angebot an Kritik durch generelle Vorentscheidungen der Redaktion über die Distribution der Information stark eingeschränkt. Der Kulturteil einer führenden deutschen Zeitung beträgt etwa 8–10 % des Gesamtumfangs, davon entfallen wiederum nur ungefähr 10 % auf die Literatur. Nicht ohne Grund beklagen sich also die Literaturkritiker, daß sie nicht genügend Raum haben, um selbst die wichtigsten Bücher gründlich besprechen zu können. Für die Analyse ist kein Platz, das Urteil muß häufig ohne hinreichende Begründung präsentiert werden. Ein Verfahren, das den ohnehin benachteiligten Leser zwingt, sich mehr an das Prestige des Kritikers als an die Logik der Aussage zu halten. Die geforderte Knappheit erlaubt nicht, die kritische Methode selbst deutlich zu machen. Folglich beruht die Wirkung eher auf Suggestion als auf rationaler Argumentation.

Fassen wir die Zeitung nicht nur als technisches Medium auf,

17 Ein deutscher Redakteur hat die Möglichkeit seiner Lokalzeitung folgendermaßen zusammengesetzt: »Wir machen laufend Buchbesprechungen auf sogenannten Buchseiten, aber das sind die berühmten, ich will da nicht lügen, Einschiebseiten, die leider in unseren guten Gebieten, wo wir die höchsten Auflagen haben, höchst selten mitgehen und sonst so ein bißchen zum Ausfegen, wo Anzeigen fehlen, benutzt werden.« Zitiert nach Glotz, Buchkritik, S. 159.

sondern beachten wir auch die ökonomische und soziale Struktur der hinter dem Medium stehenden Organisation, dann werden zwei weitere Faktoren sichtbar, die die Arbeit des professionellen Kritikers entscheidend beeinflussen. Die Mehrzahl der Literaturkritiker sind freie Mitarbeiter, die nach dem Umfang ihrer Beiträge honoriert werden. Da aber die Honorare, wenigstens in Deutschland, in der Regel niedrig sind, ist der professionelle Kritiker auf einen hohen Ausstoß angewiesen. Flüchtige Lektüre und flüchtiges Besprechen sind auf die Dauer die unausweichlichen Folgen. Der Zwang zur schnellen Produktion wird durch die Struktur des Büchermarktes noch unterstrichen. Produktion und Konsumption von Büchern, besonders von schöner Literatur, erfolgen nicht gleichmäßig. Der Produktionsausstoß ballt sich im Herbst und, zu einem geringeren Maße, im Frühjahr. Und das Buchgeschäft konzentriert sich auf die Zeit vor Weihnachten. Keine Zeitung, auch die unabhängigste nicht, kann sich leisten, diese Fluktuation zu ignorieren. Buchkritiken werden vor allem in den letzten Monaten des Jahres angeboten. Folglich werden die Kritiker zu Saisonarbeitern. Ihre wiederholten Klagen über diese nachteilige Verteilung der Arbeit haben nicht zu Änderungen im System geführt und werden auch in Zukunft keinen Erfolg haben, weil die Buchindustrie die Intellektuellen kaum als einen Machtfaktor ansieht.

Dennoch halten Feuilleton-Redakteure und freie Kritiker im allgemeinen daran fest, sie seien in ihrer Arbeit unabhängig. Weder in der Selektion noch in der Meinung seien sie durch außerliterarische Faktoren bestimmt. Um über diesen Punkt wenigstens etwas Klarheit zu schaffen, wäre es nützlich, zwischen direkten und indirekten Eingriffen zu unterscheiden. Direkte Kontrolle der Meinungsfreiheit kennt jedes autoritäre Regierungssystem durch das Instrument der Zensur. Es sei nur daran erinnert, daß die Nationalsozialisten in Deutschland 1936 durch einen Erlaß des Propagandaministers die unabhängige Kunstkritik in der Presse verboten und genaue ideologische Richtlinien für die Besprechung von Literatur herausgaben. Derartige Eingriffe sind in liberalen Demokratien selten zu verzeichnen. Anders steht es mit der Möglichkeit, den Kritiker indirekt zu beeinflussen. Selbst wenn man annimmt, daß der Kulturteil einer Zeitung in den Augen der politischen ›pressure groups‹ eine ›Zugabe‹ darstellt, und daher den

Feuilletonredaktionen größere Freiheiten eingeräumt werden als den Ressorts Politik und Wirtschaft, ist das ökonomische Interesse der Buchindustrie ein ernstzunehmender Faktor. Gewiß: eine große angesehene Zeitung kann ihre Kritiker gegen direkten Druck schützen. Kein noch so mächtiger Verlagskonzern würde in Deutschland der Redaktion der *Zeit* nahelegen, bestimmte Bücher zu besprechen. Doch lassen sich Bucherfolge durch Werbung manipulieren. Bestseller wurden heute in der Regel nach rein ökonomischen Gesichtspunkten, ohne Rücksicht auf die Meinung der Literaturkritiker, geplant und auf dem Markt durchgesetzt. Ist aber mit den Mitteln moderner Werbung erst einmal ein bestimmtes Maß an Publizität erreicht worden, können auch die Kritiker das Buch nicht mehr übersehen[18]. Ob das Werk positiv oder negativ beurteilt wird, ist von sekundärer Bedeutung. Der Kritiker wird hier in die Rolle des Akklamanten gedrängt.

Einwenden ließe sich, daß diese ökonomische Macht der Verlage wohl mittelmäßige und vielleicht auch schlechte Werke auf dem Markt durchsetzen, nicht aber das Urteil des Kritikers und der Nachwelt beeinflussen kann. Abgesehen davon, daß die Masse der kleinen Kritiker, die die lokalen Zeitungen beliefern, so unabhängig von den Klappentexten der Verlage nicht sind (Untersuchungen haben gezeigt, daß die Provinzkritik häufig den Klappentext zur Grundlage ihrer Besprechungen macht), so erfaßt dieses Argument nur einen Teil der Sachlage. Schon die Auswahl der Bücher, die besprochen werden und die nicht besprochen werden, hat einen nicht zu unterschätzenden Einfluß auf das literarische Leben. Die jährliche Buchproduktion ist in allen Industrienationen so groß, daß selbst der Kritiker kaum noch eine Übersicht hat. Das allgemeine Publikum wird durch das Angebot so überwältigt, daß es sich durch den professionellen Kritiker leiten lassen muß. Der Kritiker hat daher die im liberalen Kommunikations-

18 Dazu bemerkt Dieter Wellershoff aufgrund seiner Erfahrung als Verlagslektor: »Prominenz wird . . . schließlich wichtiger als die positive und negative Qualität seines Werkes, und mir scheint, daß Kritiker und Redakteure, Autoren und Publikum durchaus ein Gefühl dafür entwickelt haben, daß man hier mit zwei Sprachen sprechen kann, also negative Urteile durch gute Placierung und Ausführlichkeit der Besprechung ausgleichen kann: es gibt schon den Begriff des prominenten Verrisses.« Vgl. Literatur, Markt, Kulturindustrie. In: Merkur, 21 (1967), S. 1021.

modell nicht vorgesehene Funktion übernommen, eine Vorwahl zu treffen. Wenn nicht die Werbung der Verlage die öffentliche Aufmerksamkeit erregt hat, sind die Werke, die er nicht beachtet, wohl als Texte, aber nicht als gelesene Literatur vorhanden. Und offensichtlich werden die Entscheidungen der Verlage, für einen bestimmten Autor zu werben, nicht nur oder nicht einmal primär nach dem Gesichtspunkt der literarischen Qualität getroffen.

Die zweite Frage, das Verhältnis von Kritiker und Lesepublikum, läßt sich hier unmittelbar anschließen. Das liberale Kommunikationsmodell ging davon aus, daß das Publikum dem Kritiker gleichgestellt ist, so daß sich zwischen Kommunikator und Empfänger ein kritischer Dialog herstellt. Die Prämisse, das Publikum setze sich aus den gleichberechtigten, zum Räsonnement befähigten Bürgern zusammen, war bis zu einem gewissen Grade immer eine Fiktion. Schon im 18. Jahrhundert zeichneten sich im Lesepublikum Gruppierungen und Schichten ab. Im Zusammenhang mit der industriellen Revolution setzte sich die Differenzierung der literarischen Öffentlichkeit fort und wurde durch die revolutionären Reproduktionstechniken gefördert. Richard Altick hat diese Entwicklung an den englischen Verhältnissen dargestellt[19]. Ich beschränke mich darauf, seine Schlußfolgerungen zusammenzufassen: Trotz der unvorstellbaren Ausweitung des literarischen Marktes und der literarischen Zirkulation hat die moderne Gesellschaft nicht das Ziel eines gleichmäßigen Bildungsniveaus erreicht. Ein signifikanter Teil der englischen Bevölkerung kann nur als Semiliterat bezeichnet werden, seine Hauptlektüre besteht aus einfachen Zeitungen und Zeitschriften. Gegen anstrengendes Lesematerial besteht beim durchschnittlichen Leser eine unüberwindliche Abneigung. Gemieden wird, was über die unmittelbar gratifizierende Unterhaltung hinausgeht. Es fehlt die sorgfältige Vorbereitung durch Erziehungsinstitutionen, es fehlt die systematische Anregung für die breiten Massen, sich mit guter Literatur zu beschäftigen. Nicht daß gute Bücher aus ökonomischen Gründen den Massen unzugänglich sind, macht das Problem aus, sondern daß die psychologische Distanz zur Hochliteratur sich nicht verringert hat. Altick ist mit Recht der

19 Richard D. Altick, The Englisch Common Reader. University of Chicago Press 1957, besonders Kap. 16.

Meinung, daß die Durchsetzung demokratischer Grundsätze auf dem Gebiet der Kultur nicht ihre volle Entsprechung gefunden hat. Und es sieht nicht so aus, als ob das gegenwärtige System der Literaturkritik uns diesem Ziel näherbrächte. Zwei Faktoren scheinen der Demokratisierung der Literaturkritik entgegenzuwirken: die Struktur der Massenmedien und die Einstellung der Kritiker. Obwohl die Massenmedien den durchschnittlichen Leser erreichen und ihm den notwendigen Stimulus geben könnten, verhindert ihre Programmplanung eher die Fusion der Leserschichten. Diese paßt sich nämlich der eingeschliffenen Stratifikation des Publikums an und trägt auf diese Weise dazu bei, die Trennung von elitärer und populärer Kultur zu perpetuieren. Die Literaturkritiker fügen sich in dieses System als professionelle Gruppe so nahtlos ein, weil sie den Kontakt mit dem breiten Publikum schon lange verloren haben. Ihrer sozialen Herkunft nach überwiegend bürgerliche Intellektuelle, durch eine hohe Allgemeinbildung vom durchschnittlichen Leser weit abgehoben, durch die Tradition der literarischen Moderne zur Exklusivität angehalten, ist das allgemeine Publikum für sie zu einem farblosen Abstraktum geworden. In einem Vortrag äußerte Günter Blöcker die Ansicht: »Dieser Zielpunkt aller... Kritik heißt: das Erkennen des dichterischen Werkes, seine möglichst adäquate Erfassung, die öffentliche Feststellung seines Wesens ... Alles andere ist sekundär.«[20] Die Frage nach dem Adressaten der Kritik erklärt er bezeichnenderweise für illegitim. Kritik wird hier zum Monolog. Aber auch Kritiker, die es nicht für nebensächlich erachten, zu wissen, für wen sie eigentlich schreiben, müssen sich weitgehend auf ihre eigene Imagination verlassen. Joachim Kaiser beschreibt seinen idealen Leser so: »Ich wende mich nicht an einen Un-Interessierten, um ihm zu beweisen, daß er anteilnehmen solle. ... Ich rede mit dem Leser wie mit einem Gleichberechtigten, nur eben nicht gleichermaßen Informierten.«[21] Dieser Begriff des Lesers bleibt abstrakt, er nimmt von der Differenzierung des kulturellen Systems keine Kenntnis. Präziser ist die Beobachtung des Berliner Theaterkritikers Friedrich Luft, der auf die spezifischen sozialen Be-

20 Literaturkritik. In: Karl Otto (Hrsg.), Kritik in unserer Zeit. Göttingen 1960, S. 15.

21 Kritik als spontaner Impuls. In: P. Hamm (Hrsg.), Kritik/von wem/für wen/wie. Eine Selbstdarstellung der Kritik. München 1968, S. 15.

dingungen der literarischen Kommunikation in der modernen Gesellschaft hinweist: »Kritiker von einst schrieben für einen Teil der Bevölkerung. Seit das Theater gründlich sozialisiert ist, allen offensteht, der Allgemeinheit gehört und von der Allgemeinheit benutzt wird, wird der Theaterkritiker so sprechen müssen, daß ihn der liebe Schreiner und der gute Gemüsehändler versteht und sich der Privatdozent oder der Studienrat, der die gleiche Kritik liest, dabei doch nicht langweilt.«[22] Dieser Kritiker ist sich bewußt, daß er zu einem nichthomogenen Publikum spricht, das sich aus verschiedenen sozialen Schichten zusammensetzt, ungleiche Bildungsvoraussetzungen mitbringt und unterschiedliche Werte vertritt. Die Mehrzahl der deutschen Kritiker würden Luft wohl kaum zustimmen, daß es die Aufgabe des Kritikers ist, *alle* zu informieren. Sie würden sich auf die komplexe Natur ihres Gegenstandes berufen und sich dementsprechend bei der Konzeption ihrer Aussage auf einen Leserkreis beschränken, der die gleichen Bildungsvoraussetzungen mitbringt.

In der Tat können wir der Frage nicht ausweichen: ist eine Konzeption, wie sie Luft vertritt, überhaupt durchführbar? Macht sich Luft nicht Illusionen, wenn er glaubt, der Gemüsehändler würde seine Kritik ebenso lesen wie der vielzitierte Privatdozent? Es setzte voraus, daß der Gemüsehändler die gleiche Zeitung liest wie der Privatdozent. Dies ist jedoch erwiesenermaßen nicht der Fall. Zeitungen werden für spezifische Kommunikationsräume geplant, d. h. sie richten sich an einen bestimmten Rezipientenkreis und wählen ihre Informationen entsprechend aus. Wahrscheinlich wird der Gemüsehändler die Zeitung, in der Lufts Kritiken erscheinen, niemals in die Hand nehmen. Die führenden überregionalen Tages- und Wochenzeitungen, die regelmäßig Buchkritiken veröffentlichen, wenden sich, besonders im Literaturteil, an den gebildeten Leser, der nicht notwendig zur sozialen Elite gehören muß, aber in der Regel auch über einen gehobenen sozialen Status verfügt. Die Regional- und Boulevardzeitungen auf der anderen Seite, die den durchschnittlichen Leser erreichen, kümmern sich wenig oder gar nicht um Literatur. Diese Stratifikation der Presse, mit der der professionelle Kritiker ja zu rechnen hat, verstärkt die Tendenz zur esoterischen Kritik. Es besteht eine wechselseitige Ab-

22 Das Wesen der Kritik. In: Kritik in unserer Zeit, S. 38.

hängigkeit: Der vorgegebene Rezipientenkreis einer Zeitung legt den Redakteuren und Kritikern nahe, sich auf diese Leserschicht einzustellen, und die vorhandene Einstellung der Kritiker, sich als Sprecher einer Minorität zu fühlen, beeinflußt wieder den Leserkreis der Zeitung. Die Folge ist, daß die literarische Öffentlichkeit kompartmentalisiert wird. Die ihr einst im liberalen Kommunikationsmodell zugewiesene Aufgabe, die kulturelle Kohärenz der ganzen Gesellschaft zu fördern, kann sie nur noch eingeschränkt erfüllen.

Einige Zahlen mögen dies veranschaulichen. Eine Umfrage des Divo-Instituts ergab, daß in Deutschland 70 % der Bevölkerung eine Tageszeitung lesen, davon 17 % eine Boulevardzeitung, 63 % eine Lokalzeitung und nur 2,4 % eine überregionale Zeitung[23]. Das bedeutet: Nur 2,4 % haben Zugang zu regelmäßiger Information über das literarische Leben. Gemessen an der Potenz der Massenmedien ist der Einfluß der Literaturkritik also gering.

Diese Situation reflektiert sich im Inhalt und Stil der Besprechungen. Unschwer ließe sich zeigen, daß die Essays der führenden Kritiker, die das Feuilleton der großen Zeitungen bestimmen, für den gemeinen Leser im allgemeinen fast unverständlich sind. Hier wird nämlich vorausgesetzt, daß der Leser mit der Geschichte der Literatur, mit den literarischen Trends und Moden und der ästhetischen Terminologie vertraut ist. Kurz: wer über die von der literarischen Intelligenz definierte literarische Einstellung nicht verfügt, scheidet als Rezipient aus. Es handelt sich um das Kolloquium einer Minorität, an dem die allgemeine Öffentlichkeit nicht mehr beteiligt ist. Wir können diese Aussage verschärfen und sagen: das liberale Kommunikationsmodell, dem die führenden Zeitungen sich meistens noch verpflichtet fühlen, findet in der Literaturkritik keine Anwendung. An seine Stelle ist das hermeneutische Modell getreten. Im Vordergrund steht die Explikation des Werks. Das Interesse des durchschnittlichen Lesers findet selten eine Berücksichtigung. Die Ursache liegt auf der Hand. Wo Kritik sich primär als Interpretation und ästhetische Beurteilung von Texten versteht, läßt sich die unangenehme Frage liquidieren, in wessen Namen und für wen denn der Kritiker eigentlich spricht. So kommt es zu einer auf den ersten Blick paradoxen Situation. Massen-

23 Vgl. Habermas, Strukturwandel, S. 186, Anm. 68.

medien übernehmen die Übermittlung von hochgradig spezialisierter Information, die nur von einem kleinen Leserkreis dechiffriert werden kann. Freilich ist dies nur solange paradox, als man von der Vorstellung ausgeht, daß Massenkommunikation ausschließlich auf die Interessen und Bedürfnisse der breiten Massen eingestellt ist. Betrachtet man dagegen die Zerklüftung und Kanalisierung der Öffentlichkeit als das entscheidende Kriterium der Massenkommunikation, fügt sich die gegenwärtige Form der Literaturkritik sehr wohl in das Gesamtbild ein. Massenkommunikation und ›elitäre‹ Literaturkritik schließen einander nicht aus, sondern ergänzen sich. Obwohl die ›elitäre‹, am Begriff der reinen Kunst orientierte Literaturkritik geschichtlich aus einer Protestbewegung gegen die industrialisierte Massengesellschaft hervorgegangen ist, ist sie auf die Medien eben dieses gesellschaftlichen Systems übertragbar, denn der Apparat der Massenmedien hat die Differenzierung von populärer und hoher Kultur längst in sich aufgenommen. Der literarischen Intelligenz wird ein spezieller Kommunikationsraum zugewiesen, wo sie ohne Rücksicht auf die uninformierte Allgemeinheit ihre esoterischen Probleme behandeln darf. Diese Differenzierung kann auf verschiedene Weise institutionalisiert werden. Eine in Rundfunk und Fernsehen sehr gebräuchliche Form ist die Einrichtung besonderer Kanäle mit besonderen Programmen. Eine in der Zeitungs- und Buchindustrie übliche Weise ist die Spezialisierung der Medien. Die strikte Aufteilung des Kommunikationsraumes aber macht a priori unmöglich, was das liberale Kommunikationsmodell von der Literaturkritik erwartete: unmittelbare Veränderung des öffentlichen Bewußtseins.

Kein Zweifel: Die Literaturkritiker als eine professionelle Gruppe entsprechen nicht mehr dem Bild, welches das Zeitalter des Frühliberalismus einst von ihnen entwarf. Sie sind nicht mehr einfach Leser unter Lesern und Sprecher der öffentlichen Meinung. Durch Ausbildung und Vorkenntnisse sind sie herausgehoben. Und diesen Vorteil honoriert die Gesellschaft zusätzlich, indem sie ihnen Kommunikationskanäle zur Verfügung stellt, die ihrer Meinung Verbreitung und damit auch Einfluß sichern. Freilich handelt es sich um Privilegien, die ihnen von den Kontrolleuren des Kommunikationsapparates jederzeit wieder entzogen werden können, wenn sie sich nicht an die Spielregeln halten. So ist die Stellung des Kritikers ambivalent. Auf der einen Seite haben die Massenmedien seine Chancen, ein disperses Publikum zu erreichen, beträchtlich erhöht; auf der anderen Seite ist er durch die Zusammenarbeit mit den Massenmedien sozial abhängiger geworden. Auf der einen Seite kann er der bewunderte und gefürchtete ›Großkritiker‹ werden, dessen Meinung den literarischen Markt beeinflußt; auf der anderen Seite steht er unter dem Zwang, sich der Organisation der Massenmedien anzupassen. Sein sozialer wie ideologischer Status sind prekär. Hans Magnus Enzensberger, der sein Brot mehrere Jahre als Rundfunkredakteur verdiente, bestimmt diesen Spielraum der Kritik folgendermaßen: »[Die Gesellschaft] räumt [der Kritik] einen Spielraum ein, dessen Grenzen nicht von der Kritik selbst, sondern von den Interessen der Herrschaft, also nach taktischen Gesichtspunkten, bestimmt werden. Der Kritiker gibt seine eigene Position bereits preis, wenn er diese Grenzen anerkennt; wenn er sie überschreitet, verliert er seine Produktionsmittel.«[24]

Ich will abschließend versuchen, diesen sozialen Status des Kritikers etwas genauer zu bestimmen. Da diesem Problem bisher wenig Aufmerksamkeit geschenkt worden ist, muß ich mich darauf beschränken, einige Hypothesen zu formulieren. Ich gebrauchte den Ausdruck ›elitäre Kritik‹, um die Distanz der Literaturkritik von den Lesebedürfnissen des gemeinen Lesers zu kennzeichnen. Zu fragen wäre, ob diese Kommunikationsdistanz eine Entsprechung im sozialen Status hat. Gehören die professionellen Literaturkritiker zur gesellschaftlichen Elite? Ihre Eigenschaft als literarische Experten allein würde diese Zuordnung offenbar nicht rechtfertigen. Hoher sozialer Status, Prestige, Einfluß und Teilnahme an der Machtstruktur gehören zu den Merkmalen, die wir von einem Mitglied der Elite erwarten. Offenbar ist die Mehrzahl der Kritiker in dieser Hinsicht nicht qualifiziert. Dagegen gibt es innerhalb der umfangreichen professionellen Gruppe eine kleine Zahl, die den Ton angibt und das literarische Leben lenkt. Es scheint mir berechtigt, diese Gruppe als eine funktionale Elite anzusprechen. Von ihr gilt freilich, was Zapf für die Kommunikationselite allgemein festgestellt hat[25]: sie ist weniger gesichert und sie

24 H. M. Enzenberger, Einzelheiten. Frankfurt 1962, S. 84.

25 W. Zapf, Wandlungen der deutschen Elite. München 1965, S. 108–116.

genießt noch nicht das gleiche Prestige wie die etablierten Eliten. Ihre Entstehung und Zusammensetzung läßt sich wenigstens in Umrissen beschreiben. Durch den Ausbau der Massenmedien, gegen die sich die literarische Intelligenz im späten 19. Jahrhundert noch zur Wehr gesetzt hatte, veränderte sich die soziale Stellung der Intelligenz. Der Aufbau von Großorganisationen nach dem Vorbild der Industrie schuf zwangsläufig eine große Zahl von Positionen, die nur von Intellektuellen besetzt werden konnten. Hier wurde der ökonomisch ungesicherten Intelligenz die Chance gesellschaftlicher Reintegration gegeben. Die sozial freischwebende Intelligenz wandelte sich zu einer etablierten Schicht von Kulturfunktionären. Diese Schicht hat sich in Deutschland im Bereich der Literaturkritik mit der akademischen Intelligenz verbunden, welche im System einer hierarchisch gegliederten Universität traditionell ein hohes gesellschaftliches Prestige besitzt. Die alten ideologischen Differenzen zwischen diesen beiden Gruppen, die aus der verschiedenen gesellschaftlichen Lage resultierten, sind noch nicht ganz überwunden, doch die allgemeine Tendenz scheint mir dahin zu weisen, daß diese Gruppen zu einer homogenen Schicht zusammenwachsen, die als Dienstklasse mit der Betreuung der Kulturindustrie betraut ist. An einer grundsätzlichen Veränderung der gesellschaftlichen Verhältnisse kann diese Schicht nicht interessiert sein, da sie ihren partikulären Interessen nicht mehr entspricht.

Nicht die Masse der Gelegenheitskritiker, wohl aber die literarische Prominenz, ist mit Hilfe der Massenmedien und Kulturorganisationen zu einer statusbewußten Elite aufgestiegen, die sich »kaum weniger stark aus der Oberschicht rekrutiert als andere Führungsgruppen«[26]. Wieweit sie in dieser Situation ihrer kritischen Rolle als Intellektuelle noch gerecht werden können, steht dahin.

26 R. Dahrendorf, Gesellschaft und Demokratie in Deutschland. München 1965, S. 322.

Das Ende einer Institution?

Der Streit über die Funktion der Literaturkritik

Das Kolloquium steht unter der Überschrift »Literatur der sechziger Jahre in Ost und West«; unser Ziel ist, spezifische Merkmale und bestimmende Tendenzen des vergangenen Jahrzehnts aufzudecken. Schließt diese Themenstellung nicht ein, daß die sechziger Jahre sich von der Nachkriegszeit unterscheiden, möglicherweise so etwas wie eine eigene Epoche bilden? Auf dem Gebiet der Literaturkritik spricht meines Erachtens vieles für diese Hypothese. Um dies zu zeigen, muß ich freilich die fünfziger Jahre als den zeitlichen Hintergrund in die Betrachtung einbeziehen, denn die Probleme der Literaturkritik in den sechziger Jahren wurden entscheidend geprägt durch die paratgehaltenen Antworten der vorangegangenen Epoche. Ich möchte versuchen, die immanente Logik dieses Prozesses dingfest zu machen, und zwar in Zusammenhang mit den außerliterarischen Umständen, die seine Richtung und sein Tempo bestimmt haben. Dies kann freilich nur in der Form von Thesen geschehen, die die bedeutsamen Wendepunkte markieren. Es ist nicht meine Absicht, ein geschichtliches Panorama zu entfalten. Ferner beschränkt sich mein Referat auf den Zweig der Literaturkritik, den man in Deutschland nicht ohne Herablassung ›Tageskritik‹ nennt. Im Mittelpunkt steht die Frage, welche Funktion der aktuellen Buchkritik im soziokulturellen System zukommt. Damit geraten unweigerlich außerliterarische Fragen ins Spiel, nämlich Lesepublikum, Kommunikationssystem und Buchmarkt. Allzu leicht sind wir geneigt, die Bedeutung dieser Faktoren zu unterschätzen, weil sie in der Theorie der Kritik nicht in Erscheinung treten. Hugh D. Duncan hat diesen Punkt vorzüglich verdeutlicht:

> Bei einer Analyse [der Literaturkritik] ist es äußerst wichtig, herauszufinden, wem das Recht der Kritik zusteht; welche Institutionen die Schutzherrschaft über die Kritik übernehmen; wie diese Institutionen ihre Stellung im Wettkampf mit anderen Einrichtungen verteidigen; wie die zukünftigen Kritiker ausgewählt, ausgebildet und unterstützt werden; wem die Kritik mitgeteilt werden darf; und bei welchen Gelegenheiten Kritik überhaupt erforderlich wird.

Diese Betrachtungsweise lenkt die Aufmerksamkeit auf jene Seiten der Literaturkritik, die gewöhnlich unerwähnt bleiben, weil sie selbstverständlich erscheinen. Die Eigenart der sechziger Jahre besteht darin, daß diese Selbstverständlichkeiten fragwürdig wurden. Die Literaturkritik geriet in eine Grundlagenkrise, die sich durch die theoretische Selbstreflexion nicht mehr aufheben ließ. Meine ersten beiden Thesen werden versuchen, den Hintergrund dieser Krise sichtbar zu machen. Danach kommen die Einstellung der fünfziger Jahre (These 3) und die aus ihr hervorgehende Methodenkrise der frühen sechziger Jahre zur Sprache (These 4). Die fünfte These untersucht die Gründe und Ursachen dieser Krise, die sechste These schließlich beschäftigt sich mit der Kritik der Neuen Linken an der etablierten Literaturkritik.

I

Zwischen dem allgemeinen Lesepublikum und der professionellen Buchkritik besteht eine weite ästhetische Distanz. Vergleicht man die Auswahl der in den führenden Zeitungen und Zeitschriften besprochenen Werke mit der durchschnittlichen Lektüre, ist dem Schluß nicht auszuweichen, daß die Literaturkritik am allgemeinen Publikum, und keinesfalls nur am ungebildeten, vorbeischreibt. Die Einstellungen weichen so weit voneinander ab, daß der Begriff der Literatur einen verschiedenen Inhalt hat. Von 31 Millionen Lesern in Westdeutschland ist nur ein Bruchteil als potentieller Rezipient von Literaturkritiken ausgewiesen. Der Literaturkritik fehlt die Unterstützung durch eine breite literarische Öffentlichkeit. Obwohl die Chance des Kritikers, gehört zu werden, durch den Ausbau der Massenmedien zu einem Kommunikationsnetz, das fast die gesamte Bevölkerung erreicht, technisch gestiegen ist, scheint die Position der Kritik auch gegenüber dem Publikum infolge jener vergrößerten ästhetischen Distanz eher geschwächt zu sein.

Um dieses Mißverhältnis zu veranschaulichen, müssen wir Umfang und Zusammensetzung des westdeutschen Lesepublikums wenigstens skizzenhaft darstellen[1]. Der deutsche Buchhandel darf mit einer Käu-

1 Von der erwachsenen Bevölkerung in der Bundesrepublik besitzen 28 %

fergruppe von gut 10 Millionen, das sind ungefähr 25 % der Bevölkerung, als regelmäßigen Konsumenten rechnen. Diese Ziffer mag dem Bildungsexperten entmutigend niedrig erscheinen; in der Sozialgeschichte des Lesens stellt sie jedoch eine explosionsartige Ausweitung des Publikums gegenüber dem 18. und 19. Jahrhundert dar. Dem Literaturkritiker als dem ideellen Vermittler zwischen Buchproduktion und Publikum sollte, zumal mit Hilfe der modernen Medien, eine wichtige soziale Rolle als Experten, Berater und literarischem Erzieher zufallen. Indessen geben die genannten Zahlen keine Auskunft über die spezifischen Leseinteressen des breiten Publikums. Erkundigt man sich nach der Art der erworbenen und gelesenen Bücher, so ergibt sich für die Einflußmöglichkeiten der Literaturkritik ein wesentlich ungünstigeres Bild, zumindest wenn man ihre gegenwärtigen Ziele als Maßstäbe zugrundelegt. Für die Mehrzahl der Leser ist der Umgang mit Literatur eine Freizeitbeschäftigung neben anderen, und, wenn man den Ermittlungen der Demoskopen vertrauen darf, noch nicht einmal eine sehr wichtige. Von den befragten Lesern gaben 78 % an, in den vorhergegangenen vier Wochen Unterhaltungsliteratur gelesen zu haben; dagegen hatten sich nur 6 % mit Werken der klassischen Literatur beschäftigt[2]. Zwar gibt es zwischen einzelnen Berufsgruppen und

keine Bücher. Voreilig wäre, sich die verbleibenden 72 % als eifrige Leser vorzustellen. Rapide sinkt deren Zahl, wenn man diejenigen abzieht, die sich keine neuen Bücher anschaffen wollen (5,6 Mill. = 18 %) und ferner diejenigen subtrahiert, die so selten lesen, daß sie sich an das letzte Buch nicht mehr erinnern konnten (6,3 Mill.). Unter den restlichen 19 Mill. Buchbesitzern befinden sich noch 8,7 Mill., bei denen der letzte Buchkauf mehr als drei Monate vor der Befragung lag. Man wird sie nicht zu den intensiven Literaturrezipienten zählen können. Vgl. Buch und Leser in Deutschland. Eine Untersuchung des DIVO-Instituts. Gütersloh 1965, S. 81. Zu ähnlichen Ergebnissen kommt Gerhard Schmidtchen, der drei Lesergruppen aufgrund ihrer Lesefrequenz und ihrer Buchanschaffungen unterscheidet: Regelmäßig lesen 29 % der erwachsenen Bevölkerung; seltener lesen 39 %, gar nicht oder sehr sporadisch 32 %. Insgesamt kaufen 47 % der Bevölkerung im Jahr mindestens ein Buch. Vgl.: Schmidtchen, Strukturpolitik: eine neue Strategie auf dem Büchermarkt. In: Das Buch zwischen Gestern und Morgen. Zeichen und Aspekte. Hrsg. von G. Ramseger und W. Schoenicke, 1969, S. 198–218, bes. S. 204.

2 Buch und Leser in Deutschland, a. a. O., S. 197. Nach Rolf Fröner, Das Buch in der Gegenwart. Gütersloh 1961, S. 124–126, darf die zeitgenössische Hochliteratur nur mit einem Leseranteil von ein bis zwei Prozent rechnen.

Gesellschaftsschichten signifikante Unterschiede, doch im ganzen übertrifft das Interesse an Unterhaltungsliteratur das Interesse an Hochliteratur um ein Vielfaches. Versteht man die Ziffer von 6 % als Index eines genuinen Interesses an Literatur, käme man bei 10 Millionen regelmäßigen Lesern auf gut eine halbe Million Rezipienten von Hochliteratur. Doch auch diese Zahl scheint angesichts der kleinen Auflage selbst bedeutender Literatur- und Kulturzeitschriften noch zu hoch angesetzt für den Empfängerkreis der Literaturkritik. Nach der Auflagenhöhe der führenden Kulturzeitschriften, die insgesamt die Fünfzigtausend-Marke nicht überschreitet, kann man vielleicht, unter Berücksichtigung eines Multiplikators von 3,5[3] mit einem Kreis von 150000 bis 170000 Lesern rechnen, die regelmäßig Buchbesprechungen verfolgen. Also wiederum nur ein Viertel des literarisch interessierten Publikums. Auf diesen kleinsten Kreis ist die Darbietungsform der Literaturkritik zugeschnitten, selbst wenn die Rezensionen in Medien mit größerer Reichweite publiziert werden. Die empirischen Untersuchungen von Peter Glotz[4] haben gezeigt, daß die Feuilletonredakteure der führenden Zeitungen, sofern sie der Frage des Leserappells überhaupt Beachtung schenken, auf diesen literarisch gut unterrichteten Leserkreis sich intuitiv einstellen. Hier sind die Intellektuellen unter sich – gewiß keine soziale Kaste, aber doch eine relativ geschlossene Gruppe mit gemeinsamen ideellen Interessen, die sich in der Sprache, im Denkstil und in den literarischen Präferenzen niederschlagen.

Über die Zusammensetzung des allgemeinen Lesepublikums lassen sich nur schwer verifizierbare Aussagen machen. Wer sich mit dieser Frage beschäftigt, stößt auf zwei Widerstände: den Mangel an zuverlässigen Daten und das Gestrüpp einander widersprechender Deutungen. Zweifellos ist das literarische Publikum nicht mehr kongruent mit dem bürgerlichen Publikum des 19. Jahrhunderts. Einmal sind aus den sozialen Unterschichten neue Lesergruppen hinzugekommen, ferner hat sich die Struktur der Mittelklasse selbst verändert[5]. Eine andere

3 Vgl. R. Escarpit, Das Buch und der Leser. Köln ²1966, S. 101, Anm. 67.

4 Buchkritik in deutschen Zeitungen. Hamburg 1968, S. 104ff.

5 Im 19. Jahrhundert setzte sich das literarische Publikum in Deutschland aus den Eliten, der Dienstklasse und dem Mittelstand zusammen. Die soziale Unterschicht spielte, wie neuerdings Rudolf Schenda nachgewiesen hat, eine geringe

Frage ist indessen, ob das ›gebildete‹ Publikum in der Tat, wie oft behauptet, untergegangen ist oder sich nicht vielmehr in gewandelter Form, seiner früheren repräsentativen Würde verlustig, erhalten hat. Emil Staiger wenigstens scheint mit seiner Existenz gerechnet zu haben, als er 1966 die literarische Intelligenz mit einer Rede provozierte[6], deren Argumente an die Kritik des wilhelminischen Bürgertums am Expressionismus gemahnten. Das positive Echo, das diese moralische Philippika in gewissen Kreisen auslöste[7], indiziert, daß Staiger

Rolle (Vgl. Volk ohne Buch. Studien zur Sozialgeschichte der populären Lesestoffe 1770 bis 1910. Frankfurt a. M. 1970, S. 441 ff.). Die Zusammensetzung hat sich zweifellos geändert. Obwohl noch immer unterprivilegiert, stellt die Arbeiterschicht heute einen beträchtlichen Teil der Leserschaft dar, besonders in Buchgemeinschaften. Der Anteil der Dienstklasse dürfte sich gehalten haben, derjenige des alten Mittelstandes vermutlich etwas zurückgegangen sein. Von der ökonomischen Krise der zwanziger und dreißiger Jahre hat sich diese Schicht nie ganz erholt. Die von Geiger (Die soziale Schichtung des deutschen Volkes. Stuttgart 1932) beobachtete defensive Mentalität dürfte sich im Zuge der gesellschaftlich-wirtschaftlichen Restauration nach 1945 gemildert haben, ohne ganz zu verschwinden. Der alte Mittelstand, notiert Ralf Dahrendorf, »ist nicht wagemutig, sondern ängstlich, nicht expansiv, sondern defensiv, nicht freiheitlich, sondern protektionistisch, kein Element des Fortschritts, sondern eine retardierende Kraft«. (Gesellschaft und Demokratie in Deutschland. München 1965, S. 109.) Diese Mentalität begünstigt nicht den Umgang mit experimentierender oder kontroverser Literatur. Die defensive Einstellung verlangt nach ideologischer und geschmacklicher Sicherung, die durch das Alte und Pseudoalte am besten gewährleistet ist. Von großer Bedeutung für die beobachtete Ausweitung des Buchkonsums ist der neue Mittelstand, der eine Mittelstandsmentalität vertritt, ohne die entsprechende wirtschaftliche und soziale Position wirklich einzunehmen. Leider sind empirische Informationen über das Leseverhalten dieser Schicht spärlich, da die nach konventionellen Berufsgruppen aufgegliederten Statistiken der Buchforschung die gesellschaftlich relevanten Unterschiede verwischen. Aufgrund der Prätention, zum Mittelstand zu gehören, dürfte hier die Orientierung an der bürgerlichen Bildungsideologie stärker ausgeprägt sein als bei der Arbeiterschicht. Buchbesitz und Literaturkenntnisse kommen als Symbole des Sozialprestiges ins Spiel.

6 Literatur und Öffentlichkeit. Neue Zürcher Zeitung, 20. Dezember 1966, wieder abgedruckt in: Sprache im technischen Zeitalter. (1967), 22, S. 90–97.

7 Vgl. H. R. S., Ein Wort zur Zeit, TIP, Basel, 10. Januar 1967; Der Nihilismus ein Luxusartikel, Genossenschaft, 4. Februar 1967; Hans Habe, Sturm im Wasserglas, Schweizer Illustrierte, 6. Februar 1967; Hans Einbichler, Zu einer Rede Emil Staigers, Dolomiten, 26. Januar 1967; zusammengefaßt in dem Sonderheft: Der Zürcher Literaturstreit, eine Dokumentation, Sprache im technischen Zeitalter. (1967), 22.

sich zum Sprecher einer Lesergruppe gemacht hatte, welche sich in der institutionalisierten Literaturkritik nicht mehr repräsentiert fand. Staiger artikulierte, unter ausdrücklicher Berufung auf das klassische literarische Erbe, das Ressentiment einer Gruppe, die den Kontakt mit dem Prozeß formaler und thematischer Innovation verloren hat, daher an der Diskussion über avancierte Literatur nicht mehr teilnehmen kann und gleichwohl das Gefühl hat, die wahren ästhetischen und moralischen Werte zu bewahren. Staigers Plädoyer für eine saubere Literatur richtete sich ja nicht an die Massen, sondern an den gebildeten Kenner der kanonisierten Muster. Die an Staigers Rede anschließende Kontroverse machte den Riß zwischen dem breiteren Lesepublikum und der literarischen Intelligenz sichtbar, aber diese Trennungslinie verläuft anders, als die Kritiker der Massenkultur gewöhnlich annehmen. Von den semiliteraten, die *Bild-Zeitung* konsumierenden Massen weiß dieses Publikum sich sehr wohl getrennt. Zu vermuten ist, daß es den Klagen über die korrumpierende Wirkung der ›Vermassung‹ auf die Kultur durchaus zustimmt, denn es versteht sich als Hüter der Tradition.

Die Kontroverse war historisch verspätet, doch kennzeichnend für die Lage des schweizerischen und westdeutschen Lesepublikums. Stärker als die Theorie der Massenkultur ausweist, scheinen sich hier das ›gebildete‹ Publikum und seine Ideologie erhalten zu haben. Die institutionelle Schwäche der deutschen Literaturkritik ist unter anderem darauf zurückzuführen, daß sie für diese Lesergruppe, die keinesfalls einfach als ›Masse‹ abzuqualifizieren ist, ihr Mandat verloren hat.

Die Mitgliederschaft der Buchgemeinschaften (insgesamt ca. 5 Millionen) gibt eine ungefähre Vorstellung von der sozialen Struktur des heutigen Lesepublikums und seiner Geschmacksbildung, denn ungefähr 80% der belletristischen Produktion werden durch die Buchgemeinschaften an die Leser vermittelt[8]. Gerardi, Neffe und Steiner fassen die Ermittlungen des Divo-Instituts zusammen in der Feststellung: »Die Chance, Buchgemeinschaftsmitglieder zu finden, [ist] am größten in Kreisen nichtleitender, weniger qualifizierter Angestellter,

8 Vgl. Arno Hochhuth, Mobilisierung des Geistes. In: Wohin? Fragen, Widersprüche, Wege. Gedanken über eine Demokratische Zukunft der Bundesrepublik, Berlin 1966, S. 291.

unterer und mittlerer Beamter wie in Facharbeiterkreisen.«[9] Es dominieren die Mitglieder mit Volksschulbildung (60 %). Dieser Befund scheint das Bild derjenigen zu bestätigen, die in den von den Buchgemeinschaften versorgten Lesern eine neue Leserschicht sehen, die früher vom Erwerb von Büchern ausgeschlossen war. Das legte den Schluß nahe, es bei den Buchgemeinschaftsmitgliedern mit einer separaten, vom Bildungsbürgertum klar getrennten Gruppe zu tun zu haben. Ich glaube, daß diese Bewertung falsch ist, weil sie nicht berücksichtigt, daß auch in den Buchgemeinschaften die oberen Einkommens- und Bildungsstufen überrepräsentiert sind. Mindestens 30 % der Mitglieder haben die Mittlere Reife und mehr als 10 % verfügen über eine abgeschlossene Gymnasial- oder Hochschulausbildung[10]. Auf der Grundlage dieser Daten ist die Hypothese zu vertreten, daß die Buchgemeinschaften einen substantiellen Teil des ›gebildeten‹ Publikums repräsentieren. Daher dürfen ihre Programme auch bis zu einem gewissen Grade als Index ihrer Leseinteressen verstanden werden. Es ist ja keinesfalls nur das Ephemere, was in den Katalogen der Buchgemeinschaften angeboten wird, wie ihre Kritiker etwas voreilig gemeint haben, sondern eine charakteristische Mischung aus Unterhaltendem und Bildendem. Neben der Unterhaltungsliteratur finden sich Titel der kanonisierten Hochliteratur, ja selbst einzelne Werke der modernen Literatur[11].

Nicht ausschließlich wird der Zugang zur Literatur auf psychologische Art erleichtert, wie Habermas[12] vermutete, indem das Minderwertige angeboten wird, sondern der Schwierigkeit, die jedes ausgezeichnete literarische Werk stellt, ausgewichen durch den Rückgriff auf das Bewährte, durch frühere Rezeptionen so Determinierte, daß

9 Buch und Leser in Deutschland, S. 100.

10 Vgl. Wolfgang Langenbucher, Der aktuelle Unterhaltungsroman. Bonn 1964, S. 273. Für die ›Deutsche Buchgemeinschaft‹ werden (1960) folgende Zahlen gegeben: Volksschule 39 %, Mittlere Reife 33 %, Abitur 17 %, Universität 11 %.

11 In das Programm des ›Bertelsmann Leserings‹ wurden 1966 folgende Titel aufgenommen: Grass, Die Blechtrommel (1959); Andersch, Die Rote (1960); Böll, Ansichten eines Clowns (1963). Andere bewährte Autoren der gehobenen Literatur sind Werner Bergengruen, Ina Seidel und Manfred Hausmann.

12 Jürgen Habermas, Strukturwandel der Öffentlichkeit. Neuwied/Berlin [2]1965, S. 182.

der ursprüngliche Widerstand des Textes weniger empfunden wird. Während die literarische Intelligenz, gerade in den sechziger Jahren, ästhetische Innovation zum entscheidenden Kriterium der Bewertung erhob, spielt dieser Gesichtspunkt in den Programmen der Buchgemeinschaften eine geringe Rolle. Die Werbezeitschriften der Buchgemeinschaften stellen in ihren ›Besprechungen‹ den unterhaltenden oder belehrenden Charakter der angezeigten Titel in den Vordergrund. Insofern ist Habermas recht zu geben, wenn er schreibt: »Die Buchgemeinschaften entziehen die große Masse der belletristischen Literatur nicht nur dem Sortiment, sondern auch der Kritik.«[13] Anders ausgedrückt: Die tatsächlich gelesene Literatur ist nicht die besprochene Literatur; und die Ansprüche der Kritik stehen beziehungslos neben den Lesebedürfnissen des Publikums. Dessen Interessen bleiben sich selbst überlassen und sind daher der Steuerung durch die Buchindustrie ausgeliefert.

II

Technik und Ökonomie der modernen Buchproduktion haben die Institution Literaturkritik in eine Marginalposition gedrängt. Das Verlagswesen, das auf Schnelligkeit des Umsatzes und Kapitalrücklaufes angewiesen ist, kann und will sich auf die Wirkung von Besprechungen nicht mehr verlassen. Die verlegerische Planung muß darauf abzielen, das Produkt Buch, unabhängig von der literarischen Qualität des Textes, verkaufbar zu machen. Im vorgeplanten Distributionsprozeß werden folglich Rezensionen nur sekundär berücksichtigt. Aufgrund der immanenten Gesetze des Buchmarktes entzieht sich die Buchproduktion mehr und mehr der Kontrolle durch die Kritik.

Die sechziger Jahre zeigten auf dem westdeutschen Buchmarkt die Beschleunigung eines Prozesses, der in den fünfziger Jahren einsetzte und sich in den siebziger Jahren fortsetzen wird: den Übergang von einer Vielzahl von kleineren und mittleren Verlagen zu wenigen marktbeherrschenden Großbetrieben. Zusammenfassung von Verlagen, Verkauf kleinerer Unternehmen an Großbetriebe und Verflechtung der Buchindustrie mit anderen Zweigen der Medienindustrie

13 Strukturwandel, S. 184.

markieren die Stufen eines Konzentrationsprozesses, an dessen Ende die Verteilung der Massenproduktion an wenige Großunternehmen stehen wird[14]. Infolge dieser Anpassung an in anderen Industriezweigen längst durchgesetzte Organisationsformen haben sich die Produktions- und Absatzmethoden von der besonderen Qualität des Produkts abgelöst. Maximalisierung der Kapitalverwertung läßt sich nur durch rationell geplante und scharf kalkulierte Massenproduktion erzielen. Dies bedeutet, daß sich Verlagsprogramm, Herstellungsverfahren und Absatzmethoden von traditionellen Vorstellungen über die Sonderstellung des Buchs als einer exzeptionellen Ware entfernen mußten. Erkennbar war diese Tendenz bereits gegen Ende der fünfziger Jahre. Damals schrieb Enzensberger:

Der typische Großverlag ist dagegen ein durchaus rationell arbeitender Betrieb industrieller Prägung. Sein Ziel ist ein sehr großes, konstant bleibendes

14 Bereits 1967 hatten 5,2 % der Verlage einen Marktanteil von 53 % der Buchproduktion. Sechzehn Unternehmen, das sind 1 %, setzen jeweils mehr als 25 Mill. Mark um, 50 % dagegen nicht mehr als jeweils 250000 Mark. Vgl. Heidi Dürr, Der Verlag auf dem Weg zum Großunternehmen? In: Das Buch zwischen Gestern und Morgen, S. 181–197. Die Verfasserin führt an, daß auch 1967 die Mehrzahl der Verlage Kleinunternehmen mit einer jährlichen Produktion von nur wenigen Titeln und einem Umsatz von weniger als 250000 Mark sind. Die angegebenen Daten sprechen eher für die Tendenz zum marktbeherrschenden Großverlag als dagegen, denn diese kleinen Unternehmen werden in der Regel, schon aus Mangel an Kapital, keine großen Auflagen riskieren können und daher zur Masse der Buchproduktion nur einen kleinen Prozentsatz beitragen. So prognostiziert Dürr auch, daß gemäß den immanenten Sachzwängen des Buchmarktes die besten Überlebenschancen für den kapitalkräftigen Großverlag mit einer weitgestreuten Produktion und den spezialisierten Kleinverlag mit einem festen Kundenkreis besteht, während die mittelgroßen Unternehmen mit einem Umsatz unter 3 Mill. Mark gefährdet sind, wenn sie sich auf eine kostenintensive Mischproduktion einlassen. Vgl. auch die Prognose R. E. M. Van den Brinks: »Es ist anzunehmen, daß in Ländern mit einer relativ großen Anzahl von Verlagshäusern die Erweiterung des Marktes und das Ansteigen der Lohnkosten zu weiteren Zusammenschlüssen führen werden und damit zu einer absoluten wie relativen Verminderung der Verlage. Infolgedessen wird man sich einer optimalen Größenordnung annähern, die dann ein intensiveres Marketing und eine wirkungsvollere Verbreitung der Bücher möglich machen wird.« Zitiert nach Hans Altheim, Die Zukunft des Lesens. In: Das Buch zwischen Gestern und Morgen, S. 221 f.

Produktionsvolumen, das die Kapazität des Betriebs völlig auslastet. Das investierte Kapital muß sich rasch amortisieren.[15]

Das mag 1958 noch atypisch gewesen sein für das deutsche Verlagswesen; inzwischen hat die Entwicklung diese Prognose eingeholt, wenn nicht überholt[16]. Der Literatur steht nicht mehr ein Produktions- und Distributionsapparat zur Verfügung, sondern die Literatur wird diesem Apparat zur Verfügung gestellt. Sie wird selektiert, bearbeitet, zusammengestellt und abgesetzt nach Gesichtspunkten, die von der Ökonomie des Betriebs, nicht von der Sache bestimmt werden[17].

Folglich wird die literarische Produktion gesteuert durch systematische Talentsuche, bei der übrigens die Kritiker als Berater mitwirken, ausgedehnten Manuskripthandel und Reproduktion älterer Texte in Anthologien und Reihen. Aus der Perspektive des durchrationalisierten Verlagswesens fällt der Buchkritik die Aufgabe der ›Öffentlichkeitsarbeit‹ zu. Die Literaturkritiker nahmen diese Veränderungen gelegentlich zur Kenntnis, ohne sich jedoch zu verdeutlichen, daß der Strukturwandel des Buchmarktes schließlich auch die Funktion der Kritik berühren nußte. Die Gleichgültigkeit ist zum Teil dadurch zu erklären, daß die Umstrukturierung des Marktes für den Außenstehenden erst auffällig wurde, als einige profilierte mittelgroße und größere Verlagsunternehmen sich ökonomisch nicht mehr behaupten konnten und in die Hände von Großunternehmen und Konzernen übergingen.

Der der modernen Buchindustrie innewohnende Zwang zur Produktionsausweitung und Massenherstellung ist an der kontinuierlichen Steigerung der jährlichen Neuerscheinungen abzulesen. Zwischen

15 Einzelheiten. Frankfurt a. M. 1962, S. 116.

16 Vgl. Klaus Ziermann, Romane vom Fließband. Die imperialistische Massenliteratur in Westdeutschland. Berlin (Ost) 1969, S. 56ff.

17 Dieter Wellershoff faßte die Situation 1967 folgendermaßen zusammen: »Die Verlage, oder sagen wir die Betriebe der Buchindustrie, stehen also unter dem Zwang, permanent rationell und möglichst zunehmend zu produzieren, und müssen deshalb Vorsorge treffen, daß der Apparat beschäftigt bleibt. Es ist unmöglich zu warten, ob literarisch etwas wächst oder nicht und den Schwankungen eines unorganisierten Naturwuchses zu folgen; denn die Unkosten lassen sich nicht beliebig verringern und vergrößern. Literatur, Markt, Kulturindustrie. In: Merkur 21 (1967), S. 1017.

1951 und 1960 stieg ihre Zahl von 14094 auf 22524 Titel, das ist eine Wachstumsrate von mehr als fünfzig Prozent. Diese Wachstumsrate setzte sich in den folgenden Jahren fort, mit dem Ergebnis, daß 1968 32352 neue Titel auf dem Buchmarkt erschienen, davon 4993 auf dem Gebiet der schönen Literatur[18]. Diese Zahlen geben indessen von dem Produktionsvolumen nur ein schwaches Bild, weil sie die Auflagenhöhe unberücksichtigt lassen[19]. Schätzungsweise handelt es sich jährlich um 75 bis 80 Millionen Exemplare[20]. Die Buchkritik war auf diese Explosion des Buchmarkts nicht vorbereitet und hat bis heute als Institution so gut wie keine Anstrengungen unternommen, um das Mißverhältnis zwischen dem Lesevermögen des einzelnen Kritikers und der unübersehbaren Menge der jährlichen Neuerscheinungen, gar nicht zu reden von den Neuauflagen, auszugleichen. Desorganisiert und desorientiert hat sie hilflos zugesehen, wie die Buchindustrie die Vermittlung zwischen Literatur und Publikum in eigene Regie genommen hat. Ohne Verständis für die Steuerungsmechanismen des Buchmarktes konnte sie nur das wachsende Mißverhältnis zwischen ›besprechungswürdiger‹ und tatsächlich konsumierter Literatur konstatieren.

III

Während Buchmarkt, Lesepublikum und Massenmedien sich zwischen 1949 und 1970 beträchtlich, aber doch langsam verändert haben, hat sie das Klima der theoretischen Diskussion in diesem Zeitraum radikal gewandelt. Die Differenz zwischen zwei typischen Äußerungen über die Funktion der Literaturkritik aus den fünfziger und sechziger Jahren wirkt größer als der chronologische Abstand. Verglichen mit dem Jahrzehnt, das auf die Gründung der Bundesrepublik folgte, erscheinen die sechziger Jahre zerklüfteter und konfliktreicher. Der Unterschied läßt sich an einer Reihe von Faktoren nachweisen. Auf

18 Zahlen nach Statistisches Jahrbuch für die Bundesrepublik Deutschland, Hrsg. vom Statistischen Bundesamt Wiesbaden.

19 Bis 1961 erschienen beispielsweise 6400 Titel als Taschenbücher mit einer Gesamtauflage von 256 Mill. Exemplaren (vgl. Langenbucher, Unterhaltungsroman, S. 113). Davon entfallen 50% auf Kriminal- und Abenteuerliteratur. (Vgl. Ziermann, Romane vom Fließband, S. 98f.)

20 Ziermann, S. 57.

drei sei näher eingegangen: die Leitbilder, das geschichtliche Selbstverständnis und die Bestimmung der Funktion von Literaturkritik gegenüber Dichtung und Gesellschaft.

Den jüngeren, zwischen 1910 und 1920 geborenen Kritikern erschien nach dem Zweiten Weltkrieg als die vordringliche Aufgabe, die Unabhängigkeit der Literaturkritik wiederherzustellen, nachdem der Nationalsozialismus sie zur ideologisch gesteuerten, affirmativen Kunstbetrachtung pervertiert hatte. Zu erweisen war, daß die Kritik eine selbständige und gegenüber den Literaturproduzenten gleichberechtigte Institution des literarischen Lebens darstellte. Den Weg wiesen zwei Kritiker, die noch an der literarischen Diskussion der zwanziger Jahre teilgenommen hatten: Max Rychner und Ernst Robert Curtius. Ihre Äußerungen über Aufgabe, Zweck und Tradition der Literaturkritik bestimmten in den fünfziger Jahren, ja zum Teil noch in den frühen sechziger Jahren, die Einstellung der jüngeren Kritiker[21]. Besonders Curtius' Aufsatz *Goethe als Kritiker*, zuerst 1948 im *Merkur* erschienen[22], prägte die Perspektive der Jüngeren. Hier wurde nachdrücklich auf die Literaturtheorie und -kritik der deutschen Klassik und Romantik hingewiesen. Indem Curtius die paradigmatische Bedeutung der Goethezeit hervorhob und auf der anderen Seite die Geschichte der deutschen Literaturkritik nach 1830 als die Geschichte eines Zerfalls kennzeichnete, setzte er die Wertakzente in einer Weise, die die Auseinandersetzung mit der Geschichte der Literaturkritik einseitig festlegte. Das Interesse konzentrierte sich in den fünfziger Jahren auf die Romantiker und ihre Vorläufer[23]. Für die Aufgabenstel-

21 So schrieb zum Beispiel Walter Boehlich: »Rychner ist heute unser einziger bedeutender Kritiker, der sich die Kritik zum Beruf gemacht hat.« Kritik als Beruf, Merkur (1950) 4, S. 348f. Der Zusammenhang wurde durch die positive Würdigung der jüngeren Kritiker (Holthusen, Hohoff, Boehlich, Horst, Fabri) durch Rychner bestätigt. Vgl.: Junge deutsche Literaturkritik. In: Max Rychner, Arachne. Aufsätze zur Literatur. Zürich 1957, S. 297–310.

22 Wieder abgedruckt in: E. R. Gerhius, Kritische Essays zur europäischen Literatur. Bern [2]1954, S. 31–56.

23 Schwierigkeiten mußten sich freilich ergeben bei der Anwendung von Theorien, die unter ganz anderen geschichtlichen Bedingungen und in bezug auf eine anders geartete Literatur formuliert worden waren. Der typische Ausweg aus dieser Problematik lag in der Subjektivierung und Aktualisierung

lung der Literaturkritik lieferte ebenfalls Curtius die prägnante, immer wieder zitierte Formulierung: »Kritik ist die Literatur der Literatur. Oder deutlicher: Kritik ist die Form der Literatur, deren Gegenstand die Literatur ist.«[24] Diese Definition wurde, durchaus in Übereinstimmung mit Curtius' Ansichten, als Verteidigung einer autonomen kritischen Instanz verstanden. Man rechtfertigt seine Profession, oder seine Berufung, wie hier wohl angemessener gesagt werden müßte, in erster Linie als Dienst an der Dichtung und der dichterischen Sprache. »Die Kritik«, schrieb Hohoff, »braucht einen Anlaß, es ist die Literatur. Sie dient, zusammen mit der Dichtung selbst, der Sprache.«[25] Ähnlich äußerte sich Günter Blöcker. Kritik, so faßte er den Standpunkt seiner Generation 1959 noch einmal zusammen[26], ist, wo sie ihr eigenes Ziel erreicht, autonom und Ende in sich selbst. Als Teil der Literatur geht ihre Funktion in der Literatur auf, insofern sie neue Werke mustert im Vergleich mit älteren, Möglichkeiten und Unmöglichkeiten der Innovation aufweist, literarische Rangplätze verteilt. Demgemäß ist das Ziel der literarischen Kritik: »das Erkennen des dichterischen Werkes, seine möglichst adäquate Erfassung, die öffentliche Feststellung seines Wertes und seiner Gestalt. Alles andere ist sekundär«[27]. Zu den sekundären Momenten wird die Wirkung und der Aspekt der Vermittlung an das Lesepublikum gerechnet. Obwohl Blöcker den Gesichts-

der Theoreme. So bestimmte Holthusen das Verhältnis des zeitgenössischen Kritikers zur Überlieferung als persönliche Begegnung und Anregung: »Was an einem großen Kritiker kanonisierbar und überlieferungsfähig ist, das ist vornehmlich seine ordnende und richtende Kraft, genauer gesagt: seine ideenbildende Leidenschaft, die an unser kritisches Bewußtsein appelliert.« (Ja und Nein. Neue kritische Versuche. München 1954, S. 10). Freilich ist der Kritiker, sich zurückzuwenden und dem Appell seines Vorgängers zu folgen, weil Literaturgeschichte eine gespeicherte, jederzeit zitierbare Tradition darstellt, in der das Große immer präsent und approximativ zeitlos gültig ist. In diesem Sinne stellt Holthusen die rhetorische Frage: »Aber sind es nicht unter Umständen auch die Ideen selbst, die über Jahrhunderte hinweg, vielleicht sogar, nach menschlichem Ermessen, für immer, verbindlich bleiben?» (Ja und Nein, S. 10.)

24 Kritische Essays, S. 32f.

25 Aufgabe und Ziel der literarischen Kritik. In: C. Hohoft, Schnittpunkte. Stuttgart 1963, S. 100.

26 Literaturkritik. In: Karl Otto (Hrsg.), Kritik in unserer Zeit. Göttingen [2]1962, S. 5–27.

27 Ebd., S. 15.

punkt der öffentlichen Meinungsbildung nicht unterschlägt, ja seine Problematik schärfer sieht als die meisten seiner Generationsgenossen, wird er als Element der Theorie nicht zugelassen. Über Inhalt und Darbietung der Kritik entscheiden allein, gemäß den Regeln der Hermeneutik, der Deutungsanspruch des Kunstwerks und die individuelle Interpretationsfähigkeit des Kritikers. Blöcker leitet, nicht anders als Holthusen und Hohoff, sein kritisches Mandat von der Literatur ab und nicht von den Lesern, für die er schreibt. Fraglich erscheint schon die Supposition eines gesellschaftlichen Zwecks im Akt der Kritik[28].

Das Postulat, Kritik sei ein substantieller Teil der Literatur selbst, zunächst als Einspruch gegen die faschistische Liquidation der Literaturkritik gedacht, implizierte nicht nur die Unabhängigkeit der kritischen Instanz von bestimmten staatlichen und gesellschaftlichen Agenten, sondern die prinzipielle Selbständigkeit gegenüber gesellschaftlichen Prozessen. Nicht vor der Öffentlichkeit, sondern vor dem Kunstwerk als einer eigentümlichen Gegenständlichkeit hat der Kritiker seine Arbeit zu verantworten. Daraus ergab sich eine Überhöhung und Idealisierung der eigenen gesellschaftlichen Rolle und eine auffallende Blindheit in bezug auf die Diskrepanz zwischen dem Selbstverständnis und der realen gesellschaftlichen Funktion. Die graue Wirklichkeit des Rezensionsbetriebes wird nur am Rande registriert, ohne daß die kritischen Beobachtungen, wie sie sich beispielsweise bei Blöcker und auch bei Karl Korn[29] finden, in die methodische Reflexion integriert werden. Der kommerzialisierte Literaturbetrieb wird beklagt, aber in seiner Gegebenheit resigniert anerkannt. Man fordert eine von der Gesellschaft respektierte Literaturkritik, ohne sich über ihren Platz in der modernen Gesellschaft viel Gedanken zu machen. Kritik als Institution, wie sie Curtius nach westeuropäischem Vorbild gewünscht hatte, setzte eine klar definierte Beziehung zur Öffentlichkeit voraus. Doch gerade daran fehlte es. Man strebte nach gesellschaftlicher Anerkennung und vergrößerte zugleich die Distanz zum Publi-

28 »Literarische Kritik dient nur in dem Maße gesellschaftlichen Zwecken, wie alles Reden und Schreiben über Kunst und Literatur einem gesellschaftlichen Bedürfnis entspringt: dem Bedürfnis nämlich, dem Kunstwerk Antwort zu geben.« Ebd., S. 10.

29 Buchkritik in der Tageszeitung, Akzente (1955) 2, S. 15–22.

kum. Man berief sich auf den öffentlichen Charakter des kritischen Räsonnements und entzog die kritischen Maßstäbe der öffentlichen Diskussion. Dem Kritiker wird eine besondere, rational nicht erklärbare Begabung zugeschrieben, die ihn, im Unterschied zum gewöhnlichen Leser, befähigt, das klärende Wort zu sprechen. »Wir müssen uns darüber klar sein«, heißt es bei Blöcker unter Berufung auf Curtius, »daß auch Wertung im letzten kein wissenschaftlicher Akt ist. Nur im persönlichen Engagement, im Funkensprühen des Zusammenpralls von Kunstwerk und Beurteiler leuchtet die Wahrheit auf.«[30] Folglich ist Kritik, wie literarische Produktion überhaupt, nicht lehr- und lernbar und der Beruf des Kritikers weniger Profession im englischen Sinne als Berufung.

Offenkundig war dieser Begriff von Kritik den egalitären Tendenzen der modernen Gesellschaft nicht günstig gesonnen, ja nicht einmal am liberalen öffentlichen Räsonnement tiefer interessiert. Nur im formalen Sinn fügte sich die Kritik in den neu errichteten demokratischen Staat ein, dessen Gefüge sie, wie Holthusen in seiner Polemik gegen Enzensberger schrieb, als eine »Schutzmacht« betrachtete[31]. Solange die westdeutsche Gesellschaft in ihrer Phase der Rekonstruktion problemlos und harmonisch erschien, bestand kein Bedürfnis, die postulierte Autonomie der Literaturkritik nach ihrer Funktion zu befragen. Daher bestand auch kein Interesse an Theoremen und Fragestellungen, die in den späteren Jahren der Weimarer Republik als Antworten auf grundlegende soziale und politische Krisen formuliert worden waren. Erst im Zusammenhang mit der Veränderung des innenpolitischen Klimas, mit der Entstehung einer politischen Oppositionsbewegung, die den engen Spielraum der parlamentarischen Opposition bewußt überschritt, wurden auch die Kritiker des 19. Jahrhunderts und der Weimarer Republik wieder lebendig.

IV

Die Kritiker der fünfziger Jahre litten unter der Insuffizienz des Rezensionswesens, hielten jedoch die Möglichkeit adäquater Literaturkritik prinzipiell für gegeben. In den sechziger Jahren wurden die

30 Literaturkritik, a. a. O., S. 23.
31 Plädoyer für den Einzelnen. München 1967, S. 78.

Methoden und Kriterien der Bewertung, die Rolle des Kritikers und schließlich die Funktion der Institution ›Literaturkritik‹ problematisch. Was zunächst noch als Dilemma der Methode erschien, stellte sich im Prozeß der kritischen Selbstreflexion als Grundlagenkrise heraus. Indem die jüngeren Kritiker, d. h. nunmehr die Generation der zwischen 1920 und 1930 geborenen, die offenen theoretischen Fragen wieder aufnahmen und versuchten, Literaturkritik mit den Bedürfnissen einer demokratischen Gesellschaft in Einklang zu bringen, stießen sie ungewollt an die Grenzen der immanenten literarischen Diskussion. Das Modell der autonomen literarischen Öffentlichkeit erwies sich, wo es beim Wort genommen wurde, als eine nicht mehr einlösbare Prämisse. Demgemäß ist die Kritik der nach 1930 geborenen Kritiker am literarischen Establishment nicht als Einbruch unerklärlicher Kräfte zu verstehen, sondern als konsequente Fortsetzung der Überlegungen, die durch die liberalen Kritiker in Gang gebracht worden waren.

Registriert wurde die Krise zunächst als ein sprachliches und methodisches Problem. Obwohl Curtius auf die gesellschaftliche Fundierung der Kritik, insofern sie eine öffentliche Einrichtung darstellt, früh aufmerksam gemacht hatte und seine Formulierungen immer wieder benutzt worden waren, hatten die Kritiker in den fünfziger Jahren daraus für die eigenen Kommunikationspläne keine Folgerungen gezogen. Die Verankerung der Buchkritik in der Gesellschaft erschien als eine Selbstverständlichkeit im Sinne Hofstaetters, die Art des Zusammenhangs blieb der Reflexion entzogen. Noch 1963 fanden Harry Pross' kritische Anmerkungen über die idealistische Selbstgenügsamkeit der Kritiker und ihr mangelndes Verständnis für die eigenen gesellschaftlichen Bedingungen auf dem Berliner Kritiker-Kolloquium kein nennenswertes Echo[32] Das Versagen der Kritik wurde, beispielsweise von Walter Höllerer, als das Unvermögen von individuellen

32 »Heute und für die nächste Zukunft genügt es nicht mehr, das individuelle Recht der Kritik zu verteidigen. Es geht auch nicht mehr um die bloße Freiheit der Kritik. Es geht um Gleichheit, um die Gleichheit der literarischen Kritik mit anderen Mächten dieser Gesellschaft, denn diese Gesellschaft ist auch auf Literatur gebaut. [. . .] Die Zukunft der Kritiker muß lernen, ihren sozialen Umfang zu begreifen.« Vom sozialen Umfang der Kritik. In: Sprache im technischen Zeitalter, (1964) 9–10, S. 801.

Kritikern oder Kritikertypen beschrieben. Durch ihre Einstellung und ihr Verfahren zwängten sie die Literatur entweder in ein arbiträres System oder machten sie zum Spielball beliebiger subjektiver Urteile. Wenn Höllerer die Profession der Kritiker in einer provozierenden und vielbeachteten Rede auf dem Kritiker-Kolloquium von 1961 in fünf negative Idealtypen einteilte[33], schrieb er de facto den Methodenpluralismus dieser Jahre, reduziert freilich auf geistreiche psychologische Portraits. Die satirische Einstellung antizipiert bereits die Polemik der späten sechziger Jahre. Höllerers Kritikerprofile können sich mit Hamms Beschreibung des Großkritikers und Walsers Bild des richterlichen Universalkritikers durchaus messen. Indessen darf diese Verwandtschaft der Darstellung nicht über die Distanz hinwegtäuschen, die Höllerers Argumente von 1961 von dem Angriff der Neo-Marxisten trennt. Fern lag Höllerer der Gedanke, die Krise der Literaturkritik als eine gesellschaftsbedingte Krise der Institution aufzufassen. Er betrachtete sie als ein Problem der Theorie. Daher galt ihre Überwindung durch die Selbstanstrengung der Kritik durchaus noch für möglich. Sein Ziel war eine Kritik, die sich nicht dadurch objektiviert, daß sie sich in das Kunstwerk bedingungslos hineinversetzt, sondern sich kritisch annähert, indem sie ihren eigenen Standort mitreflektiert. Dies waren beachtenswerte Ansätze zur Aufbrechung des historischen Objektivismus und dem ihm komplementär zugehörigen Impressionismus, doch die Beispiele, die Höllerer zur Demonstration heranzog, zeigen, wie sehr auch er noch an die Vorbilder und Kategorien des vergangenen Jahrzehnts gebunden war. Ausgerechnet an Curtius wollte Höllerer veranschaulichen, wie er sich sein Verfahren angewandt vorstellte. Eben dadurch fiel er wieder auf den Objektivismus der hermeneutischen Kritik zurück, der das kritische Subjekt nur als Medium ansieht. Höllerers Glaube, Curtius' methodische Prinzipien könnten die offenbare Krise beheben, auf der einen Seite und die Einsicht in die Aporien der einfühlenden Kritik auf der anderen, zeigen die ungelösten Widersprüche dieser Jahre an.

Die durch Höllerers Vortrag ausgelöste Diskussion zeigte dann auch, daß das Plädoyer für eine reflektierte Kritik verschiedene Ausle-

33 Zur literarischen Kritik in Deutschland. In: Sprache im technischen Zeitalter, (1962) 2, S. 153–164.

gungen zuließ. Edgar Lohners historisch argumentierender Beitrag[34] nahm Höllerers Anregung, dem Schein der objektiven Unmittelbarkeit des literarischen Gegenstands zu mißtrauen, zurück und insistierte erneut auf gegenstandsbezogener Objektivität. Nicht anders als Curtius machte er den Abfall von der romantischen Kritik und den Einbruch der politischen Öffentlichkeit für das Chaos der Gegenwart verantwortlich. Hier wurde die historisch akkumulierte Problematik der Kritik, d. h. die Spannung zwischen gesellschaftlicher und literarischer Entwicklung, zur Sprache gebracht, freilich nur, um endgültig und apodiktisch aus der Diskussion verbannt zu werden. Mit äußerster Strenge wurde die Kritik auf ihre tradierten immanenten Regeln verwiesen und die Frage nach der öffentlichen Funktion das Wort abgeschnitten. Lohners Aufforderung, zu den Sachen zurückzukehren, war im Grunde ein Verdikt gegen die von Höllerer initiierte Frage nach dem Standort und der Rolle des Kritikers, hinter der Lohner den Einbruch der Geschmackswillkür und der politischen Ideologien vermutete[35]. Lohners besorgte Stellungnahme weist zugleich zurück und voraus. Sie artikuliert noch einmal das Schockerlebnis der Generation, die die nationalsozialistische Literaturpolitik als Ideologisierung des Literarischen schlechthin erfahren hatte, und wehrt auf der anderen Seite den Druck der antizipierten politischen Konflikte auf die Literaturkritik ab. Wie weit diese negative Fixierung an den Nationalsozialismus zeitlich reichte, wie sehr aus diesem Grunde die deutsche Situation als besonders und verschuldet empfunden wurde, ist noch an Walter Boehlichs vernichtendem Urteil über die deutsche Buchkritik von 1964 abzulesen. Verantwortlich für den Tiefstand der deutschen Literaturkritik war Boehlich zufolge die Nachwirkung der faschistischen Perversion. »Von diesem Desaster«, argumentierte er, »hat sich die deutsche Kritik bis heute nicht erholt. Es gibt sie wieder, aber sie ist anämisch und scheint der Literatur, auf die die sich bezieht, nicht

34 Tradition und Gegenwart deutscher Literaturkritik. In: Sprache im technischen Zeitalter. (1962) 2, S. 238–248.

35 »Nicht mehr das werkimmanente Gesetz des dichterischen Werkes, sondern Stimmung und Geschmack der Öffentlichkeit, nicht mehr die Sache selbst, sondern die Weltanschauung werden entscheidend. Kritik äußert sich überwiegend als Parteischrift und Pamphlet. [. . .] Der Relativismus der Maßstäbe, den wir bis heute noch nicht überwunden haben, beginnt.« Ebd., S. 240.

zuzugehören.«[36]

Boehlichs Scheltrede ist indessen noch in anderer Hinsicht symptomatisch für das Selbstverständnis der Kritik in der ersten Hälfte der sechziger Jahre. Boehlich berief sich, nicht anders als die grundsätzlichen Stellungnahmen im vorhergehenden Jahrzent, auf Curtius' Definition der Kritik als der Form der Literatur, deren Gegenstand die Literatur ist, um Kritik als immanentes Steuerungsmittel der Literatur zu begründen. Indessen schließt diese Aufgabe eine – freilich noch sehr zurückhaltend formulierte – politische Funktion der Kritik ein. Literaturkritik im postfaschistischen Deutschland kann auf Ideologiekritik nicht ganz verzichten[37]. Gegen eine zu radikale Auslegung dieses Zugeständnisses sicherte sich Boehlich jedoch sogleich ab, indem er Franz Schonauers Forderung nach einer explizit didaktisch und gesellschaftskritisch orientierten Kritik als einseitig zurückwies. Er sah den Kritiker als den ehrlichen Makler zwischen den Autoren und den Lesern. Das Ideal ist die Vermittlung von Ideen im herrschaftsfreien Raum der literarischen Öffentlichkeit. Folglich monierte Boehlich, wo er konkret auf die Mißstände des Rezensionswesens einging, die Verstümmelungen und Verzerrungen durch das kommerzialisierte literarische Leben. Diese Beobachtungen, die das liberale Modell an seiner empfindlichsten Stelle trafen, erzwangen jedoch nicht die Auseinandersetzung mit den Ursachen dieser Störungen. Da Boehlich 1964 noch in erster Linie den Faschismus für die Fehlentwicklung verantwortlich machte, blieb die Analyse der gesellschaftlichen Situation peripher. Vier Jahre später revidierte Boehlich seine Position. Er hatte den Glauben an die Realisierungschancen des liberalen Modells verloren und machte der ›bürgerlichen‹ Literaturkritik den Prozeß. Wie Enzensberger und Michel empfahl er unumwunden ihre Abschaffung. Dieser Wandel ist exemplarisch für die Radikalisierung der Fragestellung in den sechziger Jahren.

Will man diesem Prozeß ein chronologisches Ordnungsschema

36 Kritik und Selbstkritik. In: Sind wir noch das Volk der Dichter und Denker? Reinbek 1964, S. 43f.

37 »Es gibt Dinge, die in den Staat, den das Grundgesetz uns verspricht, nicht mehr gehören, die zu äußern zwar jedermanns verbrieftes Recht ist, die der Kritiker, der diesem Staat und sich selbst eine Chance geben möchte, aber auch nicht gutheißen kann, wenn sie zu Literatur gemacht worden sind.« Ebd., S. 47.

unterlegen, ließen sich approximativ drei Etappen unterscheiden: die liberale Phase, vertreten durch Schriftsteller wie Höllerer, Walter Boehlich (vor seiner Konversion) und vor allem Marcel Reich-Ranicki, die kulturkritische Phase, in der die Theorie Adornos von jüngeren Schriftstellern wie Enzensberger und Baumgart rezipiert und angewandt wurde, und schließlich die gesellschaftskritische Phase, in der unter dem Einfluß von Brecht, Benjamin und Marcuse jede Form ästhetischer Kritik in Frage gestellt wurde. Liberale Kritik ging aus von der Annahme, die westdeutsche Gesellschaft sei reformbedürftig, aber im Prinzip annehmbar. Sie habe den notwendigen Grad politischer Mündigkeit erreicht. Aus dieser Einstellung resultierte ein gewisses Mißtrauen gegen die pointierte Inanspruchnahme von Literatur für gesellschaftskritische Zwecke[38]. Die Autonomie von Literatur und Kritik ist in der liberalen Konzeption nicht weniger fest verankert als im Begriff der hermeneutischen Kritik, der die fünfziger Jahre beherrschte, übernimmt freilich eine andere Funktion. An Reich-Ranickis Beiträgen zur Kritik der Kritik läßt sich dieser Zusammenhang am deutlichsten darlegen. Obwohl Reich-Ranicki es liebt, sich auf Friedrich Schlegel zu berufen, steht er der romantischen Idee einer produktiven Kritik, die sich als Selbstzweck betrachtet, fern. Reich-Ranicki greift auf die richterliche Funktion des Kritikers zurück, wie sie sich im 18. Jahrhundert zusammen mit dem Entstehen der literarischen Öffentlichkeit bildete. Vom Publikum empfängt der Kritiker das Amt des öffentlichen Sprechers. Obgleich er Privatmann ist, erfüllt er eine öffentliche, aus der Gesellschaft nicht wegzudenkende Funktion. Reich-Ranicki nimmt beim Wort, was für die Curtius-Schüler eine Metapher war: die Literaturkritik stellt eine gesellschaftliche Institution dar. Daher meldete er sich immer zum Wort, wenn ihr Funktionieren in Frage gestellt wurde. Er stellte sich vor die Gruppe 47, als sie von

38 Literatur und Politik bleiben besser getrennt, wie es Peter Demetz 1963 formulierte: »Solange es funktionierende Parlamente gibt, eine zivile Presse, Gewerkschaften und tätig-freie Bürger, ist es praktischer, die notwendigen Veränderungen der Gesellschaft durch die legitimen politischen Institutionen vorzunehmen. Ich fürchte fast, der dauernde Ruf nach dem verändernden Theater ist nichts anderes als das Zeugnis der politischen Dürftigkeit.« Gedanken zu einer Kritiker-Tagung. In: Sprache im technischen Zeitalter. (1964) 9–10, S. 820.

Sieburg und Blöcker angegriffen wurde[39]; er nahm die Kritik gegen die Polemik von Boehlich und Walser in Schutz[40]. Die Auseinandersetzung mit Walser verdient besondere Aufmerksamkeit, weil sie erlaubt, die neo-liberale Konzeption genauer zu kennzeichnen. Walser hatte (1964), gereizt durch den Jargon der Tageskritik, einem intimen, subjektiven Verfahren das Wort geredet, in dem der Kritiker auch sich selbst zur Sprache bringt[41]. Die Vorstellung eines öffentlichen Amtes, ja gar einer Schiedsrichterrolle, erschien ihm unvereinbar mit der Subtilität des zu reflektierenden Gegenstandes. Reich-Ranicki mußte sich von diesen Einwänden angegriffen fühlen, weil sie genau das in Frage stellten, was ihm wesentlich war. So nutzte er in der Replik die Gelegenheit, um Verfahren und Rolle der Kritik zu klären. Verworfen wurde, was Walser wünschte: die subjektive Kritik, erneut bestätigt wurde das öffentliche Amt: »Selbstverständlich funktioniert der Kritiker als öffentlicher Sachwalter. Er soll es. Er muß es sein. Er übt ein Amt aus.«[42] Folglich darf er nicht, wie Walser unterstellt, für sich schreiben, sondern muß, eingedenk seines Einflusses auf die öffentliche Meinung, an die Wirkung seiner Kritik denken. Ranicki war seiner Sache noch so gewiß, daß er nicht einmal die Frage aufwarf, wie es mit der Legitimation dieses Amtes bestellt war. Das Geschäft der Kritik mag im einzelnen schwierig sein, im Prinzip jedoch ist es ihm unproblematisch, weil die institutionelle Basis und der gesellschaftliche Zusammenhang als gesichert angesehen werden. Ranicki unterdrückte diesen Zusammenhang nicht wie die herrschende Strömung der fünfziger Jahre, er exponierte ihn vielmehr.[43] Kritik ist das Instrument öffentlicher Wahrheitsfindung; daher ist die Kritik der Kritik will-

39 Die ›Gruppe 47‹ und Günter Blöcker. In: M. Reich-Ranicki, Literarisches Leben in Deutschland. München 1965, S. 125–133.

40 Kritik der Kritik der Kritik. In: Literarisches Leben, S. 217–220; Ein bißchen Amtsarzt, ein bißchen Moses. In: Literarisches Leben, S. 273–277.

41 Tagtraum, daß der Kritiker ein Schriftsteller sei, Süddeutsche Zeitung, 31. Dezember 1964; wieder abgedruckt in: P. Hamm (Hrsg.) Kritik – von wem, für wen, wie. Eine Selbstdarstellung deutscher Kritiker. München 1968, S. 11–14. Im folgenden wird dieser Band zitiert als Kritik.

42 Litararisches Leben, S. 277.

43 »Jemand der seine litararischen Versuche der Öffentlichkeit vorlegt, räumt zugleich, ob er dazu geneigt ist oder nicht, der Öffentlichkeit auch das Recht ein, über den Wert dieser Versuche zu befinden.« Literarisches Leben, S. 155.

kommen, denn »Kritiker sind dazu da, an dem Ast zu sägen, auf dem sie sitzen. Unter uns, sie können es getrost tun, denn [...] je mehr man an ihm sägt, desto fester wird er«[44]. Offenbar fühlte Reich-Ranicki sich des Gesprächspartners sicher; die Existenz des zur kritischen Diskussion versammelten Publikums stand außer Frage. Seine Position postulierte, daß es funktionierende demokratische Institutionen des politischen Lebens gab, von denen die Literaturkritik getragen wurde und an deren Funktionieren diese ihrerseits mitwirkte.

V

Die Restitution des liberalen Modells, in dem der Kritiker als Vermittler zwischen Literatur und Publikum und als Räsoneur der Öffentlichkeit auftritt, konnte die schwelende Krise nicht sistieren. Der Institution wurde die fraglose Basis entzogen durch die Spannungen im politischen System der Bundesrepublik, die zum erstenmal zu einer permanenten Polarisierung der öffentlichen Meinung führten. Die politische Krise beeinflußte das literaturkritische Gespräch und erzwang die Überprüfung der liberalen Prämissen. Dieser Prozeß setzte um 1961 ein, erreichte jedoch erst nach 1965 eine bemerkbare Breitenwirkung. In Zusammenhang mit der Studentenrevolte und der aus ihr hervorgehenden Kritik an der Germanistik polarisierte sich auch die literarische Intelligenz. Es konstituierte sich die Antikritik der nach 1930 Geborenen, auf deren Seite sich zum Teil auch die mittlere Generation der zwischen 1920 und 1930 Geborenen stellte.

Anläßlich der Neuausgabe eines früheren Essaybandes notierte Holthusen 1964 reserviert, das intellektuelle Klima habe sich so verändert, daß die eigenen Fragestellungen unzeitgemäß erschienen: »Alles Soziologische ist Trumpf, Marx wieder ein Problem von großer Dringlichkeit, dialektisches Denken fast eine conditio sine qua non.«[45] Die Erklärung, die er für den »radikalen Kulissenwechsel« bereithielt, rührte freilich kaum an den Kern der Sache, denn sie beschränkte sich darauf, die neuen Vorbilder wie Adorno, Bloch und Brecht zu nennen. Begreifen läßt sich der Umschwung nur aus der akkumulierten, aber

44 Ebd., S. 217.
45 Der unbehauste Mensch. München 1964, S. 10.

auf Grund theoretischer Fixierungen nicht zur Diskussion gestellten Problematik der Buchkritik in einer industrialisierten Massengesellschaft. Sobald der institutionelle, gesellschaftlich fundierte Charakter dieser Buchkritik hervorgehoben wurde – nicht zuletzt durch die liberalen Kritiker –, sobald der Aspekt der Vermittlung zwischen Autor und Publikum im Zeitalter der Massenkommunikation näher expliziert werden sollte, trat die Fragwürdigkeit der literarischen Selbstgenügsamkeit ans Licht. Der Anspruch der vorgefundenen Theorie, Antworten für alle Situationen bereitzuhalten, kam einer nicht abzutragenden Hypothek gleich. Als Lösung angeboten wurde nach dem Krieg ein Modell, in dem die Kritik als das regulative Prinzip einer ausschließlich ihrer Eigenentwicklung unterliegenden Literatur funktioniert. Die Diskussion der sechziger Jahre verdeutlichte dann, daß die paratgehaltenen Antworten über Aufgabe und Zweck der Buchkritik ihrerseits Fragen enthielten, die nicht vorgesehen waren und daher eine verunsichernde oder zersetzende Wirkung ausübten. Mit Blumenberg zu sprechen:

> Es gibt [...] Probleme, die erst durch das Angebot ihrer vermeintlichen Lösung, bzw. dessen, was nachträglich als Lösung eines vorgegebenen Problems erscheint, gestellt und zu hartnäckiger Insistenz stabilisiert werden.[46]

Nach der Errichtung der Berliner Mauer und den ersten Entwürfen der Notstandsgesetzgebung wirkten die Anstöße aus dem politischen Raum auf die Fusion von Literaturtheorie und Gesellschaftstheorie hin. Die politischen Aktionen der außerparlamentarischen Opposition und der Studentenbewegung seit 1964 trieben den Prozeß der Reflexion voran und schrieben ihm die Richtung vor. Die Revolte gegen die etablierte Literaturkritik, die 1968 ihren Höhepunkt erreichte, verdankte diesen politischen Bewegungen ihren Elan und die meisten ihrer Argumente. Nach 1965 sind literarische und politisch-gesellschaftliche Rebellion kaum noch zu trennen. Während zu Beginn der sechziger Jahre liberale und linke Kritik noch an einem Strang zogen und ihren gemeinsamen Gegner in den konservativen Kritikern erblickten – abzulesen ist dies an der Kontroverse um die Gruppe 47[47] –

46 Die Legitimität der Neuzeit. Frankfurt a. M. 1966, S. 43.

47 Vgl. R. Lettan (Hrsg.), Die Gruppe 47. Bericht, Kritik, Polemik. Neuwied/Berlin 1967.

polarisierten sich nach 1964 diese Gruppen, und innerhalb der Linken radikalisierte sich die kulturkritische Begründung der Literaturkritik zur gesellschaftskritischen unter marxistischem Vorzeichen. Index der Verschärfung der politischen Fragestellung ist die Benjamin-Kontroverse der Jahre 1967–68, in der die marxistischen Spätschriften Benjamins polemisch gegen die ›Kritische Theorie‹ der Frankfurter Schule (Horkheimer, Adorno, Tiedemann) ausgespielt wurde[48].

Eine Erklärung fordert die auffällige Verspätung der literarischen Revolte. Während sich die politische Oppositionsbewegung nach dem Einschwenken der Sozialdemokraten auf den außen- wie militärpolitischen Kurs der Regierung bereits 1960 formierte (Abspaltung des SDS) und in den folgenden Jahren Alternativen zur offiziellen Politik der Bundesrepublik diskutierte[49], blieb eine vergleichbare Konfrontation in der Literaturkritik zunächst aus. Eine wesentliche Ursache scheint mir der nachhaltige Einfluß von Adornos Kunsttheorie auf die jüngere literarische Intelligenz gewesen zu sein. Adornos Theorie versöhnte Gesellschaftskritik und Literaturkritik im ästhetischen Raum; gegen die Linke der zwanziger Jahre und ihren Begriff der engagierten Literatur setzte sie sich ab. Bei Enzensberger wie bei Baumgart, um nur zwei Beispiele zu nennen, finden wir die Wirkung dieses Theorems, demzufolge die Methode des Schreibens und nicht der literarische Aktivismus das ideologisierte Bewußtsein aufbricht. Über die alte Linke hieß es nicht ohne Mitleid in Baumgarts *Plädoyer für eine linke Literatur*:

Sie selbst, unwirsch in ihrem politischen, pietätvoll in ihrem literarischen Gehabe, beerbte den schon bankrotten bürgerlichen Realismus und setzte ihn an auf neue proletarische Milieus, die ihn aus der alten Form brachten und in keine neue, bis ihm die theoretische Dornenkrone des sozialistischen Realismus in die schon tote Stirn gedrückt wurde.[50]

48 Vgl. die beiden Sonderhefte der ›alternative‹ über Walter Benjamin: 56/57 (1967) und 59/60 (1968) sowie die dort verzeichnete Literatur.

49 Vgl. Ernst Richert, Die radikale Linke von 1945 bis zur Gegenwart. Berlin 1969, bes. S. 85–103.

50 Plädoyer für eine linke Literatur (1964). In: R. Baumgart, Literatur für Zeitgenossen. Frankfurt a. M. 1966, S. 121.

Linke Poetik, so folgerte Baumgart, steht vor der Aufgabe, den Protest, der sich früher auf die Botschaft verließ, in formale Kriterien zu übersetzen, denn nicht mehr materielles Elend sei zu bekämpfen, sondern die totale Umfassung der Literatur durch die Bewußtseinsindustrie. »Nur neue Methoden könnten in Gedicht, Stück oder erzählend abbilden, was sich über unser aller Köpfe zusammenzieht.«[51] Diese in der Tat überfälligen Reflexionen auf die geschichtlichen Bedingungen literarischer Formen hatten den vermutlich nicht beabsichtigten Nebenffekt, Theorie und Kritik noch einmal gegen den gesellschaftlichen Raum abzukapseln. Vom allseitigen Ideologieverdacht ist nur *die* Kunst ausgenommen, die das Bündnis mit praktischen gesellschaftlichen Interessen zurückweist.

Dieser Versuch, die Autonomie der Theorie zu behaupten, indem man das gesellschaftskritische Moment in sie integrierte, hielt den äußeren Belastungen nicht stand. Ästhetische Kritik, die sich nicht in gesellschaftliche Praxis überführen ließ, wurde preisgegeben, die Hoffnung auf die kritische Funktion der avancierten Literatur als Illusion abgeschrieben. Abzulesen ist dieser radikale Umschlag an Enzensbergers Stellungnahmen. Sein Aufsatz *Gemeinplätze, die neueste Literatur betreffend* von 1968 gipfelte in der Formulierung: »Für literarische Kunstwerke läßt sich eine wesentliche gesellschaftliche Funktion in unserer Lage nicht angeben.«[52] Diese These nimmt zurück, was ihr Autor in den frühen sechziger Jahren gedacht hatte. Sowohl der Aufsatz über die *Weltsprache der Poesie* als auch der Versuch über Neruda leiteten die gesellschaftskritische Funktion des lyrischen Kunstwerks gerade aus ihrer ästhetischen Autonomie ab[53]. Das Gedicht, sofern es gelungen ist, erscheint hier als das Gebilde, das sich nicht zur Ware erniedrigen läßt, das in seiner ästhetischen Selbstvergessenheit tiefer engagiert ist als politische Kunst. Ästhetische und gesellschaftliche Evolution wurden derart aufeinander bezogen, daß dem Prozeß der formalen Innovation der Progreß der gesellschaftlichen Befreiung entspricht. Poesie löst antizipierend das Versprechen der Menschheit ein.

51 Ebd., S. 127.
52 Kursbuch, (1968) 15, S. 195.
53 Einzelheiten. Frankfurt a. M. 1962, S. 255–272 und S. 316–333.

Dieser Glaube an die emanzipatorische Wirkung des poetischen Spurenelements wurde 1968 widerrufen. Enzensberger identifizierte sich nicht mehr mit der Sendung der modernen Literatur. Folglich las sich ihre Geschichte anders. Ausdrücklich zurückgenommen wurde die These, daß formale Innovation und politische Emanzipation identisch seien:

> eine Äquivokation [hat] ein Ende, die fünfzig Jahre die progressive Literaturtheorie beherrscht hat; die Parallelisierung oder gar Gleichsetzung von formaler und gesellschaftlicher Innovation.[54]

Die theoretische Begründung für diesen Positionswechsel lag schon seit geraumer Zeit bereit in der Theorie der Bewußtseinsindustrie[55], doch während 1962 Dichtung gerade als das dem System der Kulturindustrie nicht Kommensurable, weil nicht auf Warenform und Konsum Reduzierbare gefeiert wurde, schlug Enzensberger 1968 auch die avancierten poetischen Gebilde dem System zu, weil sie dieses nicht aufbrechen können. Formale Innovation und literarische Gesellschaftskritik erwiesen sich Enzensberger zufolge als integrierbar in das Bestehende:

> [. . .] je mehr die westdeutsche Gesellschaft sich stabilisierte, desto dringender verlangte sie nach Gesellschaftskritik in der Literatur, je folgenloser das Engagement der Schriftsteller blieb, desto lauter wurde nach ihm gerufen. Dieser Mechanismus sicherte der Literatur einen unangefochtenen Platz in der Gesellschaft, aber er führte auch zu Selbsttäuschungen, die heute grotesk anmuten.[56]

Die Selbsttäuschungen waren diejenigen Enzensbergers. Daraus resultierte die Erbitterung über die Wirkungslosigkeit des poetischen Protests. Die kritische Theorie ließ sich nicht in die Praxis überführen. Weil Enzensberger alle Hoffnungen auf die moderne Literatur gesetzt hatte, weil sie ihm mit Adorno als die fast einzige Möglichkeit erschie-

54 Gemeinplätze, Kursbuch (1968) 15, S. 194.
55 Bewußtseins-Industrie. In: Einzelheiten, S. 7–15.
56 Ebd., S. 190.

nen war, Wahrheit jenseits der Ideologie auszusprechen, verfällt sie der Ächtung, nachdem sich herausgestellt hat, daß die Literatur kurzfristig dieses Versprechen nicht einlösen konnte. So gibt es für Enzensberger, bei aller Möglichkeit, den Prozeß ästhetischer Veränderung fortzusetzen, keine unbedingte Legitimation mehr, wie sie für Adorno noch bestanden hatte. In diesem Zusammenhang ist der apodiktische Satz zu lesen: »Mithin ist eine Literaturkritik, die mehr als Geschmacksurteile ausstoßen und den Markt regulieren könnte, nicht möglich.«[57] Ausgespielt ist die Chance der Literaturkritik, das Übungsfeld für die politische Öffentlichkeit abzugeben.

Unter dem Eindruck der politisch-gesellschaftlichen Problematik der Bundesrepublik wurde aus der immanenten Methodenkrise eine Krise der Institution. Die Destrukteure waren sich dieses Zusammenhangs durchaus bewußt[58]. Zusammen mit der politischen Krise der Bundesrepublik, die 1966 durch die Bildung der Großen Koalition allgemein sichtbar wurde, geriet das Subsystem, im großen und ganzen gegen den Willen seiner prominenten Rollenträger, in den Sog der politischen Konflikte. Die außerparlamentarische Opposition unterminierte durch ihre berechtigten Zweifel am Funktionieren der parlamentarischen Demokratie in Westdeutschland das selbstverständliche Vertrauen der Liberalen auf die Trennbarkeit von literarischer und politischer Debatte. Politische Massendemonstrationen und Studentenrevolten erhöhten die Spannung und trieben die Reflexion endgültig über die Methodendiskussion hinaus[59]. Die Forderung der Studenten, Wissenschaft zu politisieren, wurde im Sommer 1967 – wenige

57 Ebd., S. 195.

58 So heißt es 1968 bei Enzensberger: »Als die Totalität des Imperialismus sichtbar wurde, als die gesellschaftlichen Widersprüche nicht mehr stillzulegen waren, als die Politik auf die Straße ging, brachen die Risse im kulturellen Putz auf.« Kursbuch (1968) 15, S. 190.

59 Wie schwierig dieser Schritt zunächst war, ist an Peter Schneiders Kritik des Rezensionswesens abzulesen. Noch 1965 hielt er sich in einer für radikal angesehenen Analyse von fünf Besprechungen eines Romans an immanente Kriterien der Information, der Konsistenz und der sprachlichen Darbietung. Als der wesentliche Mangel erschien ihm, daß die Kritiker ihren Standpunkt, gleich welcher dieser sein mochte, nicht exponierten, so daß die an den literarischen Gegenstand herangetragenen Kriterien sich nicht deutlich abzeichneten. Die Mängel der gegenwärtigen Literaturkritik. In: NDH 12 (1965), S. 98–123.

Tage nach der Ermordung des Studenten Ohnesorg – in Berlin an die Germanistik herangetragen[60]. Die Diskussion über die Aufgaben der Germanistik wurde zum Probefall für die anstehende Auseinandersetzung mit der Literaturkritik überhaupt. Der Nachweis, daß die Germanistik in ihrem überlieferten Selbstverständnis sich der jeweils herrschenden Gruppe dienstbar gemacht hatte, indem sie sich für unpolitisch erklärte (diesen Nachweis hatten liberale Germanisten wie Lämmert, Conrady und Killy schon früher gebracht[61]), ließ sich mit einigen Modifikationen auf die professionelle Buchkritik übertragen.

VI

Der Anschlag der Neuen Linken auf die Literaturkritik, der nicht mehr zu ihrer Verbesserung, sondern zu ihrer Liquidation beitragen wollte, machte eine verschleppte Strukturkrise offenbar. Er ging hervor aus der Wiederentdeckung von Problemen, die in den zwanziger Jahren bereits zwischen der Linken und der etablierten Literaturkritik verhandelt worden waren, aber ohne Lösung blieben, weil der Einbruch des Nationalsozialismus die Diskussion abschnitt. Man kann mit Jauß von einer »Umbesetzung von Positionen im Horizont der Fragen und Lösungen« sprechen, »die gleichermaßen von innen [. . .] wie von außen, das heißt von Anstößen und Problemzwängen der geschichtlich-gesellschaftlichen Situation bedingt und ausgelöst« wurde[62]. Die Konfrontation nämlich mit einer politisch-gesellschaftlichen Lage, die für revolutionär angesehen wurde, führte zu einem Perspektivenwechsel, in dessen Folge die ›Kritische Theorie‹, welche an der Unabhängigkeit des ästhetischen Bereichs festhielt, einem an Brecht und Benjamin sich anschließenden materialistischen Ansatz Platz machte.

Brechts Thesen über das kapitalistische Rezensionswesen und Benjamins Spätschriften lenkten die Aufmerksamkeit auf den Zusammenhang zwischen den Produktionsbedingungen des Kunstwerks, darge-

60 Vgl. Germanistik, Reform oder Politisierung, alternative, (1967) 55.

61 Germanistik – eine deutsche Wissenschaft. Frankfurt a. M. 1967; die Aufsätze wurden 1966 als Vorträge auf dem Deutschen Germanistentag in München gehalten.

62 Hans-Robert Jauß, Literaturgeschichte als Provokation der Literaturwissenschaft. Konstanz ²1969, S. 61.

stellt an den Möglichkeiten technischer Reproduktion, und seiner sozialen Funktion[63]. Kunst hat sich Benjamin zufolge in der modernen Gesellschaft vom Begriff des echten, durch seine Aura geschützten Werks unwiederbringlich entfernt. Hier lag der Ansatzpunkt, um den Widerstand gegen die vorgefundene Literaturkritik zu artikulieren. Als obsolet wurde ausgewiesen, was die Buchkritik der führenden Zeitungen und Zeitschriften unverändert als Basis der Beurteilung in Anspruch nahm: die kontemplative Versenkung in den Text. Mehr noch: Benjamins Schriften stellten die politische Applikation in Aussicht, die Adornos Theorie verweigerte:

> In dem Augenblick aber, da der Maßstab der Echtheit an der Kunstproduktion versagt, hat sich auch die gesamte Funktion der Kunst umgewälzt. An die Stelle ihrer Fundierung aufs Ritual tritt ihre Fundierung auf eine andere Praxis: nämlich ihre Fundierung auf Politik.[64]

Peter Hamm dürfte nur die communis opinio der Neuen Linken ausgesprochen haben, als er Adorno vorwarf, mit der Kultur als einem Wert an sich noch gemeinsame Sache gemacht zu haben[65]. Triftiger, weil er die Spannung zwischen ästhetischer Theorie und ersehnter politischer Praxis in seine Absage aufnahm, formulierte Karl Marcus Michel den gleichen Einwand:

> Nicht Ernst Bloch, dieses atavistische Denkmal des Noch-nicht [. . .] steht hinter ihren [der Neuen Linken] Aktionen, viel eher das hermeneutische Denken von Adorno, das sich in politische Praxis nicht umsetzen läßt und dennoch umgeschlagen ist in konkreten Protest.[66]

Die Argumente der Antikritik lassen sich nach vier Gesichtspunkten ordnen: 1. die gesellschaftliche Stellung und Rolle des professionellen Kritikers, 2. die Kommunikation zwischen Kritik und Publikum, 3.

63 Brecht, Schriften zum Theater, Bd. 2, S. 235–264 sowie Benjamins Aufsätze zur Kunstsoziologie, Frankfurt a. M. 1963. In: Das Kunstwerk im Zeitalter seiner technischen Reproduzierbarkeit. Drei Studien.

64 Das Kunstwerk, S. 21.

65 Der Großkritiker. Literaturkritik als Anachronismus. In: Kritik, S. 35.

66 Ein Kranz für die Literatur. Fünf Variationen über eine These. Kursbuch (1968) 15, S. 185.

die soziale Funktion der Kritik, und 4. der Platz der Literaturkritik im kulturellen System. Die zentralen Vorwürfe gegen das institutionalisierte Rezensionswesen kommen unter dem vierten Aspekt zur Sprache. Die aktuelle Buchkritik ist auf die Massenmedien angewiesen, um das Publikum zu erreichen. Folglich unterliegen die Kritiker, auch wenn sie es nicht wahrhaben wollen, den eingespielten Mechanismen der Bewußtseinsindustrie. Status und Rolle des Kritikers, Kommunikationsbedingungen und gesellschaftliche Wirksamkeit der Kritik sind, so insistierte die Neue Linke zu Recht, nur vor dem Hintergrund der Medienindustrie zu verstehen. Indessen hatte dieses Argument eine starke emotionale Komponente. Die Bewußtseinsindustrie spielte die Rolle des Erzfeindes, der für alles verantwortlich zu machen war. Die Apparate erschienen nicht nur als die Kontrolleure der öffentlichen Meinung, sondern zugleich als unerreichbare, omnipotente Mächte. Gegen die dämonisierten Organisationen wurde die direkte Aktion aufgeboten, auch wenn sie keinen Erfolg versprach. »Sich dem Zugriff der kulturellen Apparate zu entziehen, ihrer schier unbegrenzten Fähigkeit, alles zu schlucken und zu verdauen, was an Kritik sich regt«[67], wurde als Überlebenskampf stilisiert.

Widersprüchlich wurde die materielle Lage und soziale Position des Berufskritikers gedeutet. Offenkundig ist er auf Honorare angewiesen, folglich ist er ökonomisch abhängig vom Apparat der Medien. So notiert Yaak Karsunke:

> Da Kritiker von ihren Honoraren leben müssen, sind sie zur Vielschreiberei gezwungen – aus der flüchtigen Lektüre folgt die flüchtig geschriebene Kritik. Der Apparat hindert seine Bediensteten erfolgreich an exakteren Analysen, deren Gegenstand am Ende er selbst werden könnte.[68]

Entworfen wurde hier das Bild des literarischen Kulis. Hamm verfolgte diese Perspektive mit Brechtschen Argumenten weiter: Die ökonomischen Bedingungen, denen der Kritiker Rechnung zu tragen hat, lassen ihm nur die Illusion der Meinungsfreiheit, die daher der Kompensation durch das Postulat ästhetischer Autonomie bedürftig ist. Der Schein der ästhetischen Freiheit liefert die unabdingbare, wenn

67 Michel, Ein Kranz, S. 184.
68 Uralte Binsenwahrheiten. In: Kritik, S. 46.

auch objektiv falsche Legitimation der Kritik. Indessen verkehrt sich das Argument bei Hamm unter der Hand ins Gegenteil, denn nicht auf materielle Abhängigkeit will er aufmerksam machen, sondern auf usurpierte Herrschaftsansprüche. Der erfolgreiche Rezensent gehört als ›Großkritiker‹ zur Elite. Unvermittelt stehen zwei Diagnosen nebeneinander: auf der einen Seite die Vorstellung des dem Apparat hörigen Funktionärs, auf der anderen Seite das Bild des Stars, dessen Kommentare die öffentliche Meinung beherrschen. Offensichtlich verwechselt Hamm, der in seiner Polemik zwischen Konservativen und Liberalen kaum differenziert, das elitäre Selbstverständnis der Kritiker mit der gesellschaftlichen Realität. Dieser Schluß vom Selbstverständnis auf die objektive Situation ist jedoch gefährlich. Manche Anzeichen sprechen allerdings dafür, daß einige Kritiker zur Kommunikationselite zu rechnen sind, doch beileibe nicht die Mehrzahl. Die zur Elite gehörigen haben das von Karsunke angeschnittene Problem der materiellen Abhängigkeit durch Positionsakkumulation gelöst. Ihre Determiniertheit beruht auf anderen Faktoren als Honorarfragen. Genau so wie ihre weniger bemittelten und minder einflußreichen Kollegen unterliegen sie den Gesetzen des Kommunikationsapparates, der den Zugang zum Publikum reguliert.

Damit kommen wir zum zweiten Punkt. Kritik bleibt an die zur Verfügung gestellten Kanäle gebunden und erreicht entsprechend nur das bürgerliche Publikum. »An wen er sich wenden will«, schreibt Karsunke, »ist völlig nebensächlich: erreichen wird er immer das gleiche Publikum der Sonntagsausgaben, Zeitschriften und Dritten Radioprogramme (denen die Nachtprogramme zugerechnet werden können). Man befindet sich als Kritiker im Kulturghetto der Bildungsbürger, wer es verläßt, findet für seine Ware keine Käufer mehr.«[69] Die Buchkritik muß aufgrund der Struktur der Massenmedien vor ihrer elementaren Aufgabe der Information gegenüber dem breiten Publikum versagen[70]. Fixiert auf überständige theoretische Positionen ha-

69 Ebd., S. 45.

70 Auch Baumgart machte auf diese gefährliche Beschneidung des Kommunikationsraumes aufmerksam; ihm schien als Flucht- und Anhaltspunkt »nur die Frage tauglich, was ein Buch zur Fortentwicklung der Literatur, für ihre Zukunft leistet«, und fügte, seine frühere Einstellung korrigierend, hinzu: «und das geschieht beileibe nicht nur durch Erprobung neuer Schreibweisen, sondern etwa

ben die professionellen Kritiker versäumt, ihre veränderte Stellung in einer gewandelten Gesellschaft zu erkennen. Mit den Worten von H. G. Helms:

Und besorgniserregend ebenso wie folgenträchtig endlich die offenbar durch nichts zu beirrende Abstinenz der kritischen Fakultät von Einblicken in die auf der gesellschaftlichen Basis, in der Sphäre der Produktion, stattfindenden Prozesse.[71]

Indessen: obgleich die Analyse der gesellschaftlichen Basis immer wieder gefordert wurde, blieben die Bemerkungen zu diesem Punkt allgemein. Die Antikritik konzentrierte sich auf die Durchleuchtung der ideologischen Funktion der ›bürgerlichen‹ Literaturtheorie. Das Postulat ästhetischer Autonomie, aus dem die Literaturkritik der fünfziger Jahre noch einmal ihren Auftrag ableitete und das auch im liberalen Modell unangetastet blieb, verfällt dem Verdacht, in der gegenwärtigen Situation nicht mehr Emanzipation zu bewirken, sondern lediglich die Stabilisierung eines in das gesellschaftliche System eingepaßten kulturellen Überbaus. Indem die Literaturkritik als Institution die Spezialisierung der Gesellschaft annimmt und sich auf literarische Bewertung beschränkt, begibt sie sich schon der Möglichkeit, die Bedingungen literarischer Produktion – die eigenen eingeschlossen – zu erkennen. Folglich endet sie im affirmativen Kommentar. So heißt es bei Helms:

Eine Literaturkritik, die darauf abzielt, den Leser mit [. . .] immergleichen Fehlinformationen zu belästigen, vermag allerdings der Aufrechterhaltung der bestehenden Herrschaft mit ihren bescheidenen Mitteln insofern zu dienen, als sie den Leser von den gesellschaftlichen Bedingungen künstlerischer Produktion und seiner selbst ablenkt und ihn immer wieder auf die ideologische Spielwiese des Faschismus, auf den Urgrund des Seins, zurückverweist.[72]

Oder bei Karsunke: »Im Grunde arbeiten die Kritiker insgesamt an einer Fiktion: nämlich der eines vom Gelde unabhängigen Wertsystems.«[73] Ähnlich notierte Baumgart:

auch dadurch, daß neues Publikum gewonnen oder mit neuen Methoden neue politische Wirkung erreicht wird.« Vorschläge. In: Kritik, S. 42.

71 Über die gesellschaftliche Funktion der Kritik. In: Kritik, S. 134.

72 Ebd., S. 137f.

73 Uralte Binsenwahrheiten, S. 48.

Denn das bleibt das Scheinheiligste am gängigen Rezensionswesen: es ist ein Instrument des Marktes, oder, scheinbar harmloser gesagt, der Literaturpolitik, spielt aber Unschuld gegenüber seiner Macht, mimt reines, ungetrübtes Sachinteresse und gibt vor, in aller Eile kritisch Ordnung zu machen.[74]

Rezensionen, so folgert Baumgart, sind ihrer tatsächlichen Funktion nach unbezahlte Buchanzeigen. Mit anderen Worten: das organisierte Besprechungswesen enthüllt sich als Appendix des Buchmarktes, obschon es sich diese Funktion nicht eingesteht.

Einig war sich die Neue Linke darin, daß die etablierte Buchkritik, von Hohoff bis Hans Mayer, als Mitspieler des Apparats sich ihrer gesellschaftskritischen Funktion begeben hat. Boehlich faßte nur die allgemeine Ansicht zusammen, als er im November 1968 im *Kursbogen* schrieb:

Sie [die bürgerliche Kritik] hat sich verbannen lassen auf die letzten Seiten der Zeitungen, der Wochenschriften, der Zeitschriften. Sie nimmt hin, daß die Politik, die auf den ersten Seiten gemacht wird, selbst in ihren eigenen Augen der Kritik widerspricht, die sie auf den letzten Seiten übt. Sie glaubt immer noch, daß sie trotzdem etwas bewirken könne. Sie nimmt sich hin als liberalen Flitter einer längst nicht mehr liberalen Gewalt.[75]

Verschieden dagegen waren die Antworten auf die Frage, ob eine legitime Funktion für Kritik überhaupt noch denkbar sei. Während Boehlich, Baumgart, Hamm und auch Helms sie, wenn auch nicht in der vorgefundenen Spezialisierung, noch für möglich hielten, verneinten Enzensberger und Michel 1968 die Möglichkeit einer kritischen Institution. Und zwar aus zwei Gründen: Einmal verhindert der Apparat der Kulturindustrie durch seine Allgegenwart und umfassende Kontrolle jede substantielle Veränderung, zum anderen, und dies ist zweifellos das gewichtigere Argument, hat die moderne, postsymbolistische Literatur inzwischen ihr historisches Ende erreicht. Damit aber ist gleichzeitig der progressiven Literaturkritik, die als ihr Pendant auf den Plan trat, ihre legitime Funktion genommen. Das Gericht über die progressive Literatur schloß das Verfahren über die Kritik ein, die sich

74 Vorschläge, S. 43.
75 Beilage zu Kursbuch, (1968) 15.

in der Gestalt ihrer radikalsten Mitglieder selbst auflöste[76]. Enzensberger sah bereits 1968 voraus, daß dieses strenge Urteil nicht zu exekutieren war, denn die betroffene Institution respektierte das Gericht nicht. Überdies wurde das Verfahren, um in der Rechtssprache zu bleiben, wieder aufgenommen.

VII

Trotz des geringen zeitlichen Abstandes lassen sich die Schwächen der Rebellion bereits beim Namen nennen. Die Aufforderung, Literaturkritik in toto und bedingungslos abzuschaffen, entsprach der Sehnsucht nach spontaner Aktion nach den frustrierenden Erfahrungen mit dem Apparat der Kulturindustrie. Man wollte sich um jeden Preis aus der ›Umarmung‹ befreien. Insofern hatte der Protest für die Neue Linke eine kathartische Funktion. Die Hoffnungen auf eine unmittelbare Veränderung wurden 1968 genährt durch eine innenpolitische Konstellation, die die Veränderung der gesellschaftlichen Verhältnisse sogleich in Aussicht zu stellen schien. Ungelöst blieb freilich das Problem, was an die Stelle der bürgerlichen Kritik treten sollte. Die Revolte rechnete mit der spontanen Entstehung neuer Formen nach der Auflösung der verbrauchten und korrumpierten Institution. Diese Gegenüberstellung von bürgerlicher und widerbürgerlicher Kritik enthielt, wie namentlich an Boehlichs Pamphlet abzulesen ist, die Gefahr der leeren Rhetorik. Die Befreiung von eingeschliffenen formalen und organisatorischen Mechanismen ließ sich nicht durch den anarchistischen Protest, sondern nur durch die Umbesetzung der vorgefundenen Produktionsmittel lösen. Es fehlte, nicht anders als bei der inkriminierten bürgerlichen Kritik, an genauen Analysen des Lesepublikums und der Medienindustrie.

Die Kritik des gegenwärtigen Rezensionswesens zielte an den Interessen der Massen vorbei. Die Debatte über Funktion und Zweck der Literaturkritik blieb eine Sache der literarischen Intelligenz, die für das

76 »Ähnlich die moderne Literatur: sie fesselte und befriedigte intellektuelle Interessen, als wären es unmittelbar gesellschaftliche und politische, und hat dadurch den Blick auf die letzteren verstellt, hat die Unzufriedenheit und Unruhe, die sie nährte, zugleich in einen Käfig gesperrt, wo Scheinkämpfe ausgefochten und Scheinsiege errungen wurden, während nebenher die Geschäfte ihren Lauf nahmen.« Michel, Ein Kranz, S. 178 f.

breite Publikum fast bedeutungslos war[77]. Dieses war nicht an der Abschaffung einer Einrichtung interessiert, zu der es kein Verhältnis hatte. Die Linke selbst sieht inzwischen mit einem gewissen Unbehagen auf die Phase der spontanen Aktionen zurück. Diese Selbstkritik macht jedoch die Revolte der sechziger Jahre nicht überflüssig. Der Einspruch gegen die vorgefundene Institution der Literaturkritik offenbarte die verschleppte Strukturkrise, die in den fünfziger Jahren noch einmal durch die Restitution der romantischen Theorie zugedeckt worden war.

Die Evolution der Literaturkritik in den kommenden Jahren exakt vorherzusehen ist unmöglich, weil der Prozeß von zu vielen Faktoren bestimmt wird. Indessen lassen sich die Probleme bezeichnen, die sie von den sechziger Jahren geerbt hat und mit denen sie sich auseinandersetzen muß. Folglich sind einige Prognosen möglich.

1. Die Kluft zwischen liberaler Kritik und Neuer Linker wird fortbestehen. Die Differenzen zwischen den beiden Lagern sind nicht auf partikulare Interessenunterschiede zurückzuführen, die sich gleichsam von selbst auflösen, wenn der jungen Generation der Zugang zum Apparat der Medien gewährt wird. Es mag einzelne ›Überläufer‹ geben, für die in der Tat der Protest, wie Horst Krüger vermutete[78], nicht mehr als ein Mittel war, um eine persönliche Benachteiligung auf dem literarischen Markt auszudrücken. Doch unabhängig von den Personen werden die ungelösten institutionellen

77 Nicht ohne Grund monierte K. H. Bohrer (Zuschauer beim Salto mortale, Merkur 23, 1969, S. 170–186), daß die Abschaffung der Literatur und Kritik durch die Autoren des Kursbuchs selbst wieder ein Beitrag zur Literatur gewesen sei, nämlich die Fortsetzung des ehrwürdigen Dialogs über die Funktion der Literatur. Zu Recht sah Bohrer in der Liquidation der Literaturkritik die Folge einer Überforderung, zu Unrecht unterstellte er jedoch, daß die Krise nur eine ideologische gewesen sei, die sich durch die Korrektur von Ansichten beilegen ließe. Er, der der Linken vorwarf, ihre Vorbilder, namentlich Benjamin, zu wörtlich verstanden zu haben, deutet selbst die Krise im Anschluß an die Formulierungen der Diskutanten zu eng. Nicht daß man einen so ›alten‹ Schriftsteller wie Benjamin zum geistigen Führer wählte, hätte ihn verwundern sollen, sondern die Tatsache, daß Benjamins Einsichten, obwohl seit 1955 wieder zugänglich, solange übersehen werden konnten.

78 Horst Krüger (Hastige Ermordung der Literatur, NR 80, 1969, S. 191–195) erklärte sich die Revolte gegen die Literatur als einen Aufstand von Vermittlern, die nicht recht zum Zuge gekommen seien.

wie theoretischen Fragen dafür sorgen, daß die Distanz bestehen bleibt. Selbst dort, wo man scheinbar das gleiche Ziel vor Augen hat, beispielsweise die Demokratisierung der literarischen Erfahrung, meint man etwas Verschiedenes.

2. Zu erwarten ist, daß die Linke das Urteil über die Literaturkritik revidiert. Die These vom Ende der Kunst stand immer noch unter dem Eindruck der klassischen Ästhetik, für die das Kunstwerk nur als integrales Gebilde denkbar ist. Mit der überfälligen Umwälzung der Ästhetik, die Benjamin bereits vor einer Generation vorwegnahm, wird auch die Aufgabe der Literaturkritik neu zu definieren sein. Sie für tot zu erklären, war nicht nur deshalb voreilig, weil der Rezensionsbetrieb weitergegangen ist, sondern weil ihr Schicksal zu ausschließlich von einer bestimmten Phase der Literatur und Ästhetik abhängig gemacht wurde.

3. Innerhalb der Linken wird die Diskussion über die Rolle der Bewußtseinsindustrie und ihren Einfluß auf die Literaturkritik nicht bei der wesentlich negativen Manipulations-These stehen bleiben können. Daß diese These in der Form, in der sie in den sechziger Jahren gebraucht wurde, unwirksam war, ist inzwischen deutlich geworden. Dazu notierte Enzensberger (der damit seinen Standpunkt erneut revidierte): »Die Manipulations-These der Linken ist in ihrem Kern defensiv, in ihren Auswirkungen kann sie zum Defaitismus führen.« Und: »Eine sozialistische Perspektive, die über den Angriff auf die bestehenden Besitzverhältnisse nicht hinausreicht, ist beschränkt.«[79] Der Abbau der Widerstände gegen die Massenmedien, den bürgerliche und neomarxistische Intelligenz in den sechziger Jahren noch geteilt haben, wird möglicherweise zu einem präziseren Verständnis auch der aktuellen Buchkritik führen, die auf diese Medien angewiesen ist.

4. Schließlich ist nicht ausgeschlossen, daß die Kritik neue Organisationsformen entwickelt. Der einzelne Kritiker ist gegenüber der Buch- und Medienindustrie und ihrer schier grenzenlosen Produktion in eine schwache Position gedrängt. Zurückgewinnen kann die Kritik ihre Informations- und Vermittlungsfunktion nur, wenn sie kollektive Organisationen aufbaut, die, statt mehr oder minder zufällig ausgewählte Bücher zu besprechen, die Steuerungsmechanismen der literarischen Produktion und Rezeption kritisch unter die Lupe nimmt.

79 Baukasten zu einer Theorie der Medien. Kursbuch, (1970) 20, S. 163.

Promoter, Konsumenten und Kritiker

Zur Rezeption des Bestsellers

Mit Wehmut oder Abscheu, je nach Temperament, mögen wir auf die Zeit zurückblicken, als die Welt der Literatur und Literaturkritik noch in Ordnung war, als Literaturhistoriker und Rezensenten noch genau wußten, oder doch zu wissen schienen, womit sie sich zu beschäftigen hatten, als man noch mit gutem Gewissen von der ›Dichtung‹ sprach und so vulgäre Fragen wie die massenhafte Verbreitung von Büchern allenfalls von einigen Spezialisten der Buchwissenschaft untersucht wurden. Freilich war die Existenz von Bestsellern bekannt und man notierte, daß sie in Zeitungen und Journalen gelegentlich besprochen wurden; doch die Einstellung zu diesen Erscheinungen des Buchmarkts war vorgezeichnet: Als evident erschien, daß massenhafte Verbreitung von Literatur und ästhetische Qualität einander ausschlossen. Demgemäß konnte von Bestsellern nur herablassend die Rede sein. Was dem Geschmack der Massen gefiel, schied aus dem Kanon der seriösen Dichtung von vornherein aus. Wertvolle Literatur ist von der modernen ›Massengesellschaft‹ nur noch dem kleinen Kreis zugänglich, erreicht keine hohe Auflagen, wird vom Markt nicht absorbiert. Folglich ist jedes Werk, das einen ungewöhnlichen Verkaufserfolg verbuchen kann, schon aus diesem Grunde leicht suspekt und der kritischen Analyse möglicherweise nicht mehr würdig.

Hier ist nicht der Ort, auf die Genesis und die Gründe dieser Einstellung einzugehen, ich beschränke mich darauf, ihre Folgen zu erläutern[1]. Dieses Selbstverständnis der Kritik und Literaturwissenschaft, erwachsen aus der die literarische Moderne prägenden ästhetischen Distanz zum breiten Publikum, äußert sich in einer horizontalen Parzellierung der kritischen Bemühungen. Bis heute werden die Literaturproduzenten im literarischen Betrieb mit einem ästhetischen Gütezeichen versehen, das fortan Umfang und Art der Rezensionen festlegt. Ein schwacher Roman von Böll ist immer noch ein Böll-Ro-

1 Verwiesen sei auf die Untersuchung von Jochen Schulte-Sasse, Die Kritik an der Trivialliteratur seit der Aufklärung. Studien zur Geschichte des modernen Kitschbegriffs. München 1971, bes. S. 63–129.

man und findet eine breite Würdigung in der überregionalen Presse, und ein Roman von Simmel bleibt ein Simmel-Roman, der in erster Linie von Lokalzeitungen besprochen wird. Wie sehr dieses Denken in Niveauklassen Kritik und Literaturwissenschaft behindert hat, konnte noch vor wenigen Jahren Helmut Kreuzer in seinem kritischen Beitrag zur Erforschung der Trivialliteratur zeigen: Mochten die Forscher auch ihr Materialobjekt erweitern und die sogenannte Trivialliteratur in das Untersuchungsfeld einbeziehen, erhalten blieb weitgehend die überkommene Unterscheidung von Dichtung und Unterhaltungsliteratur, so daß der Vorstoß in unbekannte literarische Gebiete wieder neutralisiert wurde[2]. Selbst diejenigen, die diesen Gegensatz destruieren wollten, indem sie der Unterhaltungsliteratur den ästhetischen Charakter ausdrücklich absprachen und ihr andere Funktionen zuwiesen, blieben noch im Banne eingeschliffener Kategorien; denn die Negation des ästhetischen Anspruchs im Falle der Unterhaltungsliteratur und die Betonung des kommunikativen Wertes bestätigte letztlich nur wieder die Dichotomie von Dichtung und trivialer Literatur. Erst wenn wir uns von den Vorurteilen unserer literarischen Tradition trennen, wenn wir uns entschließen, den literarischen Kommunikationsprozeß als Ganzes ins Auge zu fassen, besteht die Chance, das Verhältnis von Bestsellern und Literaturkritik einer kritischen Analyse zuzuführen, welche mehr leistet, als sedimentierte kulturelle Wertungen zu perpetuieren.

Die erste Aufgabe wäre eine Bestandsaufnahme der gegenwärtigen Lage. Welche Zeitungen besprechen Bestseller? Welche Kritiker nehmen zu einem Roman von Habe, Simmel oder Kirst Stellung, wenn weder Reinhard Baumgart noch Walter Jens sich äußern? Wer informiert den lesebegierigen Käufer kritisch über diesen Teil der literarischen Produktion? Oder überläßt man es den Werbeleitern der Verlage, die Vorzüge – doch wohl kaum die Nachteile – der genannten Romanciers ins rechte Licht zu setzen? Haben die Rezensenten überhaupt einen Einfluß auf die Meinungsbildung des Publikums? Mit welchen Kriterien nähern sich die Kritiker Bestsellern und ihren Autoren? An wen richten sie schließlich ihre Meinungsäußerungen?

2 Trivialliteratur als Forschungsproblem. Zur Kritik des deutschen Trivialromans seit der Aufklärung. DVjs (1967) 41, S. 173–191.

Fragen über Fragen, zu denen bisher wenige Antworten vorliegen. Soweit ich sehe, hat sich nur Peter Glotz mit diesen Kommunikationsprozessen beschäftigt und anhand von Beispielen einige Hypothesen formuliert[3]. Glotz zufolge spielt sich Literaturkritik in verschiedenen Kommunikationsräumen ab, je nachdem es sich um einen der Hochliteratur oder um einen der Unterhaltungsliteratur zugerechneten Bestseller handelt. Während ein Buch von Uwe Johnson, wie nicht anders zu erwarten, von prominenten Kritikern und Schriftstellerkollegen in der überregionalen Presse besprochen wurde, handelte es sich im Falle von H. H. Kirst eher um die zweitklassigen Provinzblätter und Lokalzeitungen.

Vom Bestseller war bisher die Rede, als sei dieser Ausdruck ohne weiteres verständlich. Als Bestseller bezeichnen wir diejenigen Bücher, die einen außergewöhnlichen Verkaufserfolg aufweisen[4]. Da es sich offenbar um einen quantifizierbaren Begriff handelt, scheint er von Problemen weniger belastet zu sein als der Begriff Trivialliteratur. Die leidige Wertfrage ist ausgeschlossen; das statistische Material allein soll Auskunft darüber geben, ob ein Buch ein Bestseller ist. Der Schein der sicheren Abgrenzung trügt. Jede Statistik muß Grenzen angeben. Ist ein Buch bereits mit zwanzigtausend verkauften Exemplaren als Bestseller zu bezeichnen oder erst mit fünfhunderttausend? Entscheidungen dieser Art sind arbiträr, besonders wenn man verschiedene Buchmärkte und verschiedene Epochen vergleicht[5]. So wenig man ohne Statistiken Bestseller erfassen kann, so wenig genügt dies zur genetischen und strukturellen Erklärung des Phänomens. Bezeichnenderweise ist der Ausdruck erst seit 1895 nachgewiesen; in diesem Jahr beginnt die Zeitschrift *Bookman* aufgrund empirischer Erhebungen mit der regelmäßigen Veröffentlichung einer Liste von »books in

3 Buchkritik in deutschen Zeitungen. Hamburg 1968. Dazu die Rezension des Verfs. in German Quarterly, (1971) 44, S. 441–450.

4 In älteren Untersuchungen wird der Bestseller oft mit dem Trivialroman gleichgesetzt und folglich entweder psychologisch (Ausrichtung auf das Lesepublikum) oder ästhetisch (als Kitsch) definiert. Vgl. die Bestimmungen bei Sonja Marjasch, Der amerikanische Bestseller. Bern 1946, S. 23 f.

5 So geht z. B. F. L. Mott davon aus, daß ein Buch ein Bestseller ist, wenn die Zahl der verkauften Exemplare 1 % der Gesamtbevölkerung der Dekade erreicht, in der das Buch veröffentlicht wurde. Vgl. Mott, Golden Multitudes. The Story of Bestsellers in the United States. New York 1947, S. 7.

demand«[6]. Der Begriff ist also von den Methoden der Buchproduktion und -konsumtion in der Epoche des Hoch- und Spätkapitalismus nicht zu trennen. Das Interesse an genauen Zahlen setzte ein zu dem Zeitpunkt, als der Buchhandel zu einer aktiveren Steuerung des literarischen Marktes überging. Was vorher dem Naturwuchs der Produktion und des Verbrauchs noch weitgehend überlassen blieb, wurde nunmehr selbst, wenn auch zunächst in sehr bescheidener Form als Mittel der Werbung eingesetzt: Die Quantität des Erfolgs wurde als Qualität ausgegeben.

Der Bestseller ist sozialgeschichtlich wie ökonomisch ein Produkt des 20. Jahrhunderts. Das 19. Jahrhundert stellte die Bedingungen bereit, nämlich erstens die Ausweitung des Lesepublikums, die Teilnahme von Schichten unterhalb des Bildungsbürgertums[7], für die vorher das Buch ökonomisch unerreichbar war (allzu leicht lassen wir uns durch Berichte aus dem frühen 19. Jahrhundert täuschen; regelmäßiger Bücherkauf war damals nur den gehobenen Schichten möglich), die Formung von Lesegewohnheiten, die nach kontinuierlichem Verbrauch von Literatur rufen (dies geschah wohl nicht zuletzt durch die um 1840 eingeführte Praxis der Zeitschriften- und Zeitungsromane[8]), und drittens die technologischen Fortschritte auf dem Gebiet der Buchherstellung, die es erlaubten, große Mengen zu billigen Preisen in kurzer Zeit herzustellen[9]. Erst die Interdependenz dieser Faktoren führt zu dem, was wir heute unter Bestseller verstehen. Der zeitgenössische Bestseller ist nicht mehr, wie noch im 19. Jahrhundert zufälliger, sondern geplanter Erfolg, bei dem alle Möglichkeiten des ›Marketing‹ und der ›Promotion‹ eingesetzt werden. Das bedeutet unter anderem, daß nur noch kapitalstarke Verlage sich an der Herstellung dieses

6 Alice P. Hacket, 70 Years of Best Sellers. 1895–1965. New York 1967, S. 2.

7 Zum sozialhistorischen Hintergrund: Richard D. Altick, The English Common Reader. Chicago/London 1957.

8 Vgl. Eva D. Becker, Zeitungen sind doch das Beste. Bürgerliche Realisten und der Vorabdruck ihrer Werke in der periodischen Presse. In: Helmut Kreuzer (Hrsg.), Gestaltungsgeschichte und Gesellschaftsgeschichte. Stuttgart 1969, S. 382–408; ferner Nora Atkinson, Eugène Seu et le roman-feuilleton. Paris 1929.

9 Einführung der Rotary-Press 1811 bis zur Walter-Press 1866, die 12000 doppelseitige 8 Seiten-Bogen in einer Stunde drucken konnte; ferner die Möglichkeit der Massenproduktion von billigem Papier seit 1840.

Markenartikels beteiligen können. Der Wandel vom mittelständischen Familienunternehmen zur Buchindustrie mußte die Tendenz zum geplanten Bestseller verstärken. Denn die belletristischen Großverlage können, um wirtschaftlich erfolgreich zu arbeiten, auf den Bestseller nicht mehr verzichten[10]. Wollen sie mit ihrer Gesamtproduktion nicht in die roten Zahlen geraten, müssen sie in regelmäßigen Abständen ein Buch auf dem Markt so durchsetzen, daß die zahlreichen erfolglosen Versuche gedeckt werden und außerdem die laufenden Kosten des Unternehmens wieder hereinkommen. Das heißt nicht, daß die Produktion des Bestsellers risikolos ist. Die Manager und Cheflektoren wissen, daß bis heute trotz detaillierter Marktforschung der Erfolg eines mit hoher Auflage geplanten Buches nicht genau berechenbar ist.

Was in den Kalkulationen der Verleger und Buchhändler als irrationales Element erscheint, ist freilich im Rückblick durchaus zu erhellen und zu erklären. Für die Publikumssoziologie ist der Bestseller der Sonderfall desjenigen Buches, daß seinen intendierten Leserkreis durchbricht. Mit den Worten von Kracauer: »Der große Bucherfolg ist das Zeichen eines geglückten soziologischen Experimentes, der Beweis dafür, daß wieder einmal eine Mischung von Elementen gelungen ist, die dem Geschmack der anonymen Leserschaft entspricht«[11]. Mit Recht hat Robert Escarpit darauf hingewiesen, daß der Bestseller nicht durch die Zahl der verkauften Exemplare definiert wird, sondern durch das Verkaufsmuster[12]. Im Normalfall handelt es sich im Bereich der Belletristik um eine steil ansteigende Kurve, die dann flach abfällt, bis nach ungefähr einem Jahr der Nullpunkt fast erreicht ist. Von dieser erwarteten Kurve unterscheidet sich die Kurve des Bestsellers durch atypischen Wiederanstieg. Das Absatzmuster stellt sich graphisch als Wellenbewegung dar, wobei Zahl und Höhe der Wellenkämme jeweils anzeigen, wie weit das Buch über den ursprünglichen

10 Vgl. auch Dieter Wellershoff, Literatur, Markt, Kulturindustrie. In: Wellershoff, Literatur und Veränderung. Köln 1969, S. 123–147; ferner den Aufsatz des Verf., Das Ende einer Institution? – Der Streit über die Funktion der Literaturkritik. In diesem Band S. 151–186.

11 Zitiert nach Thomas Koebner (Hrsg.), Tendenzen der deutschen Literatur seit 1945. Stuttgart 1971, S. 331.

12 Robert Escarpit, The Book Revolution. London/Paris 1966, S. 117 und 129.

Leserkreis hinaus bekannt wird. Der Durchbruch kann sich in mehreren Phasen vollziehen. Auf dem deutschen und französischen Buchmarkt liegen die kritischen Grenzen bei zehn-, fünfzig- und hunderttausend Exemplare. Erst wenn ein Buch die Hunderttausend-Grenze durchstößt, kann man von einem wirklichen Bestseller sprechen, der das breite Lesepublikum erreicht – also auch die Gruppen, die nur gelegentlich ein Buch in die Hand nehmen[13].

Das von Escarpit festgestellte Verkaufsmuster kann uns als Index für den publikumssoziologischen Befund dienen. Der Bestseller ist der Fall eines Buches, das Leserschichten außerhalb der Gruppe findet, an die sich sein Autor richtete. Im Unterschied zum seriell hergestellten Illustriertenroman und zum schematisch produzierten Unterhaltungsroman für Leihbibliotheken, die sich beide an ein den Herstellern bekanntes Publikum richten – die Länge des Illustriertenromans wird bekanntlich aufgrund des laufenden Verkaufserfolgs der Zeitschrift reguliert –, muß auf dem freien Buchmarkt der Leserkonsensus, der ein Werk zum Bestseller macht, in jedem Fall erneut hergestellt werden. Die Aufgabe des Verlags besteht darin, das Buch als Gesprächsstoff anzubieten. Denn der Bestseller erhält als Kontaktmaterial in einer arbeitsteiligen, hochspezialisierten Gesellschaft eine wichtige Funktion[14]. Die besondere Gratifikation für seinen Leser besteht

13 Man darf sich durch die Bestseller-Listen des *Spiegels* und der *Zeit* nicht täuschen lassen, denn diese beruhen auf Umfragen bei ausgewählten Buchhändlern und nicht, wie unbedingt erforderlich wäre, auf gesicherten Daten aus den Verlagshäusern. Die Listen in der Presse geben nur einen ungefähren Anhaltspunkt, was literarisch jeweils im Gespräch ist. Die Werbeabteilungen der Verlage räumen ein, daß diese Zahlen manipulierbar sind.

14 Erfahrene Verleger, die ihre Autoren kennen, haben für die originär ansprechbare Leserschicht ein Gefühl. Sie kennen intuitiv die spezifischen Lesebedürfnisse, gewünschten oder tabuisierten Themen und bevorzugten Schreibweisen. Sie können ihre Autoren in dieser Hinsicht beraten. Darüber hinaus sind sie auf die Beobachtung der Trends in den verschiedenen literarischen Kommunikationsräumen angewiesen, um neue Leserreserven zu erschließen. Bei Rowohlt spekulierte man beispielsweise auf das Publikum der Sonntags- und Familienzeitschriften, als man sich entschloß, Eric Malpass' in England nicht sehr erfolgreiches Buch *Morning at Seven* (5000 verkaufte Exemplare) als Bestseller herauszubringen. Obwohl die von Malpass beschriebenen englischen Verhältnisse den deutschen nicht gleichen, gab es ein Moment, auf das der Verlag bauen konnte: das Milieu der Familie auf dem Lande,

darin, mit anderen Lesern desselben Buches, mit denen ihn im übrigen wenig verbindet, ein gemeinsames Gesprächsthema zu haben[15]. Dabei fungieren die Institutionen der Kulturindustrie wie Presse, Rundfunk und Fernsehen, wie die Verlage sehr wohl wissen, als unentbehrliche Schaltstellen. Sieht man von den wenigen Autoren ab, die sich gleichsam von selbst verkaufen, wird erst durch die Mitwirkung der Massenmedien das Maß an Resonanz in der Öffentlichkeit erreicht, das in hohen Verkaufsziffern zu Buche schlägt. Die Planung von Bestsellern ist in den letzten zehn Jahren in ein neues Stadium getreten. Die Tendenz geht zum programmierten Bestseller, d. h. zu einem Verfahren, bei dem der Übergang vom intendierten Leserkreis zu anderen Lesergruppen und schließlich zum allgemeinen Publikum nicht mehr dem Zufall überlassen bleibt, sondern in die Planung einbezogen wird. Ist der Weg zum programmierten Bestseller einmal eingeschlagen, gibt es kein Zurück mehr, da die dabei entstehenden Kosten nur durch nach herkömmlichen Vorstellungen astronomische Verkaufsergebnisse gedeckt werden können.

Für die Bestseller-Industrie sind Autor und Werk fungibel. Daher ist die ästhetische Kritik verfehlt. Der Bestseller gehört nicht eo ipso zur Trivialliteratur. Es war der Fehler der älteren Kulturkritik, einen logisch-immanenten Widerspruch zwischen ästhetischer Qualität und massenhaftem Absatz zu konstruieren[16]. ›Social uplifting‹, Verklärung und Harmonisierung der Realität, psychologische Erleichterung des Lesens durch Erfüllung der Publikumserwartung: diese Momente können zum Erfolg beitragen, sind jedoch m. E. keine notwendigen Bedingungen. Andernfalls wäre nicht zu verstehen, wie auch Werke

d. h. die Distanz zur modernen Gesellschaft mit ihren belastenden Problemen. Ansprechbar war der nicht geringe Teil der deutschen Bevölkerung, der immer noch nach einer heilen, vorindustriellen Welt sucht und sich mit anderen Tendenzen des literarischen Betriebs, wie Sex- und Crime-Literatur nicht abfinden will. Der Erfolg des Buches beruhte also darauf, daß es sich von einer bestimmten Mode absetzte und sich einem Genre mit einem festen Publikumsstamm, nämlich dem Heimatroman, näherte. Die leichte Verfremdung des Grundmusters durch das englische Milieu mag dazu beigetragen haben, daß der Roman auch Leser fand, die ein gleichgeartetes deutsches Produkt nicht rezipiert hätten.

15 Vgl. Dieter Wellershoff, Literatur und Veränderung, S. 140.

16 Beispielhaft Q. D. Leavis, Fiction and the Reading Public. London 1932.

der Hochliteratur auf den Bestsellerlisten auftauchen[17]. Fungibel bedeutet, daß die originären Merkmale von Werk und Autor durch sekundäre ersetzt werden. Diese Imagebildung ist aber nicht auf Unterhaltungsliteratur beschränkt. Daß Günter Grass gewagt, um nicht zu sagen ›unanständig‹ schreibt, hat sicher den Absatz der *Blechtrommel* gefördert, obgleich es mit der Struktur des Textes nichts zu tun hat. Von ausschlaggebender Bedeutung für den massenhaften Absatz eines Buches ist die Herstellung eines Lesereizes, der sich dem Text unterschieben läßt. Die Planung des Bestsellers muß an in der Öffentlichkeit vorhandenes Gesprächsmaterial anknüpfen, um die Aktualität des zu verkaufenden Artikels hervorzuheben. Mit dieser Fungibilität von Autor und Werk hängt die mehrfach beobachtete Tatsache zusammen, daß heute in erster Linie der Verlag für den Erfolg eines Buches ausschlaggebend ist. Nur *das* Werk hat noch eine Chance im Konkurrenzkampf der Neuerscheinungen, das ein Höchstmaß an ›Marketing‹ und professioneller ›Promotion‹ erhält. Durch den Verlag erst bekommt das Buch seinen konsumgerechten ›Finish‹. Der Leser weiß, was er von Rowohlt, Molden oder Droemer zu erwarten hat. Was Escarpit noch lebhaft bestritt, ist hier in der Tat eingetreten: die Annäherung der Herstellungs- und Vertriebsmethoden an die Formen der Autobranche. Es kommt darauf an, den Absatz des Produkts vom Gebrauchswert unabhängig zu machen. Als Mittel stehen zur Verfügung: (1) Bedarfsanalyse durch Marktforschung[18] (der Bertelsmann Verlag zum Beispiel läßt in regelmäßigen Abständen die Wirkung seiner Produktion durch anerkannte Unternehmen untersuchen); (2) das ganze Arsenal der Werbung, das mit der Hausmitteilung beginnt

17 Zu eng ist die psychologische Definition, die die psychologische Erleichterung durch eine besondere Schreibweise in den Vordergrund stellt, etwa bei Marjasch, Der amerikanische Bestseller, S. 23: »Der moderne Bestseller ist gekennzeichnet durch ein typisches Stilmerkmal, den ›particular touch‹ der Bestsellerautoren, der durch konstante und bewußte Repetitionen erreicht wird, so daß das Lesepublikum, welches sich auf bestimmte Autoren eingelesen hat, diese sofort wiedererkennt.« Das trifft auf Simmel und Kirst zu, doch kaum auf Thomas Mann, dessen Buddenbrooks schließlich auch ein Millionenerfolg wurden. Für Amerika siehe auch Roger Burlingame, Of Making Many Books. New York 1946, S. 136f.

18 Vgl. Klaus Ziermann, Romane vom Fließband. Berlin-Ost 1969, S. 171 und 168.

und bis zur genau arrangierten Lesetour des Erfolgsautors reicht[19]; (3) die vollständige Ausnutzung der Rechte auf dem Medienmarkt.

Wenn irgend etwas den modernen, programmierten Bestseller von seinen Vorläufern im 19. Jahrhundert unterscheidet, dann ist es die Potenzierung der Wirkung durch den sogenannten Medienverbund. Darunter versteht man die Auswertung des identischen Materials durch verschiedene Medien. Juristisch gesprochen: die Nebenrechte sind heute oft wichtiger als die originale Buchausgabe. Diese Buchausgabe ist, ein wenig zugespitzt formuliert, nur noch als eine Art Schaufenster zu betrachten, in dem der Verlag seine Ware für andere Verwerter präsentiert. Kalkulierte der Buchhandel traditionell so, daß der Verkauf der Originalauflage die Kosten decken und einen Gewinn einbringen konnte, wird beim programmierten Bestseller der Weiterverkauf der Nebenrechte in die Kalkulation bereits einbezogen. Um ein Beispiel zu geben: Für den Rowohlt Verlag wird das neueste Buch von Ceram, *Der erste Amerikaner*, auch dann kaum Gewinn abwerfen, wenn mehr als 125 000 Exemplare verkauft worden sind[20]. So teuer waren die Rechte, so groß die Werbekosten, daß erst die nachfolgende Taschenbuchausgabe oder der Verkauf der Rechte an eine Buchgemeinschaft den schließlich angestrebten ökonomischen Gewinn einbringt. Da die Nebenrechte von ausschlaggebender Bedeutung sind, darf der programmierte Bestseller nicht hinter den prognostizierten Verkaufserwartungen zurückbleiben, ohne die Realisierung dieser Nebenrechte in Frage zu stellen. Infolgedessen müssen die Verkaufszahlen um jeden Preis in die Höhe getrieben werden oder doch zumindest der Eindruck entstehen, daß das Buch sich gut verkauft. So werden kleine Retouchen und Tricks gelegentlich nicht verachtet, um sich bei den Verhandlungen mit potenten Buchgemeinschaften oder der Filmindustrie einen Vorteil zu sichern.

Unter diesen Umständen kommt der Werbung (im weitesten Sinn) eine Bedeutung zu, die dem traditionellen Buchhandel unverständlich bleiben muß[21]. Da großes Kapital auf dem Spiel steht, das nur durch

19 Vgl. Hartmut Panskus, Buchwerbung in Deutschland. In: H. L. Arnold (Hrsg.), Literaturbetrieb in Deutschland. München 1971, S. 78–90.

20 Laut Mitteilung von Dr. Matthias Wegner an den Verf.

21 Der Fischer Verlag beschränkte sich unter S. Fischer auf Anzeigen im *Börsenblatt* und auf ein paar Prospekte. Der Werbeetat war schmal. Zweimal

schnellen Umsatz zu amortisieren ist, kann die Rezeption eines Romans nicht einfach dem Bedarf überlassen werden, vielmehr muß die Rezeptionswilligkeit eines durch Reizüberflutung bereits weitgehend desorientierten Publikums erzeugt werden. Das beginnt bei scheinbar so unwichtigen Problemen wie der Gestaltung des Umschlags und des Klappentexts, schließt selbstverständlich eine intensive wie extensive Anzeigenkampagne in sorgfältig nach dem anzusprechenden Lesergruppen ausgesuchten Zeitungen und Zeitschriften ein und reicht bis zur planmäßigen Informationspolitik an die Massenmedien, so daß schon vor dem Erscheinen des Buchs durch provokante ›Statements‹ das Interesse geweckt wird[22]. Kennzeichen dieser neuen Bestsellerwerbung ist die Ersetzung kumulativer Aktionen durch eine Globalstrategie, welche die verschiedenen Einzelaktionen so koordiniert, daß jede Maßnahme auf die andere zurückwirkt. Werden die Filmrechte verkauft, kann der Verlag noch einmal von der Publizität der Filmarbeiten Vorteil ziehen, wie umgekehrt die Filmgesellschaft natürlich von der Buchwerbung profitiert.

Ein inzwischen klassischer Fall war die ›Promotion‹ von Segals *Love Story*, in bescheideneren Maßen hat die Werbeabteilung des Rowohlt Verlages diesen Effekt bei der Verfilmung von Eric Malpass' *Morgens um sieben ist die Welt noch in Ordnung* ausgenutzt. Dazu äußerte der Werbeleiter Eric Merwick in einem Interview mit Dieter E. Zimmer: »Die Constantin-Film kaufte ja die Rechte, und von diesem Moment an arbeiteten der Verlag und die Filmproduktion bzw. der Filmverleih zusammen auf dem Werbesektor, d. h. alle Wettbewerbe, die es gab

im Jahr wurden Sammelanzeigen in die überregionalen Tageszeitungen gesetzt, um die Neuerscheinungen anzuzeigen; vgl. Gottfried Bermann-Fischer, Bedroht – Bewahrt. Wege eines Verlages. Frankfurt 1967, S. 33.

22 Nicht umsonst begeben sich Chef und leitende Angestellte eines so publizitätsbewußten Hauses wie des Rowohlt-Verlages bei der Planung eines Bestsellers in Klausur, um mehrere Tage die maximale Formulierung des Klappentextes zu beraten. Denn der Klappentext ist für das Buch die Visitenkarte, an die sich die auf schnelle Information angewiesenen Mittelsmänner der Medienindustrie halten. Gelingt es hier, die angemessenen Reizvokabeln zu finden, kann man sicher sein, einen guten Teil der Kritik die zu gebrauchenden Formeln nahegelegt zu haben. Ein gut gemachter Klappentext multipliziert sich in der Wirkung durch die zahlreichen Rezensionen, denen er als Matrize dient.

(ein Kinderstar wurde gesucht, es wurden Handlungsplätze gesucht) ... alles, was Sie sich vorstellen können, machten wir gemeinsam, in der Presse, beim Publikum. Und das waren natürlich immer wieder neue Höhepunkte, und das Buch kam immer wieder ins Gespräch.«[23] Nicht die Kooperation des Feuilletons wurde gesucht, sondern die der Lokalredaktionen: Reportagen über die Auswahl des Stars, über Begegnungen zwischen Autor und Star, über Dreharbeiten usw. Mit Recht erwarten die Werbeabteilungen von solchen Berichten im Lokalteil, die gewöhnlich auch noch mit Bildern versehen sind, eine intensive Wirkung auf das Publikum, da der Lokalteil einer Zeitung ausführlicher gelesen wird als der Literaturteil[24]. Die Kulturredaktionen werden erst wieder bemüht, wenn der fertiggestellte Spiel- oder Fernsehfilm der Öffentlichkeit gezeigt wird. Im Prinzip handelt es sich freilich um den gleichen Effekt: die Multiplikation der Publizität durch den Medienverbund. »Von wenigen Ausnahmen abgesehen«, bemerkt Zimmer, »braucht der Bestseller heute die Mithilfe anderer Medien, den Medienverbund; allein aus sich heraus schafft es ein Buch kaum noch.«[25] Dieses Urteil ist zu modifizieren. Unerläßlich ist die Kooperation der Medien, wenn der Verlag die Hunderttausend-Grenze durchbrechen will, wenn er also das Reservoir der passiven Leser ausschöpfen will, die sich nur selten zum Buchkauf entschließen[26].

23 Dieter E. Zimmer, Die Herren großer Publikumszahlen ... Über die Karriere eines Bestsellers, am Beispiel von Eric Malpass. In: Literaturbetrieb in Deutschland, S. 107.

24 Nach Glotz, Buchkritik, S. 214, werden Rezensionen von weniger als 10 % gelesen, dagegen wird der Lokalteil von ca. 80 % der Leser studiert. Vgl. Peter Glotz und Wolfgang Langenbucher, Der mißachtete Leser. Köln 1969, S. 101.

25 »Die Herzen großer Publikumszahlen ...«, S. 112.

26 Im traditionsgebundenen Verlag von einst nur Annex zum Zwecke der Sammlung und Versendung von Rezensionen, werden die Presseabteilungen heute ausgebaut und mit höherem Etat versehen. Steuerung von Lesungen, Vorabdrucke, Arrangierung von Interviews, Kommuniqués, Einrichtung von Rundfunk- und Fernsehdiskussionen gehören zur Aufgabe der Presseabteilungen. Die traditionell eingesetzten 5 % der Kosten für die Werbung ist nicht mehr angemessen, wenn es gilt, einen Bestseller durchzusetzen. Um einige Beispiele zu nennen: Der Molden Verlag garantierte Hildegard Knef für ihre Memoiren 250000 Mark allein für die Werbung. Bei Hoffmann und Campe kostete die Werbung für die deutsche Ausgabe von Love Story 120000 Mark,

Das moderne Bestseller-Geschäft kann ohne die Mitwirkung der Massenmedien nicht auskommen. Den statistischen Erhebungen des Buchhandels zufolge ist das Fernsehen mit 18,2 %, der Rundfunk mit 10,9 % und die Presse mit 18,9 % an der Stimulation zum Buchkauf beteiligt. Und diese Prozentsätze dürften für den Markenartikel Bestseller noch höher liegen als für das durchschnittliche Buch, dem die Konzentration der Werbung auf wenige Bücher eher den herkömmlichen Anteil entzieht. Und umgekehrt profitieren die Medien von der Publizität des Bestsellers. In einem hochgradig differenzierten Kommunikationsraum, in dem spezialisierte Lesergruppen isoliert nebeneinander bestehen, bietet der Bestseller die Möglichkeit, einen Kristallisationspunkt für das öffentliche Gespräch zu schaffen. Bezeichnenderweise besprach der *Spiegel*, der sich in einfach geschriebener, populärer Literaturkritik versucht, von den 34 auf seiner Bestseller-Liste von 1970 auftauchenden Titeln nicht weniger als dreizehn selbst. Und offenkundig ist die Spiegel-Liste nicht nur für die Kulturredaktion dieser Zeitschrift Maßstab bei der Auswahl zu rezensierender Bücher. Lokal- und Provinzpresse schließen sich gern an.

Eine Gruppe von Zeitschriften verschließt sich freilich hartnäckig der Medienresonanz des Bestsellers: die Literatur- und Kulturzeitschriften. Von den 34 auf der Liste des *Spiegels* aufgeführten Bestsellern des Jahres 1970 besprach der *Monat* drei, die *Neue Rundschau* ein Buch und die *Akzente* keines. Hier besteht noch die Barriere zwischen high- und middlebrow, von der vor vierzig Jahren Q. D. Leavis so selbstbewußt schrieb. Bezahlt wird die Abstinenz mit einer niedrigen Auflage. Jede der genannten Zeitschriften, von denen eine inzwischen

und der Droemer Verlag gab 100 000 Mark für die Werbung von Irving Stones Freud-Biographie aus. Die Summen erzwingen den programmierten Werbefeldzug, wie ihn beispielhaft der Molden Verlag für Hildegard Knef durchgeführt hat: Sieben Monate vor der Veröffentlichung die ersten Leseproben, vier Monate später Einsetzen einer intensiven Anzeigenwerbung, gleichzeitig Bearbeitung des Buchhandels durch ein ›Promotion Package‹, bestehend aus einem Leseexemplar, einer Schallplatte und einer signierten Autogrammpostkarte, regelmäßige Kommuniqués an Rundfunk- und Fernsehanstalten, Wiederholung der Anzeigenwerbung kurz vor Erscheinen des Buches und schließlich eine großangelegte Tournee der Autorin mit »abendlichen Gala-Empfängen für Buchhandel und Presse«, vgl. Panskus, Buchwerbung, S. 79.

eingegangen ist, erreichte nicht mehr als fünf- bis zehntausend Leser.

Damit kehre ich zu meiner ersten Frage zurück: Wer rezensiert Bestseller? Wenn 18,9 % der Buchkäufe durch die Presse angeregt sein sollen, muß man einen signifikanten Einfluß der Literaturkritik unterstellen. Dem steht das Urteil der Praktiker gegenüber, die den Besprechungen in der Regel keinen großen Einfluß auf den Absatz zugestehen. Am Beispiel von Hans Habes Roman *Das Netz* (1969) möchte ich diese Frage weiter verfolgen. Für diese Wahl gibt es eine Reihe von Gründen. Hans Habe begnügt sich nicht mit dem Ruhm, die Massen wohlfeil zu unterhalten; er möchte literarisch ernst genommen und von den führenden Zeitungen und Literaturkritikern beachtet werden. Ein großer Teil von Habes vehementer Aggressivität gegen die liberale und linke westdeutsche Intelligenz ist mit dem Komplex zu erklären, nicht anerkannt zu werden. Nicht ganz ohne Grund, denn in der Tat besteht in der Buchkritik in Westdeutschland eine Neigung, die Sphären der Unterhaltungsliteratur zu meiden. Die Legitimation der deutschen Kritiker, die auf ihr Ansehen Wert legen, erfordert die Auseinandersetzung mit Literatur, die möglichst experimentellen Charakter aufzuweisen hat. Nicht zufällig notierte Marcel Reich-Ranicki anläßlich von Hans Habes Roman: »Gewiß, der ausgesprochene Trivialroman wird gelegentlich analysiert, wobei sich die Rezensenten meist bemühen, ihren Arbeiten eine betont wissenschaftliche Note zu geben. Um Bücher hingegen, die sich eventuell als diskutable Unterhaltungsliteratur erweisen könnten, macht die deutsche Kritik immer einen großen Bogen.«[27] Indem er dies schrieb und anschließend *Das Netz* ausführlich besprach, widerlegte Reich-Ranicki zwar nicht unbedingt seine eigene Behauptung, trug aber doch zu ihrer Obsoletheit etwas bei. Denn gerade dieser Roman Hans Habes hat keinesfalls nur die Aufmerksamkeit der Lokal- und Provinzpresse erregt, auch führende überregionale Zeitungen wie die *Welt*, die *Frankfurter Allgemeine Zeitung*, die *Zeit* und *Christ und Welt* haben an der Diskussion teilgenommen. Gar nicht zu reden vom *Spiegel*, der seinerseits diese literarische Kommunikation zum Gegenstand einer kritischen Glosse machte. Im Falle Habes haben wir also die Gelegenheit, die Rezeption eines Bestsellers zu studieren, die sich über mehrere Kommunikations-

27 Seelen von der Stange, *Zeit*, 20. 6. 69, S. 19.

bereiche erstreckt. Wir können untersuchen, wie der programmierte Bestseller lanciert wird, wie sich die öffentliche Debatte entfaltet, welchen Anteil die Werbung hat, welche Bedeutung den Massenmedien zukommt. Und schließlich ist der Fall Habe auch exemplarisch für die Möglichkeiten, auf die Institution Literaturkritik von außen Einfluß zu nehmen.

Wenn es im Klappentext des Buches hieß, Hans Habe sei »einer der am meisten bewunderten und am heftigsten umstrittenen Autoren unserer Zeit«, gehört das zu den Werbeklischees, die jeder Verlag für seinen Bestseller-Autor bereit hält, doch die Übertreibung enthält ein Element der Wahrheit: Der im Umgang mit den Massenmedien erfahrene Publizist Hans Habe sorgte dafür, daß sein Roman im Gespräch blieb. Von falscher Bescheidenheit nie geplagt, nahm er vor und nach dem Erscheinen des *Netzes* zu seinem Werk Stellung. Die moralisch-allegorische Auslegung des Romans, die später in den zahlreichen Besprechungen wiederholt zu beobachten war, nahm von Hans Habe ihren Ausgang. Noch bevor das Buch dem Publikum vorlag und dieses sich selbst ein Urteil bilden konnte, gab Habe in einem Interview mit der *Welt am Sonntag* (27. 4. 69) bekannt, wie der Text zu lesen sei:

> In einem Zeitalter der Verwirrung ist, glaube ich, die Stunde der Deutlichkeit gekommen. Ich muß die Krankheit exemplifizieren. Unter allen Krankheiten, welche die Gesellschaft nicht hinnehmen, nicht tolerieren kann, ist die Gewalt die unerträglichste. Gewalt aber symbolisiert sich am deutlichsten im Mord. Der Unruhe um ihrer selbst willen habe ich versucht, die tragische Unruhe entgegenzusetzen.

Die Unruhestifter wurden im Interview klar umrissen; gemeint sind die linken Literaten, die Habe zufolge die Schaltstellen der westdeutschen Literaturkritik innehaben. Die literarische Schelte ist hier mit der politischen identisch, denn die von den Linken geschriebene Literatur dient angeblich der Verwirrung der öffentlichen Meinung. Man verhindert die Verbreitung einer soliden, verständlichen Erzählkunst und löst mit formalen Experimenten jene politisch-soziale Ordnung auf, die Habe für unveräußerlich erklärt. Was im Interview von Habe noch begründet wird, verkündet die Überschrift der Redaktion als Fanal: »Literatur-Cliquen als Brandstifter«. Habe, der sich von der Buchkritik der überregionalen Zeitungen boykottiert fühlt (»Ich beuge mich lediglich dem Terror der literarischen Apparatschicks«), wendet sich statt dessen an die Millionen stillen Leser seiner Bücher (»Zwischen dem deutschen Leser und mir besteht kein ernsthafter Konflikt«) und empfiehlt seinen Roman unumwunden als ideologische Stütze von Gesetz und Ordnung. Er suggeriert, daß in seinem Roman Lebenshilfe für die Gruppen zu finden ist, die mit der ›korrupten Welt‹ unzufrieden sind. In einem anderen Interview bezeichnet er sich als einen ›alten zornigen Mann‹, der der unterdrückten Mehrheit der über Dreißigjährigen eine Stimme verleiht[28]. Er artikuliert, was sie bedrängt: die Korruption der Massenmedien, die Herrschaftsansprüche einer verwirrten, demonstrierenden Jugend, die Macht der linken Intelligenz, die dem Kommunismus Hilfsdienste leistet. Es verwundert nicht, daß ein Teil der westdeutschen und schweizerischen Presse diese Ansichten in vier- bis fünfspaltigen Artikeln verbreitete. Das Bündnis kam beiden Seiten gleichermaßen zugute. Habe schuf die Stimmung für die Lektüre seines Romans, und die Presse, namentlich die Blätter des Springer-Konzerns, hatte für ihre Ansichten einen prominenten Sprecher gefunden[29].

In auffälliger Weise sorgten die Blätter des Springer-Konzerns dafür, daß Habes neuer Roman bekannt wurde. Eine dreispaltige Reportage im *Hamburger Abendblatt* machte den Anfang (27. 3. 69). Und ironischerweise wurde hier genau getan, was Habe im *Netz* angriff: der ›Aufhänger‹ war die Ermordung seiner eigenen Tochter in Hollywood (30. 12. 68). Es folgte im April das Interview mit dem Sonderkorrespondenten der *Welt am Sonntag*. Am 17. Mai veröffentlichte

28 Manuskript eines Interviews mit der *Allgemeinen Jüdischen Wochenzeitung*.

29 Das Einverständnis zwischen Hans Habe und Springer geht auf das Jahr 1967 zurück, als Habe an den Zeitungsverleger einen offenen Brief schrieb, in dem er sich zum Verteidiger des damals scharf angegriffenen Pressekonzerns aufwarf. In dem in der *Welt* abgedruckten Brief hieß es unter anderem: »Nicht ihre Zeitungen, sondern deren Feinde gefährden die ohnedies anfällige deutsche Demokratie und damit die von ihren Eltern in einem Körbchen ausgesetzte und verlassene Demokratie Europas.« Und: »Sie haben ... das deutsche Kulturleben nicht einer Clique unterworfen ... haben nicht mehr als einen geringen Teil ihrer Träume erfüllt, haben weder auf politischem noch kulturellem Gebiet, wie ihre Gegner, einen Popanz oder mehrere Götzen aufgerichtet.« Zitiert nach *Spiegel*, 16. 6. 69, S. 163.

sogar die *Bildzeitung*, die sich sonst mit Literatur kaum beschäftigt, eine reportageartige Besprechung unter dem Titel »Das Buch, das nicht erscheinen sollte«, in der erneut der Vorfall in Hollywood und der Roman in Verbindung gebracht wurden. Hatte die *Welt am Sonntag* von »hinreißender Lektüre« gesprochen, hieß es im *Bild* um eine Nuance heutlicher: »Hans Habes *Netz* ist spannend wie ein Krimi«. Wenige Tage später (22. 5.) beschäftigten sich noch einmal zwei Blätter des Springer-Konzerns mit dem Roman: das *Abendblatt* ließ auf die Reportage eine Rezension folgen, und in der *Welt* wurde Willy Haas' positive Besprechung abgedruckt, in der es unter anderem hieß:

> So einheitlich ist ihre [der Erzählung] Struktur, daß sie schließlich doch zum ›Sittengemälde‹ einer ganzen Epoche wird.

Nach dem gequälten Stil zu urteilen, ist Haas diese Würdigung nicht ganz leicht gefallen, doch scheint es, daß er keine Wahl hatte. Chefredakteur Kremp hatte den Auftrag erteilt. Auch die *Welt am Sonntag* griff das Thema noch einmal auf: drei Wochen nach dem Interview veröffentlichte man eine ausführliche Besprechung des Buches. Und in Berlin sorgte die *Berliner Morgenpost* für die Verbreitung der Hausmeinung. Hervorgehoben wurde das hohe Niveau seiner »leidenschaftlichen Gesellschaftskritik«. Die Stellungnahmen der Springer-Presse waren ausnahmslos positiv. Das Interesse galt in erster Linie dem Ideologen Hans Habe, dessen ›gesunde‹ Meinungen nun auch in Romanform verbreitet werden konnten. Auch die Besprechung von Willy Haas, sonst entschieden differenzierter als die übrigen, machte darin keine Ausnahme. Das Bild, daß die Springer-Zeitungen von Habe vermittelten, glich dem Selbstimage Habes bis auf kleine Nuancen. Daß Habe im *Netz* unter anderem auch die Massenmedien einer vehementen Kritik unterzogen hatte, daß sein Verleger Vanetti, der skrupellose Eigentümer der Illustrierten *Quest'Ora*, die deutschen Leser an Axel Springer erinnern konnte, beeinträchtigte offenkundig die Übereinstimmung nicht. Hans Habe fühlte sich durch die Werbungsstrategie des Konzerns nicht mißverstanden, und die Springer-Redakteure haben die Tendenz der Habeschen Gesellschaftskritik offenkundig richtig eingeschätzt.

Das Netz wurde also, zum Teil noch vor Erscheinen, in einflußreichen überregionalen Zeitungen diskutiert und teilte damit nicht das Schicksal mancher Bestseller, die zwar hohe Verkaufsziffern erreichen, aber von den nationalen und internationalen Medien nicht berücksichtigt werden. Was Kirst und Simmel in der Regel versagt bleibt, weil sie als Illustrierten-Romanciers abgestempelt sind, konnte Habe in diesem Fall für sich verbuchen: die Aufmerksamkeit wenigstens einiger prominenter Kritiker. Die ausführliche Rezension in der *Welt* war eine Provokation, auf die dann die *Zeit*, die *Frankfurter Allgemeine* und der *Spiegel* anworteten. Die Starthilfe der Springer-Presse war für den Walter Verlag, bei dem der Roman erschien, sicher sehr nützlich, aber natürlich nicht das einzige Mittel, um für Publizität zu sorgen. Alle Mittel der ›Sales Promotion‹ wurden ausgeschöpft. Man formulierte einen wirksamen Klappentext, der Inhalt und Thema des Romans geschickt zusammenfaßte. Der Satz: »Acht Menschen machen ihr Geschäft mit dem Tod« wurde von den Rezensenten gern erwähnt. Man sorgte für persönliche Gutachten, welche auf dem Umschlag zitiert werden konnten. Leseexemplare wurden offenkundig reichlich verschickt, so daß die ersten Besprechungen bei Erscheinen des Buches bereits vorlagen. Vor allem aber bemühte sich der Walter Verlag, zu dem Habe vom Desch Verlag hinübergewechselt war, sehr intensiv um die standortgebundene schweizerische Presse. Der neue Autor wurde als Freund und Bewunderer der Schweizer Demokratie vorgestellt. Es lief darauf hinaus, den in Westdeutschland angeblich unterdrückten Autor nun auch literarisch in der Schweiz einzubürgern, wo er seit 1960 seinen Wohnsitz hatte. Diese Politik hatte, wie an den zahlreichen Besprechungen in der schweizerischen Lokalpresse abzulesen ist, Erfolg[30]. Das patriotische Selbstbewußtsein der Schweizer, ihr Gefühl den umliegenden Demokratien an Alter und Reife überlegen zu sein, wurde hier geschickt genutzt[31]. Der groß aufgezogene Presseempfang

30 Diskussionen um Selbstverständlichkeiten. Anette Freitag sprach mit Hans Habe, *ZW – Sonntagsjournal*, 19/20. 4. 69; ferner Hans Habe: Ich bin ein liberaler Konservativer, *AZ – Solothurner Ausgabe*, 9. 7. 70.

31 Sehr klar kam dies zum Ausdruck in einem ganzseitigen Interview mit Franz Disler, der in der Presse mehrfach als Habes Biograph vorgestellt wurde. Über die Schweiz äußerte Habe: »Das ist ein gutes Land, und es ist gut, Bürger dieses Landes zu sein.« Und zur Staatsform: »Ich glaube, daß die plebiszitäre Demokratie die einzige moderne, die einzig haltbare Form der Demokratie ist. Jedesmal, wenn die Schweizer über ein neues Schulhaus abstimmen, wird die

in einem Züricher Luxushotel am 19. Mai 1969, besucht von in- und ausländischer Prominenz, bot den Medien den gewünschten Anlaß, um über Buch und Autor berichten zu können[32]. Daß die englische Ausgabe bereits vorher in London erschienen war (von *TLS* später übrigens ablehnend besprochen), nahm der Premiere nichts von ihrem Reiz, im Gegenteil, es trug zur ›internationalen‹ Atmosphäre des angebotenen Buches bei. Selten fehlt in den Presseberichten der Hinweis, daß mehrere ausländische Lizenzausgaben in Vorbereitung seien. Obwohl für den Zeitungsleser in keiner Weise überprüfbar und für die Qualität des Romans auch nicht relevant, vergrößerten diese Bemerkungen in den Massenmedien rein optisch die Reichweite der Rezeption. Es ergab sich der dem modernen Bestseller angemessene Effekt vom Hauch der großen weiten Welt.

Knapp sei der Verlauf der Presserezeption charakterisiert, d.h. Zahl und Umfang der Berichte, Art der Zeitungen sowie Einfluß bestimmter Urteile auf andere Besprechungen. Aufschlußreich ist hier der Vergleich mit einem anderen Bestseller der gleichen ›Kategorie‹, nämlich Hans Helmut Kirsts *Fabrik der Offiziere* von 1960. Zur Aufnahme dieses Romans notierte Peter Glotz:

> Das Buch von Hans Helmut Kirst wurde in der deutschen Presse dreiundfünfzigmal zum Gegenstand der Auseinandersetzung. Überregionale Blätter beschäftigten sich damit aber fast nicht: die einzigen Ausnahmen sind die *Zeit*, die einen großen und in vielerlei Hinsicht interessanten Beitrag von Robert Neumann zur *Fabrik der Offiziere* veröffentlicht, und die (inzwischen eingestellte) *Deutsche Zeitung*. Eine ganze Reihe der Rezensionen kommt in kleinen und kleinsten Blättern, darunter solchen ohne universalen Nachrichtenteil und einmaligem wöchentlichem Erscheinen (S. 191).

Hinsichtlich der Lokal- und Provinzpresse hat sich an diesem Bild nichts geändert. Auch Habes Roman wird von kleinen und kleinsten Blättern besprochen, und zwar nicht nur in der Schweiz, sondern auch in Westdeutschland und Österreich. In der Regel handelt es sich um Kurzkritiken, die sich weitgehend auf den Klappentext stützen. Freilich gibt es Ausnahmen wie die *Wetzlarer Neue Zeitung* (21. 8. 69), die

Demokratie neu geboren.« *AZ – Solothurner Ausgabe*, 9. 7. 70.

32 Premiere eines Bestsellers, *St. Galler Nachrichten*, 23. 5. 69; Habes neuer Roman das ›Netz‹ wird vorgestellt, *Solothurner Nachrichten*, 24. 5. 69.

Badischen Neuesten Nachrichten (16. 10. 69) und die *Wolfenbüttler Zeitung* (22. 10. 69), die sich eigenständig mit dem Roman auseinandersetzen. Habes Wirkung unterscheidet sich von der Rezeption Kirsts im Falle der großen, überregionalen Blätter. Außer den bereits genannten Zeitungen beteiligten sich die *Rheinische Merkur* und die *Tat* an der Diskussion. Von den Großen fehlten also nur die *Süddeutsche Zeitung*, die *Allgemeine Sonntagszeitung* und das *Deutsche Allgemeine Sonntagsblatt*. Eine Ursache für diese Differenz habe ich bereits genannt: Diese Rezensionspolitik wiederum löste die kritische Glosse des *Spiegels* (16. 6. 69) aus, deren publizistischer Effekt wahrscheinlich sicher größer war als die blasse Besprechung, die *Das Netz* am 7. Juli im *Spiegel* erhielt. Redakteure anders eingestellter Zeitungen mochten die Glosse als eine Aufforderung lesen, sich gegen die Habe-Euphorie des Springer-Konzerns zu stellen. In der Tat erschienen die ersten kühlen oder negativen Besprechungen des Buchs nach dem 16. Juni. Am 20. Juni veröffentlichte die *Nordseezeitung* eine eindeutig negative Rezension, und einige Tage später äußerte sich der Rezensent der *Saarbrücker Zeitung* (21./22. 6. 69) sehr zurückhaltend zu dem neuen Bestseller.

Eine zweite Ursache ist wahrscheinlich das veränderte literarische Klima der späten sechziger Jahre. War es in den fünziger Jahren unter dem Einfluß einer elitär orientierten Literaturtheorie kaum zu rechtfertigen, einen sogenannten Unterhaltungsroman zu behandeln, kam in den sechziger Jahren die literarische Revolution mitsamt ihrer Auflösung des literarischen Kanons einem Schriftsteller wie Hans Habe zugute. Marcel Reich-Ranicki zum Beispiel gab sich ein wenig verspätet als Entdecker des Unterhaltungsromans aus. In der *Zeit* war er freilich keinesfalls der erste, der sich mit diesem Genre beschäftigte. Das steigende Interesse der akademischen Kritik an der Trivialliteratur, selbst wieder in Reflex der poetologischen Umschichtungen während der sechziger Jahre, wirkte sich auch auf die aktuelle Buchkritik aus. Der jeweilige Stand der wissenschaftlichen Diskussion zeichnete sich mit der zu erwartenden Verspätung, die sich aus dem Übergang von einem Kommunikationsraum zu einem anderen ergeben, im Besprechungsteil der Zeitungen ab. Während Robert Neumann zu Beginn der sechziger Jahre in seiner Artikelserie »Kitsch as Kitsch can« (21. 9. – 5. 10. 62) noch ohne Bedenken mit dem Kitschbegriff arbeitete und sich auf Walter Killy und Walter Nutz berief, argumentierte W. Rieger 1970 anläßlich einer Sammelbesprechung von Simmels Romanen ideologiekritisch[33]. Gegen Ende der sechziger Jahre hat sich in der Literaturkritik die Forderung, daß auch Unterhaltungsliteratur, ja gerade die von einem breiten Publikum konsumierte Literatur, der kritischen Beurteilung bedürfte, noch nicht allgemein durchgesetzt, aber die Kritiker sind aufgeschlossener.

Im Längsschnitt hebt sich die Wirkungskurve von Habes Roman, dargestellt durch die Anzahl der monatlich erschienenen Rezensionen nicht erheblich von der anderer Bestseller ab. *Das Netz* hat sich etwas länger im Gespräch gehalten als üblich, nicht zuletzt dank der wiederholten Notizen in der Springer-Presse. Zwischen dem hohen Anfangserfolg im Mai und der größten Besprechungsintensität im Oktober liegt das Tal der sommerlichen ›Saure-Gurken-Zeit‹. Nach dem Oktober fällt das Interesse langsam ab; im Frühjahr 1970 erscheinen noch gelegentlich Kurzkritiken in Provinzblättern. Nach einem Jahr ist die Publizität des Buchs erschöpft. Das entspricht durchaus der Regel für den Typus des schnellverkäuflichen belletristischen Bestsellers. Was aus dem Presseecho freilich nicht hervorgeht, ist, daß das lukrative Geschäft für den Verlag erst beginnt, wenn die Öffentlichkeit sich längst anderen Gegenständen zugewandt hat. Die Lizenzausgaben der Buchgemeinschaften werden von der Buchkritik nicht mehr registriert, obwohl das Werk hier in der Phase seiner größten Verbreitung tritt.

Auffallend hoch freilich im Vergleich mit den Romanen Kirsts oder Simmels ist die Zahl der ausführlichen Besprechungen von drei bis sechs Spalten. In dieser Hinsicht konnte es Habe mit erfolgreichen Autoren aus der Gruppe 47 durchaus aufnehmen. Von den insgesamt 72 Besprechungen, Berichten und Reportagen, die beispielsweise zu Johnsons *Zwei Ansichten* erschienen sind, können 34 als ausführliche Artikel klassifiziert werden (150 cm^2 und mehr), gegenüber 15 Kurzkritiken und 19 durchschnittlich langen Besprechungen (50-150 cm^2)[34]. Habes *Netz* erhielt – nach dem mir vorliegenden Material – 33 ausführliche Würdigungen, 25 Kurzkritiken und 24 durchschnittlich

33 Fluchtburgen vor der Wirklichkeit. Politisches Bewußtsein und Trivialliteratur, *Zeit*, 17. 4. 70, S. 23.

34 Vgl. Glotz, Buchkritik, S. 191.

lange Besprechungen, während Kirsts *Fabrik der Offiziere* nur 14 umfangreiche Rezensionen erhielt. Hans Habe hatte also keinen Grund, sich über mangelnde Resonanz in der Presse zu beklagen. Als Legende erweist sich auch Habes Behauptung, er würde von der Kritik unfair behandelt. Unter den zahlreichen positiven Urteilen fallen die wenigen negativen Besprechungen kaum ins Gewicht. Der von Habe antizipierte Widerspruch der literarischen Elite blieb aus. Willy Haas fand an dem Roman – möglicherweise unter Druck – in der *Welt* nichts auszusetzen; Reich-Ranicki machte in der *Zeit* Ausstellungen, hob jedoch die handwerkliche Meisterschaft Habes hervor. In *Christ und Welt* (5. 12. 69) identifizierte sich Giselher Wirsing mit der Botschaft des Buches; und der *Spiegel*, von dem man nach der Juni-Glosse einen Verriß erwarten konnte, verhielt sich neutral. Nur die *Frankfurter Allgemeine Zeitung* (26. 7. 69) veröffentlichte eine ausgesprochen negative Kritik. Von den Schweizer Blättern trat *Die Tat* (25. 4. 69) für *Das Netz* ein, desgleichen der *Bund* (6. 6. 69), und die *Neue Zürcher Zeitung* (14. 11. 69) ließ es bei einer deskriptiven Würdigung bewenden. Günstiger wurde auch Johnsons *Zwei Ansichten* im ganzen nicht beurteilt (*Das Netz* 59 % positiv, 26,6 % neutral, 14,4 % negativ; *Zwei Ansichten* 66 % positiv, 19 % neutral, 14 % negativ).

Dieser vielleicht überraschende Befund bedarf freilich der weiteren Analyse. Es geht nicht darum, Habes Ruhm zu porträtieren, sondern die Bedingungen seiner Möglichkeit zu erhellen. Worauf beruhte die weitgehende Zustimmung der Kritik? War es die Botschaft, die den Roman so anziehend machte? Wurden die positiven Urteile durch die Schreibweise des Romans provoziert? Oder spielten außerästhetische, in der Institution Literaturkritik angelegte Gründe eine ausschlaggebende Rolle? Für die letzte Annahme spräche zumindest die statistische Beobachtung, daß Buchrezensionen im allgemeinen eher positiv ausfallen. Selten überwiegen die ablehnenden Besprechungen. Doch genügt diese Erklärung im Falle von Habes Roman nicht. Wäre *Das Netz* zwei Jahre früher oder zwei Jahre später erschienen, hätte das Buch wahrscheinlich nicht den gleichen Erfolg gehabt. Der Roman erschien zur rechten Zeit; sein Thema füllte sowieso die Spalten der Presse. Anders ausgedrückt: hier lag eine spezifische Medienaktualität vor. Um über *Das Netz* zu schreiben, brauchte man kein gebildetes Feuilleton. Die Verbindung zwischen fiktionaler Welt und erfahrener

Realität des Lesers ist so offensichtlich, daß eine spezifisch literarische Einstellung sich zu erübrigen schien: man konnte über diesen Roman auch im Lokalteil schreiben. Am Tenor der Besprechungen ist dies abzulesen: die provozierende gesellschaftliche Botschaft drängte – durchaus in Übereinstimmung mit Habes Absichten, wie mir scheint – die literarisch-ästhetische Problematik in den Hintergrund.

Diese Beobachtung mag auf den ersten Blick befremden, da Habe eine Form des Erzählens gewählt hatte, die der direkten Mitteilung einer Botschaft eher ungünstig zu sein scheint. Denn im *Netz* tritt der Erzähler ganz hinter seinen Figuren zurück. Wir können also von der empirischen Rezeption des Romans nicht sprechen, ohne seine Struktur zu berücksichtigen. Zu zeigen ist, in welcher Weise der Leser notwendig an der literarsichen Realisierung des Entwurfs, der erst durch seine Lektüre vollständig wird, beteiligt wird. Unter Beteiligung verstehen wir Annahme bzw. Verweigerung der im Text vorgesehenen Rolle und nicht individuelle oder gruppenspezifische Reaktionen, welche der Roman selbstverständlich auch auslöste, wie wir bei der Analyse der Rezensionen sehen werden.

Die Fabel dieses in der Originalausgabe 560 Seiten langen Romans ist schnell zusammengefaßt. Mit Absicht zitiere ich die vom Verlag vorbereitete und vermutlich vom Autor kontrollierte Synopsis, die auf dem Umschlag erschien:

In Rom wird das Callgirl Hertha Enzian ermordet. Jagd nach dem Täter? Jagd nach Erfolg und Ruhm. Acht Menschen machen ihr Geschäft mit dem Tod: Der Reporter, den seine Jugend nicht vor Zynismus schützt – der Illustriertenverleger, der den Mörder deckt, bis dieser seine Memoiren geschrieben hat – der Sohn des Verlegers, Rebell mit Ehrgeiz – der Rechtsanwalt, der das Leben der Toten kauft – der Vater der Ermordeten, der Blumen von Gräbern pflückt – das Luxusdämchen von der Via Veneto, das Sex in Ziffern umsetzt –, der Kriminalchef, der es vor seiner Pensionierung noch einmal »zeigen« will – und schließlich der Mörder. Dieser, ein gescheiterter Schriftsteller, nützt die Gnadenfrist auf seine Weise. Aurelio Morelli ist ein Lustmörder, für den Fische, den Menschen ungleich, die einzigen ethischen Lebewesen sind. Wie alle anderen Gestalten des Romanes, wie der Mensch überhaupt, sucht er die Rechtfertigung des Nicht-zu-Rechtfertigenden, das Alibi ist die Jugend von heute: Sie muß »ausgerottet« werden, das bedrohte Alter kann »nicht früh genug« damit beginnen – Aurelio glaubt, sein Teil zur »Revolution des Alters« beigetragen zu haben.

Offenkundig enthält diese Zusammenfassung Deutungshinweise und Bewertungsangebote, durch die der potentielle Leser zum Kauf des Buchs angeregt werden sollte. Die fiktionalisierten Ereignisse böten das Material zu einer Kriminalgeschichte: der Mord, die Suche nach dem Täter, das Verfolgen der Spuren, das langsame Einkreisen des Täters durch den Kommisar usw. Habe kehrt indessen das Muster des Detektivromans um. Nicht am Ende steht die Entdeckung des Mörders, sondern im ersten Kapitel. Die Suche nach dem Mörder wird zur Nebensache, an ihre Stelle tritt, in zeitgemäßer Abwandlung des Schemas, die kommerzielle Verwertung der in der Vergangenheit liegenden Geschehnisse. Die Gegenwartshandlung erstreckt sich zeitlich zwischen der zufälligen Entdeckung des Mörders im Herbst des Jahres 1967 und dem Erscheinen der Enzian-Story, d.h. den Geständnissen des Mörders, in der Weihnachtsnummer der von Carlo Vanetti verlegten Zeitschrift *Quest'Ora*. Erweitert wird die Gegenwartshandlung durch die Gedanken und Kommentare der Romanfiguren, in denen sie ihre Verhaltensweise rechtfertigen. Zwischen diesen verschiedenen Erfahrungen und Reflexionen der Romangestalten gibt es nur einen Zusammengang: Jede Gestalt hat etwas mit dem Tod von Hertha Enzian zu tun. Das herkömmliche, alle Elemente sorgfältig integrierende ›Plot‹ ist in Fragmente aufgelöst. All dies erinnert nicht zufällig an die Art, wie der *nouveau roman* das Muster der Kriminalgeschichte umfunktioniert und für einen neuen Typus fiktionaler Erzählung benutzt, die dem Leser nicht mehr eine Antwort bietet, sondern eine Frage stellt. Als Anti-Romane konzipiert, verweigern die Werke von Butor und Robbe-Grillet die Erfüllung konventioneller Vorerwartungen. Hans Habe, von seinen früheren Romanen als traditioneller, seine Geschichte beherrschender Erzähler bekannt, verwandte im *Netz* zum ersten Mal die formalen Methoden des experimentellen modernen Romans. Die Handlung wird nicht mehr einem auktorialen Erzähler anvertraut; die Totalvision entsteht vielmehr durch acht verschiedene, einander überlappende, in der Deutung der Ereignisse auch teilweise widersprüchliche Ich-Erzählungen. Der Leser steht mithin schon bei der ersten Lektüre vor der Aufgabe, die verschiedenen Stränge, die jeweils in Segmenten dargeboten werden, zu vergleichen und auf ihre Stimmigkeit zu prüfen. Es scheint also eine dem modernen Roman analoge Situation vorzuliegen, wo dem Leser durch den Text nicht mehr eine Bedeutung (signification) vermittelt wird, wo er vielmehr an der Suche nach dieser Bedeutung beteiligt wird. Dieser Erzählmethode liegt die Einsicht zugrunde, daß Wirklichkeit weder mimetisch nachzubilden noch analog schöpferisch als objektive Einheit zu gestalten ist. Die geschichtlichen Gründe für diese Prämisse brauchen in diesem Zusammenhang nicht untersucht zu werden; es darf der Hinweis genügen, daß sie für die Poetik des modernen, nach-realistischen Romans maßgebend ist. Wichtig hingegen ist die der modernen Romanpoetik sich ableitende Veränderung im Verhältnis von Textstruktur und Leser. »Die alten Gewohnheiten des Lesers«, notiert Klaus Netzer im Hinblick auf den *nouveau roman*, »müssen gebrochen werden, und der Leser muß eine erhebliche Anstrengung aufwenden, damit er schließlich zu einem neuen Begriff von Dichtung gelange, die episch und didaktisch zugleich ist.«[35] Wie kann aber diese Anstrengung einer Bedeutung allererst konstituierenden Lektüre verlangt werden und gleichwohl ein breites Publikum mit eingeschliffenen Leseerwartungen angesprochen werden? Muß nicht die moderne Erzählmethode eben den Leserkreis verscheuchen, mit dem Habe vorher rechnen konnte, also die Liebhaber einer handfesten, spannend erzählten, mit aktuellen Themen brisant aufgeladenen Geschichte?

Der populäre Erfolg des Romans, meßbar an über dreihunderttausend verkauften Exemplaren, beweist, daß Habes Kalkulation aufgegangen ist, daß man ›modern‹ erzählen kann und trotzdem einen breiten Leserkreis erreichen kann. Seine Leser haben den formalen Schock offenbar überstanden. Doch hier stellt sich sogleich die zweite Frage: Wie tief war dieser Schock, wie sehr mußte der Leser sich wirklich umstellen, um der Struktur des Romans gerecht zu werden? Habe setzt seine Leser im *Netz* ungewöhnlichen Belastungen aus, aber er sorgt gleichzeitig dafür, daß in den Text Stützen eingezogen sind, die dem verunsicherten Leser nach kurzer Zeit zu neuer Orientierung verhelfen. So wird beispielsweise der unvermittelte Einsatz des ersten Ich-Berichts, d.i. die Aufzeichnung Emilio Bossis über das Gespräch mit dem Verleger Vanetti, sogleich aufgeklärt durch den anschließenden Bericht Bossis über die erste Begegnung mit Morelli, bei der der Vertrag über die Memoiren des Mörders abgeschlossen wird. Sollte sich der Leser in diesem ersten Segment noch nicht zurechtgefunden haben, helfen ihm die nachfolgenden Aufzeichnungen Morellis, um Hintergrund und Ausgangssituation der Handlung zu verstehen. Wenn zu den poetologischen Voraussetzungen des modernen Romans gehört, daß Realität sich nicht mehr durch traditionelles episches Erzählen enthüllen läßt, wenn daher die Erwartung des Lesers angesichts moderner Texte bald in Verwirrung umschlägt, weil ihm der Text eine Bedeutung nicht mehr bietet, dann können wir im Falle von Habes Roman nur registrieren, daß sich die formalen Mittel von ihrer ursprünglichen Fuktion trennen lassen. Denn die Desorientierung des Lesers im tieferen Sinne liegt nicht in der Absicht des Autors. Gewiß: die polyperspektivische Auffächerung der Handlung macht ein größeres Maß an Mitarbeit erforderlich. Der Leser muß die verschiedenen für ihn parat gehaltenen Ansichten vergleichen, er muß entscheiden, welche Interpretation er annehmen will; aber das Wirklich-Sein der erzählten Realität ist nicht ernsthaft in Frage gestellt.

Das Gerüst des Geschehens ließ sich Stück für Stück wie ein Puzzle zusammensetzen, denn Habe hat dafür gesorgt, daß alle Elemente irgendwo im Spiel zu finden sind. Typische Verhaltensmodelle werden vorgeführt: der vorsichtige, legalistische Rechtsanwalt, der bedenkenlose nur an ›Stories‹ denkende Reporter, der gegen das Establishment vergeblich anrennende Millionärssohn, um nur einige zu nennen. Sie alle bieten ihre Reaktionen und Ansichten dar, aus denen der Leser wählen kann. Diese Identifikationsmöglichkeiten sind jedoch so angelegt, daß der revolutionierende junge Vanetti sich als Opportunist enthüllt, sobald ihm die Leitung der Firma übertragen wird, daß der ehrgeizige Anwalt Zempach zu spät den Mut findet, die Polizei über den Mörder zu verständigen: das stempelt sie zu moralisch negativen Typen, von denen der Leser sich eher distanzieren wird. Die Schwächen dieser eindimensionalen Typisierung hat Habe offenkundig bemerkt. Im Falle der drei älteren männlichen Figuren, d. h. des Schriftstellers Morelli, des Kommissars Canonica und des Verlegers Vanetti, greift er zu einer differenzierteren Methode. In ihren Reflexionen nähern sich die Standpunkte dieser Männer einander so, daß die beim Leser erwarteten Bewertungen scheinbar in Frage gestellt werden. Indessen ist diese schockierende Ähnlichkeit oberflächlicher Art; sie bewegt sich auf der Ebene der Meinungen, hinter denen der eingeweihte Leser allemal den Autor erkennt. So darf

Aurelio Morelli, der gescheiterte, vergessene Romancier, an Stelle von Habe seinen Kommentar zum Erzählproblem beisteuern:

> Der Schriftsteller ist ein wachsamer Gott, den nichts überrascht, der das Geschehen durchaus nicht, wie uns jüngere Künstler glauben machen wollen, miterlebt, sondern rückschauend berichtet, zusammenfaßt und kommentiert, was sich unter seinen allgegenwärtigen Augen längst vollzogen hat. Während der Architekt, ein Künstler minderen Grades, von unten nach oben baut, indem er pedantisch Stein auf Stein setzt, baut der Schriftsteller, auch darin göttlich, von oben nach unten: An ein in der Luft schwebendes Dach reiht er Stein um Stein. (S. 154f.)

Von diesen schaffenden Künstlern, dem *alter deus* Shaftesburys und Herders, ist Habe weit weniger entfernt, als er vorgibt. Auch er lenkt das Geschehen nach einem vorbereiteten Plan und weiß, wie eine realitätsgleiche fiktionale Welt herzustellen ist. Die durch die Rollenprosa und das Verschwinden des Erzählers eingeführte Verwirrung berührt die Oberflächen- aber nicht die Tiefenstruktur des Romans. Habes Ich-Erzähler, seine Zeugen, wenden sich so an den Leser, daß er sich unmittelbar angesprochen fühlt. Nicht anders als im Briefroman des 18. Jahrhunderts, der ja ebenfalls mit dem Mittel der polyperspektivischen Brechung operierte, führen die verschiedenen Ich-Erzähler mit dem Leser ein vertrautes Gespräch. Dieser kann sich in die Gestalten einfühlen. Der Effekt äußerte sich in vielen Besprechungen: Der Leser gewinnt den Eindruck, es mit Menschen zu tun zu haben, wie sie ihm im wirklichen Leben begegnen könnten. Beantworten läßt sich nunmehr die Frage, warum Habe so reichlich aus dem Formenrepertoire des modernen Romans schöpfen konnte, ohne seine Leser zu verlieren. Was im *nouveau roman*[35], aber auch in anderen Beispielen des Genres, der Durchbrechung der Illusion diente, wird bei Habe mit dem Schein der Wirklichkeitsangemessenheit versehen. Es entsteht vor den Augen des Lesers ein letztlich homogenes Ganzes, nicht mehr eine Welt der heilen Inhalte, aber eine intakte Realitätsvorstellung, mit der der durchschnittliche Leser vertraut ist.

An zwei Beispielen möchte ich zeigen, in welcher Weise die Kritik den Erwartungshorizont des Lesepublikums verbalisierte. Zu Worte

35 Klaus Netzer, Der Leser des Nouveau Roman. Frankfurt 1970, S. 21.

kommen Hans Helmut Kirst, Autor von erfolgreichen Kriegsromanen, dessen Besprechung am 18. Mai 1969 im *St. Galler Tagblatt* erschien, und der Kritiker Hermann Lewy, der seine Kritik in der *Allgemeinen Jüdischen Wochenzeitung* (6. 6. 69) publizierte. Daß Kirst, der von Habe mehrfach Gelobte, sich mit einer positiven Besprechung revanchierte, versteht sich am Rande. Er greift zum Superlativ und nennt das Buch »das interessanteste, amüsanteste und verwegenste Buch, das Hans Habe jemals gelungen ist« und fügt apodiktisch hinzu: »Und wohl niemand im deutschen Sprachbereich, dem auch nur annähernd Ähnliches gelingen könnte«. Gefeiert wird Habe als tiefsehender Gesellschaftskritiker, der gleichzeitig sein Schriftstellermetier brillant beherrscht. Für Kirst ist es keine Frage, ob Habe die gesellschaftliche Wirklichkeit richtig gedeutet hat: »Es ist ein Roman, der die Gesellschaft abtastet, in der allein er möglich geworden zu sein scheint.« Die Darstellungsabsicht erscheint niemals als problematisch, so daß Kirst formulieren kann: »Alsbald wird denn auch schlagend deutlich, worauf Hans Habe diesmal hinaus will: ... was ihn, den Autor, in allererster Linie interessiert, ist dies: Welche möglichen Geschäfte lassen sich mit den Mördern und ihren Opfern machen?« Damit ist für Kirst der Kern des Romans bloßgelegt. So einfach hatte es sich auch Hans Habe nicht gedacht, der immerhin mit der Darstellung des Falls Enzian die Jugend, den Marxismus, die Lehre Freuds, die Kommerzialisierung der Massenmedien und noch einiges mehr treffen wollte.

Hermann Lewy formuliert die Botschaft des Romans umfassender. Ähnlich wie Kirst unterscheidet er zwischen Stoff und Thema: »Jedoch ist die mörderische Tat für Habe nur Anlaß, um die Gesellschaft, die mehr scheinen will als sie ist, zu geißeln, um die Machenschaften anzuprangern, ... die sich bei gewissen Illustrierten und Boulevardblättern eingebürgert haben.« Und über die Bedeutung des Buches heißt es dann: »Dieses neueste Buch zeigt aber auch eine Verbitterung des Autors, die Unzufriedenheit mit der Entwicklung der Menschheit, die zwar auf technischem und wissenschaftlichem Gebiet Fortschritte macht, aber in der Entwicklung des Geistes damit in keiner Weise Schritt hält, sondern sich eher rückwärts zu bewegen scheint.« Die Identifikation mit der ideologischen Botschaft des Romans, die übrigens im Licht von Habes eigenen Kommentaren gesehen wird, vollzieht sich in Lewys Besprechung durch das Lob der Erzählkunst: »Habe hat Menschen gezeichnet, wie sie in unserer Gesellschaft leben, Menschen von Fleisch und Blut, mit den Fehlern behaftet, wie sie die saturierte Gesellschaft, in der Macht vor Recht geht, aufweist.« Indem Habes Realismus gelobt wird, ein Realismus, wo das gesellschaftliche Ganze sich der epischen Methode bedingungslos fügt, wo sich Wirklichkeit in an sich bestehende Figuren und Ereignisse auflösen läßt, wird gleichzeitig die implizierte Gesellschaftskritik legitimiert. Unterstellt wird die Gelungenheit der Schreibweise, d. h. die Wahrscheinlichkeit der Zusammenhänge und die Plastizität der Figuren, um die Angemessenheit der Botschaft zu beweisen. Denn was so erzählt wird, wie es sich wirklich zugetragen haben könnte, trägt das Maß seiner Wahrheit in sich. Weder Kirst noch Lewy stellen die Frage, ob denn die zeitgenössische Wirklichkeit so beschaffen ist, wie sie in *Das Netz* erscheint, geschweige denn die andere, wie diese Realität fiktional zu bewältigen wäre[36].

Kirsts und Lewys Besprechungen sind repräsentativ für diejenige Gruppe der Kritiker, die in der Beurteilung der soziokulturellen Situation mit Habe mehr oder weniger übereinstimmen und daher den Roman als Abbild der Wirklichkeit lesen. Daher bestehen auch keine prinzipiellen Schwierigkeiten bei der Vermittlung der Kritik. Rezensent und Lesepublikum bilden eine unbefragte Einheit. Chance und Aufgabe der Kritik aber wäre, dem Leser zu verdeutlichen, auf welche Weise der Romancier Gesellschaftskritik fiktionalisiert. In Ansätzen findet sich diese Fragestellung in den Besprechungen dreier standortgebundener Zeitungen. Die Auseinandersetzung mit Habes Ideologie geht aus von der Kritik der Form. Die drei Rezensenten stellen hohe literarische Ansprüche, sie nehmen Habes Versuch, ›modern‹ zu schreiben ernst und kommen zu dem Ergebnis, daß der Roman hinter dem selbst gesetzten Ziel zurückbleibt. Paul Hubrich notiert im *Bonner Generalanzeiger* (19. 9. 69) die Diskrepanz zwischen Erzählweise und Thema:

36 Auch Willy Haas, der von einem ›Sittengemälde‹ einer ganzen Epoche spricht (*Welt*, 22. 5. 69) und Kurt Rieß, der den Roman eine »comedie humaine« nennt (*Tat*, 25. 4. 69) halten sich an dieses Interpretationsschema. Daß Rieß sich übrigens auf Balzac und Dickens beruft, macht den poetologischen Zusammenhang auch historisch deutlich.

Und genau an diesem Punkt, wie mir scheint, sitzt Habe einem gewaltigen poetologischen Irrtum auf: Blendentechniken und derlei Formalismen mehr sind im modernen Roman nur dann legitim, wo sie zwangsläufig, für den Leser unmerklich durchkonstruiert, dem Thema entwachsen.

Gemessen am Standard des modernen Romans bleibt *Das Netz* ein mittelmäßiges Produkt, ein »billiges Tummeln auf Gemeinplätzen«, das die Auseinandersetzung mit der Botschaft überflüssig macht. Explizit machen auch der Kritiker der *Wolfenbütteler Zeitung* (22. 10. 69) und des *Telegrafs* (Berlin) das formale Mißlingen für die verzerrte Gesellschaftskritik verantwortlich, ohne freilich diesen Zusammenhang im einzelnen dingfest zu machen. Es bleibt bei allgemeinen Formulierungen oder einzelnen Beobachtungen wie der folgenden von Heino Eggers im *Telegraf* (18. 1. 70):

Da, wo Habe Zeitkritik vermitteln will, beispielsweise eine Studentendemonstration schildert, entgleist er völlig. Er rettet sich in Modernismen, die ihm schlecht anstehen. Man merkt, daß er die Rebellion der Jugend von seinem Sommersitz in Ascona aus, aber schwerlich von der Straße her erlebt hat.

Für den Leser, der mit den ästhetischen Standards des modernen Romans weniger vertraut ist als der Kritiker, wird somit nicht wirklich sichtbar, warum der mißglückte formale Anspruch sich nachteilig auf die Botschaft, d. h. die Gesellschaftskritik auswirken muß.

Wird aber das literarische Gespräch ohne Rücksicht auf die Kompetenz des Publikums geführt, besteht die Gefahr, daß aus der Diskussion ein Fachgespräch wird, an dem das breitere Publikum, also gerade die Leser Habes, keinen Anteil nehmen kann. Dann kommt es zu jener formalen Esoterik, die Peter Glotz an der deutschen Buchkritik moniert. Hans-Joachim Broihans Besprechung in der *Wolfenbütteler Zeitung* bietet ein gutes Beispiel für diese Tendenz. Die einleitenden Sätze, die sich offenkundig kritisch auf Willy Haas' Besprechung beziehen, unterscheiden zwischen Thema, Inhalt und poetischer Relevanz:

Man hat dieses neue Buch Hans Habes als ein Sittenbild dieser Zeit und als leidenschaftliche Gesellschaftskritik bezeichnet. Das sei unbestritten. Es fragt sich jedoch, ob ein Roman allein nach seiner Absicht gewertet werden kann oder ob die strengeren Maßstäbe dessen, was einen guten Roman ausmacht, berücksichtigt werden müssen.

Dieser Eröffnung suggeriert, daß die gesellschaftskritische Intention des Autors für den Wert des Romans bedeutungslos ist. Dies ist nicht Broihans Ansicht; die Diskrepanz zwischen der kulturkritischen Botschaft und der Erzählmethode wird konstatiert, ihre Ursache dem Leser indessen nicht erläutert, weil die poetologische Norm des modernen Romans für den Rezensenten ein Absolutum ist. Der Erfolg des Buches bei den breiten Leserschichten, der an den Bestsellerlisten abzulesen war, bleibt außerhalb der Betrachtung oder er wird, wie in der Besprechung des *Bonner Generalanzeigers* schnell als »Ruhm der Mittelmäßigkeit« abgetan. Drei Fälle einer rigorosen formalen wie inhaltlichen Kritik, die von den ästhetischen Prämissen des experimentellen Romans ausgeht und nicht berücksichtigt, daß diese Voraussetzungen dem durchschnittlichen Leser keinesfalls von selbst einleuchten. Dem Leser wird nicht gezeigt, wie Habes Erzählstrategie darauf hinausläuft, daß das durch die Rollenprosa paratgehaltene Bewertungsangebot, d. h. die Entscheidungsfreiheit des Lesers, letztlich zurückgenommen wird. Habe sorgt dafür, daß der Leser sich nicht verirrt und die Botschaft in den falschen Hals bekommt. Der Spielraum des Verstehens wird trotz der Verwendung moderner Erzählmittel auf die Registrierung von Klischees eingeengt. Habes Roman – die Ansichten des Autors können hier ganz außer Betracht bleiben – rechnet nicht mit mündigen Lesern, sondern mit solchen, die in ihrer Perzeption von den Rastern der Informationsindustrie beeinflußt sind. Geliefert wird eine Sammlung von Typen, die den genormten Anforderungen der Massenmedien an ›wirklichkeitsechte‹ Figuren genau entspricht. »Das Erwartete tritt ein und bestätigt dem Leser seine Zugehörigkeit zu einer Welt, in der – wie pervers und verworfen auch immer – alles ordentlich funktioniert (obwohl in Wahrheit nur Klischees funktionieren)«, so Peter W. Jansen in der *Frankfurter Allgemeinen Zeitung* (26. 7. 69). Dem Leser werden Klischees geboten, mit ihrer Hilfe ins Lot gebracht, was 1969 die Öffentlichkeit verstörte:

Doch die Klischeewelt verrät ihren Weltbürger. Der Millionärssohn, selbstverständlich ein Protestler (Klischee), entledigt sich seines Bartes (Klischee), als er, nach des Vaters Herzinfarkt (Klischee), die Leitung des Verlages übernehmen muß: das Erwartungsklischee der Gesellschaft erfüllt sich, die Klischeehoffnung, daß die Apo »vernünftig« wird, sobald sie in die Verantwortung rückt.

In Ansätzen wird hier die Idee einer Metakritik zu Habes Gesellschaftskritik realisiert. Eine Metakritik, die sich nicht darauf beschränkt, formale Kunstfehler zu konstatieren, die sichtbar macht, daß Habes ideologisierter Roman so erfolgreich, wirksam und gefährlich ist, weil er mit bedenklichen artistischen Mitteln operiert. Aber Jansen stößt, letztlich noch immer Gefangener der literarischen Koterie, den Roman *Das Netz* in den Orkus der Trivialliteratur, als ob durch diesen Spruch die Gefahr gebannt sei. Es schimmert eine bekannte Matrix durch: Trivialliteratur stellt ein Unwertsystem dar, weil hier die Massen als Rezipienten in Betracht kommen.

Es fällt auf, daß unter den ausführlichen Besprechungen nur zwei den Problemkomplex Bestseller und Trivialliteratur thematisieren, nämlich Marcel Reich-Ranickis Rezension in der *Zeit* (20. 6. 69) und Peter Meiers Essay im *Tagesanzeiger* (Zürich)[37]. Nur zweimal wird die Frage gestellt, welche Funktion ein Roman wie *Das Netz* im literarischen Leben hat und wie diese Funktion zu bewerten ist. Zwei typische Positionen zeichnen sich ab, die in der Geschichte der Literaturkritik ihre Vorläufer haben, die sich an bestimmte, geschichtlich relativ früh nachweisbare Haltungen anlehnen, mag dies den Rezensenten auch nicht bewußt gewesen sein. Für Reich-Ranicki ist der Roman Habes Anlaß zu einem kultivierten Gespräch mit dem Leserkreis der *Zeit* über Nutzen und Möglichkeiten der Unterhaltungsliteratur. Seine Apologie des Unterhaltungsromans wendet sich nicht an dessen Leser, sondern an die Verächter, für die das Genre als Nicht-Kunst verwerflich ist. Er appelliert an ein Lesepublikum, das in hierarchischen Normen denkt und einen Habe-Roman gemäß der selbstgesetzten Begrenzung aus der Literatur ausscheidet. Daher die vorausgeschickte Erklärung: »Es ist traurig aber wahr: Wer in Deutschland einen Unterhaltungsroman lobt, der liefert seinen Gegnern bequeme Argumente. Denn wie man die Sache auch drehen und wenden mag: Ein Unterhaltungsroman bleibt ein Zwitter, ein mehr oder weniger fragwürdiges, stets leicht angreifbares Gebilde; nur daß man ihm nie mit ausschließlich literarischen Kriterien beikommen kann.« Außerliterarische Kriterien spielen freilich bei Reich-Ranicki, ungeachtet der Ankündigung, nur insofern eine Rolle, als vorausge-

37 Peter Meier, Einblick in die Bestseller-Fabrikation (13. 12. 69).

setzt wird, daß der Autor von Bestsellern notwendig Kompromisse zwischen dem ästhetisch Wünschbaren und dem vom Publikum Gewünschten eingehen muß. Dieses Plädoyer für den gehobenen Unterhaltungsroman betrachtet die Lesebedürfnisse des breiteren Publikums als eine bekannte und daher nicht weiter zu befragende Tatsache. Für Reich-Ranicki erfüllt ein Schriftsteller wie Habe eine wichtige Aufgabe, indem er auf der mittleren Ebene, zwischen Hochliteratur und Schund, ein Produkt anbietet, in dem das Geschäft des Unterhaltens auf intelligente und literarisch nicht anstößige Weise betrieben wird. Um die Metapher der Überschrift (»Seelen von der Stange«) zu bemühen: Habe liefert nicht den individuellen Schneideranzug, aber solide Maßkonfektion. Die Normen der Hochliteratur, so können wir Reich-Ranickis Einstellung auf eine knappe Formel bringen, werden für diese mittlere Schicht suspendiert. Besser gesagt: sie werden weniger streng angewandt. Literatur bewegt sich auf mehreren Ebenen; unbillig ist, von jedem Roman zu fordern, daß er den strengen Ansprüchen an Dichtung entspricht. Dem durchschnittlichen Leser soll das Bedürfnis nach Unterhaltung nicht verleidet werden. Von selbst versteht sich freilich, daß das Genre nicht in den Kanon der Hochliteratur eingezogen werden kann. Gleichwohl haben Unterhaltungsromane eine nicht zu unterschätzende sozialpsychologische Funktion: sie dienen der entlastenden Aufarbeitung aktueller Probleme.

Nehmen wir an, daß dies voll expliziert die Position Reich-Ranickis ist, ergibt sich eine Reihe von Fragen: Warum müssen Werke, die offensichtlich ihre Leser auch ohne die Vermittlung der Literaturkritik finden, besprochen werden? Wem ist mit Lob gedient, wenn es sich doch im Grunde um ein Lob zweiter Klasse handelt? Reich-Ranickis Besprechung, gerichtet an ein literarisch geschultes, mit den Standards der zeitgenössischen Hochliteratur vertrautes Publikum, läuft auf eine literarische Statusbestimmung hinaus. Habe gilt als Meister innerhalb einer bestimmten Klasse von Literatur. Die positive Einstellung würde sich in abwertende Strenge verkehren, hätte Reich-Ranicki Böll oder Johnson als Verfasser vermutet[38]. Die literarische Klassifikation wird

38 Setzt sich Reich-Ranicki beispielsweise mit Bölls *Ansichten eines Clowns* auseinander, gilt diese Milde nicht. Da der Autor für den Kritiker zum Kreis der Hochliteratur gehört, werden die Ausstellungen scharf formuliert. Was im Falle Habes nur gestreift wurde, nämlich die kurzsichtige, klischeehafte Gesell-

durch diese Besprechung nicht aufgehoben, sondern bestätigt. Das gilt für den Kritiker wie seine Leser gleichermaßen; denn der Appell richtet sich an eine Gruppe, für die Habes Romane wahrscheinlich kein ernster Gesprächsgegenstand sind. Der Kritiker verständigt sich hier mit seinen Rezipienten darüber, daß es zulässig ist, wenn andere inferiore Schichten sich mit gehobener Unterhaltungsliteratur beschäftigen. Und wenn man selbst gelegentlich einen dieser Bestseller liest, ist es keine Schande.

Im Unterschied zu Reich-Ranicki hielt es Peter Meier nicht für eine Frage des Geschmacks, ob Habes *Netz* lesenswert sei. Meier demonstrierte, was Reich-Ranicki nur abstrakt behauptet hatte: die Unmöglichkeit, den Roman mit den Mitteln literarischer Exegese zu erschöpfen. Das Werk ist zu sehen im Zusammenhang mit Habes politischen und gesellschaftskritischen Zeitungsartikeln. Meier nimmt Habe eigentlich nur beim Wort, der ja niemals verleugnet hat, daß der Roman moralische Belehrung für die mittlere und ältere Generation enthielt. Insofern ist das literarische Gespräch gleichzeitig ein politisch-ideologisches Zeitgespräch. Die Koinzidenz von politischen Ansichten des Autors und der im Roman angelegten Tendenz wird zum Schlüssel von Meiers Kritik. Demgemäß fällt das Urteil über die handwerklichen Fähigkeiten, die keineswegs bestritten werden, strenger, negativer aus als bei Reich-Ranicki. Die Habe zugestandene technische Kunstfertigkeit wird als Beweisstück gegen den Autor verwendet. Die Anwendung der Rollenprosa als Verschleierungstaktik ausgelegt:

> Das Verfahren hat verschiedene Vorteile: Erstens erzielt es (beinahe) authentische Wirkungen, zweitens liefert es Farbe und jene Lebensechtheit, auf die Romane dieses Genres ungern verzichten, und drittens verschafft es dem Erfinder ein (beinahe) perfektes Alibi: was da zur Sprache kommt, sind ja nicht seine Ansichten, Vorurteile, Ressentiments und Klischeevorstellungen, sondern muß aus der Perspektive des dramatis personae gesehen und verstanden werden, ist somit unangreifbar.

schaftskritik, wird gegen Bölls Roman ohne Zugeständnisse vorgebracht. Böll versagte Reich-Ranicki zufolge auf zwei Ebenen: Das Objekt seiner Gesellschaftskritik ist zu beschränkt, und die Darstellungsmethoden sind dem Komplexitätsgrad moderner Gesellschaftstypen nicht mehr angemessen. Vgl. Reich-Ranicki, Literatur der kleinen Schritte. Frankfurt 1971, S. 15–21.

Die Erzählstrategie, so folgert Meier, scheint dem Leser eine Freiheit zu geben, die er in Wirklichkeit nicht hat. Was im Roman als die Meinungen eines psychopathischen Schriftstellers offeriert wird, also in dieser Form vom Leser leicht abzulehnen ist, wird auch, in milderer Form natürlich, in Habes publizistischen Essays formuliert. An der faktischen Übereinstimmung ist nicht zu zweifeln. Habe hat sie in Interviews selbst verschiedentlich hervorgehoben. Aber es ist nicht recht einzusehen, warum eine Meinung aus dem Mund einer Romanfigur, die zudem noch als Psychopath diskrediert wird, an sich einflußreicher und verhängnisvoller sein soll als die direkt vorgetragene Ansicht des Publizisten Hans Habe. Zumindest zeigt Meier diesen Zusammenhang nicht stringent auf. Er bietet eine richtige Schlußfolgerung, ohne die entsprechenden Argumente vorher entwickelt zu haben. Sein abschließendes Urteil lautet:

> Das Netz ist gerade deswegen ein verhängnisvolles Buch, weil es seine Message nicht offen vorträgt . . . sondern in raffiniert verdeckter Form eine Mentalität propagiert, die bei einem breiten Lesepublikum dumpfe Emotionen weckt und die Vorurteile der Masse nicht abbaut, oder wenigstens kritisch durchleuchtet, sondern erst recht bestätigt.

Zwischen Schlußfolgerung und Befund bleibt ein Hiat bestehen. Denn es wird nicht dargelegt, warum der Leser durch die Verwendung der Rollenprosa bei Habe dirigiert wird. Ideologiekritischer und literarischer Ansatz durchdringen sich nicht hinreichend. Probleme der Erzähltechnik werden so knapp angedeutet, daß der theoretisch ungeschulte Leser, der *Das Netz* möglicherweise für eine anregende Lektüre halten wird, nicht erkennt, worin denn nun eigentlich die Gefahr dieses Buches besteht. Es ist wohl kein Zufall, daß Meier dem breiten Publikum Vorurteile und »dumpfe Emotionen« zuschreibt. Nicht anders als Reich-Ranicki richtet sich seine Besprechung an eine Lesergruppe, für die der beurteilte Roman bestenfalls Beispiel für den fragwürdigen Bestseller ist. Fragt man sich also, welchem Zweck diese Kritik dient, lautet die Antwort: Sie bestätigt die Einstellung der kritischen Intelligenz; einer von ihr hat gesagt, was angesichts eines solchen Buches zu sagen war. Aber Meiers berechtigte Warnung erreicht nicht die Leserschicht, für die seine Kritik wichtig und bedeutsam wäre, weil sie als ›Masse‹ abqualifiziert wird.

Die Beschränkung auf einen einzigen Fall legt eine gewisse Vorsicht bei der Verallgemeinerung der Ergebnisse nahe. Jedoch lassen sich einige Hypothesen formulieren, die durch vergleichbares Material, nämlich Besprechungen von Willi Heinrichs Roman *Geometrie einer Ehe* (1967) und Siegfried Lenz' *Deutschstunde* (1968) zu überprüfen sind. Wie verhält sich die Buchkritik zum Bestseller? In der Mehrzahl registrieren die Kritiker Bestseller, ohne sich über die vorliegenden Produktions- wie Konsumtionsmechanismen Gedanken zu machen. Erst in den letzten Jahren zeichnet sich in den Feuilletonredaktionen einiger überregionaler Zeitungen eine Veränderung ab. Man fängt an zu begreifen, daß der Bestseller nicht einfach ein Buch ist, von dem mehr Exemplare verkauft werden. Es macht sich allmählich ein gewisses Interesse an den Herstellungsmethoden und Verteilungsformen bemerkbar, während die standortgebundenen Zeitungen sich in der Regel noch so verhalten, als sei das der Redaktion zugeschickte Exemplar vom Himmel gefallen. Symptomatisch für diesen Einstellungswandel ist der ausführliche Artikel »Alles über einen Bestseller. Der unaufhaltsame Aufstieg des Siegfried Lenz« von Dieter Kraeter im *Rheinischen Merkur* (19. 2. 70), der sich auf Grund von Verlagsinformationen mit der ökonomischen Seite von Lenz' Bucherfolg beschäftigt. Außerdem bietet die Zeitung in derselben Ausgabe eine zweite Besprechung der *Deutschstunde*, in welcher sich Heinz Beckmann die Frage vorlegt, warum gerade dieser Roman, der so wenige Ingredienten des Erfolgsromans zu enthalten schien, in kurzer Zeit die prekäre Hunderttausend-Grenze durchstieß.

Ansätze zu einem neuen Reflexionsniveau sind in der Buchkritik zu verzeichnen. Das Mißtrauen der literarischen Elite gegen den Bestseller als ein typisches Produkt der perhorreszierten Massenkultur ist noch nicht geschwunden, doch findet sich gelegentlich eine abgewogenere und selbstkritischere Einstellung. Gleichwohl hat die eingeschliffene Einteilung in Dichtung und Unterhaltungsliteratur ihre Geltung noch lange nicht verloren. An einen Roman von Siegfried Lenz geht man mit anderen Voraussetzungen heran als an ein Werk von Willi Heinrich. Dies hat weniger mit dem konkreten zu beurteilenden Werk zu tun als mit verbreiteten Stereotypen. Während die Rezensenten von Lenz' *Deutschstunde* den Roman in der Regel von vornherein als ein Werk der Hochliteratur akzeptierten und mithin ästhetische wie ideologische Kriterien absolut ins Spiel brachten, bestand die Neigung, sonderlich in der überregionalen Presse, Heinrich mit einer gewissen wohlwollenden Herablassung zu behandeln. Diese Unterschiede machen sich vor allem in den neutralen und negativen Besprechungen bemerkbar, während die affirmativen Urteile in ihrer Konzeption und Artikulation weit mehr Übereinstimmungen aufweisen. Was an Lenz gelobt wurde, wurde auch an Habe und Heinrich positiv hervorgehoben. An drei Beispielen aus der Lokalpresse sei diese Tendenz veranschaulicht. Im ersten Fall wird das Buch auf folgende Weise gepriesen: »Der Autor hat ohne Zweifel sein Meisterwerk geschrieben. Ein Buch wie dieses bündelt eine ungeheure Energie. Hinter der Freude am formulierenden Erzählen steckt ein moralischer Antrieb. [Der Autor] hat eine beklemmend enge Welt aus Vorurteilen und starrer Beharrlichkeit entfaltet. Mit hinreißender Sprachgewalt und epischer List porträtiert er das Bild seiner Epoche« (*Darmstadter Zeitung*, 14. 8. 71 über die *Deutschstunde*). Im zweiten Fall heißt es: »Man kann dieses Buch einfach als eine spannende Geschichte von Menschen unserer Tage lesen. Man kann es aber auch als eine Herausforderung nehmen, das eigene Leben samt seinen mehr oder weniger beschränkten Möglichkeiten einmal illusionslos und nüchtern ins Auge zu fassen« (*Eßlinger Zeitung*, 19. 8. 68 über *Geometrie einer Ehe*). Im dritten Beispiel lautet das Lob: »Ein spannendes, darüber hinaus provozierendes Buch entstand, das nicht nur einen erregenden Fall beschreibt wie es tausendfach geschieht, sondern den Leser über die vielfältigen Haltungen und Probleme der heutigen Gesellschaft nachzudenken zwingt« (*Flensburger Tageblatt*, 15. 11. 69 über *Das Netz*). Die Struktur des jeweils gemeinten Werkes verschwindet hinter griffbereit liegenden, auf viele Fälle zutreffenden Formeln. Es machen sich die Gemeinplätze breit, die von den Werbeabteilungen der Verlage vorbereitet werden und später in den Programm-Illustrierten der Buchgemeinschaften wieder auftauchen. Aufschlußreicher sind die negativen oder einschränkenden Urteile, denn an ihnen sind die typischen Positionen besser abzulesen.

Drei Muster der Kritik schälen sich heraus: die ästhetische Diskriminierung, die Suspendierung strenger ästhetischer Normen und schließlich der ideologiekritische Ansatz. Die ästhetische Disqualifizierung beruft sich auf die in der Regel nicht ausformulierten Maßstäbe einer autonom gedachten Poetik. Kritiker, die diesen Zugang wählen, sind der Meinung, das Wertlose oder Halbwertige bestimmter auf dem literarischen Markt erfolgreicher Produkte, nenne man sie nun Bestseller oder Trivialromane, enthülle sich bei der Durchleuchtung des Textes. Allenfalls Verweise auf andere, kanonisch anerkannte Kunstwerke können die Besprechung ergänzen. Dagegen ist hier die Frage, warum das vorliegende Werk zu einem Bestseller geworden ist, kein Problem. Daß die breite Masse einen schlechten Geschmack hat, wird bereitwillig zugestanden. Nicht an diese Masse wendet sich die Besprechung, sondern an die in-group, welche sich den gleichen Normen verpflichtet fühlt. Es handelt sich um ein prononciert literarisch-ästhetisches Gespräch, das von außerliterarischen Wirkungsfaktoren mit Absicht abstrahiert. Die hier angewandte Strenge weicht bei der zweiten Gruppe milder Herablassung, da man den Begriff einer einheitlichen Kunstliteratur gelockert hat: Unterhaltungsliteratur folgt ihren eigenen, nicht primär von ästhetischen Gesichtspunkten diktierten Gesetzen und ist mithin auch nicht streng ästhetisch zu bewerten. So heißt es in einer Besprechung von Heinrichs *Geometrie einer Ehe* in der *Süddeutschen Zeitung* (16. – 17. 9. 67): »Heinrich nun hält, ungefähr, die Mitte zwischen den Romanen von Frisch und Walser einerseits und andererseits den Weisheiten von Frauenblättern.« Dieser mittlere Status dämpft die Kritik zum ironischen Kommentar: »Aber soviel Sex auch abgeleistet wird, der Ertrag der Übungen wirkt ziemlich mager – literarisch, psychologisch, sogar medizinisch. Für die wieder forsch voranschreitende Handlung ist ein Wahlfach Heinrichs wichtiger: die Macht des Einkommens. Wo Geld die Waffe ist, wird Heinrich ein sachkundiger Kriegsberichterstatter.« Mit ähnlich freundlich-ironischer Distanz behandelte Jürgen P. Wallmann die *Deutschstunde* im Berliner *Tagesspiegel* (8. 12. 68). »Das Buch«, notiert er einleitend, »wird sich durchsetzen. Und das ist gar nicht einmal zu beklagen. Denn selbst, wer solcher Art von Romanen, die in der Tradition des realistischen Erzählens befangen sind, kritisch gegenübersteht, wird dennoch zugeben müssen, daß Lenz sein Handwerk versteht und eine löbliche Gesinnung nicht ohne Geschick vertritt.« Dieses liberale Gewährenlassen, das angesichts eines verdienten Erfolgsromans auf strengen Maßstäben nicht zu bestehen scheint, erweist sich indessen bei genauerem Hinsehen keineswegs als wertneutral. Der populäre Roman, zumal wenn sein Autor gute Intentionen hat, erwirkt die Suspendierung der ästhetischen Normen, nicht hingegen ihre Preisgabe. Die ästhetische Disqualifizierung wird nur vorn zur Tür hinausgewiesen, um an der Hintertür wieder Einlaß zu finden. Und zwar nicht, weil die private Moral der Kritiker doppelzüngig und anfechtbar ist, sondern weil die Hierarchie des literarischen Kanons lediglich differenziert wird. Die Formel für die bedingt lobenswerte Mittelklasse lautet: Handwerkliches Geschick, getragen von einer anständigen Gesinnung, brauchbar als Familienlektüre.

Unverbindlichkeit ist der dritten Position, dem ideologiekritischen Verfahren, nicht vorzuwerfen. Sie begnügt sich nicht mit der Formel ›gute Gesinnung und solides Handwerk‹, die die Wirkungsmöglichkeiten des Textes unbefragt läßt. Sie akzeptiert ebensowenig die Trennung von Thema und Darstellung, weil das Lob der guten Absicht darüber hinwegtäuschen kann, daß die Darstellung die gute Intention in ihr Gegenteil verkehren kann. Während bei der Suspendierung ästhetischer Maßstäbe dem breiteren Publikum Zugeständnisse gemacht werden, ihm der Zugang zur Literatur erleichtert wird, definiert der ideologiekritische Ansatz dieses Publikum als die Masse der Konsumenten, die die wirklichen Tendenzen des Werks nicht durchschauen. Nicht gleichgültig dürfte es daher sein, wer mit der Besprechung erreicht wird. Indessen ist das Interesse an der Kommunikation mit den Massen nicht sehr ausgeprägt. Es überwiegt der Gruppenstandpunkt. Bezeichnenderweise spricht der Rezensent der Zeitschrift *konkret* (30. 12. 68) bei seiner Polemik gegen den harmlosen Charakter von Lenz' Gesellschaftskritik im Plural: »Von dieser Art kulinarisch, betulich und antiquiert verinnerlichter ›Vergangenheitsbewältigung‹, an deren Lektüre sicher auch die alten Nazis ihren Bürgerspaß haben, haben wir 23 Jahre lang genug gehabt.« Unmißverständlich grenzt der Verfasser seine Lesergruppe von dem Lesepublikum des Schriftstellers Lenz ab. An ein Gespräch mit diesem Publikum ist nicht gedacht. Ähnliches ist bei den überregionalen Zeitungen zu beobachten. Als Beispiele seien genannt die kritischen Besprechungen der *Deutschstunde* durch Hans-Albert Walter in der *Süddeutschen Zeitung* (14. 11. 68) und durch Peter W. Jansen in der *Frankfurter Allgemeinen Zeitung* (17. 9. 68). Beide Rezensionen beschäftigen sich eingehend mit Inhalt und Thema des Romans, mit Erzählsituation und Konstellation der

Figuren. Beide monieren den gleichen Punkt: die Überlastung des jugendlichen Erzählers durch die Aufgabe, eine Welt entstehen zu lassen. Walter und Jansen kritisieren dies nicht bloß als psychologischen Fehler, sie erblicken darin den Grund, warum Siegfried Lenz seinem Thema, der deutschen Geschichte unter Hitler, nicht gerecht wurde, warum die gute Gesinnung nicht zum guten Roman wurde. Die Zweifel richten sich gegen den Versuch, am Beispiel von wenigen Figuren die Geschichte des Dritten Reichs episch darstellen zu können. So heißt es bei Hans-Albert Walter:

An Randereignissen soll das zentrale Unrecht des Dritten Reiches dargestellt werden. So muß das entmenschte Elternpaar Jepsen zum Format beinahe mythischer Ungeheuer, und der Maler Nansen zum Denkmal unerschrockener Künstlerfreiheit emporwachsen. Böse und hinterhältig-intrigant auf der einen, edel und voll trotziger Einfalt auf der anderen Seite: Ach, du liebes Deutschland, wenn du dich doch so einfach fassen ließest.

Walter wie Jansen liegt daran zu zeigen, wie die von Lenz gewählte Erzählmethode das Thema verkürzte, wie infolge der Erzählsituation die Figurenkonstellation zu Klischees gerinnen mußte, welche die komplexe Realität nicht decken. Sie beanstanden an diesem Versuch einer fiktionalen Rekonstruktion der faschistischen Epoche, daß er die Vergangenheit nicht ›bewältigt‹, sondern sie ins Personelle, Individuelle verschiebt und sie mithin verharmlost. Der von Walter und Jansen gewählte Ansatz führt zu einem eindeutigen Urteil, es gibt keine Zugeständnisse an das Lesepublikum. Gegenstandsbezogen und absolut in ihrem Anspruch übersehen Jansen und Walter freilich den kommunikativen Aspekt. Nicht erwogen wird der Zusammenhang zwischen den literarischen Charakteristika des Romans und seinem ungewöhnlichen, auch vom Verlag nicht antizipierten Erfolg.

Will diese Fallstudie sich nicht auf Beschreibung und Kategorisierung beschränken, kann sie der Frage nicht ausweichen, welche Konsequenzen sich für die Buchkritik aus der vorangegangenen Analyse ergeben. Welche Aufgabe hat die aktuelle Buchkritik angesichts des Phänomens Bestseller? Daß solche Überlegungen die gegenwärtigen Bedingungen des Rezensionswesens in Westdeutschland nicht ändern, daß sie allenfalls das Bewußtsein der Kritiker beeinflussen können, sei vorausgeschickt, um übertriebene Erwartungen zu dämpfen.

Noch nicht genügend durchgesetzt hat sich in der professionellen Kritik die Einsicht, daß dem Bestseller die literarisch-immanente Besprechung nicht angemessen ist, weil ökonomische und publikumssoziologische Probleme nicht nur peripher der Kritik am Begriff der Trivialliteratur erwiesen. Indem der Massenerfolg häufig als Index von ästhetischer Trivialität gewählt wurde, beschränkte man die kritische Aufmerksamkeit auf jene Autoren und Werke, die aus anderen Gründen ohnehin diskriminiert waren. Und unbefragt blieb der Erfolg derjenigen Autoren, die zur Avantgarde gehören oder noch wenigstens dazugerechnet werden. So gibt es angeblich zwei Arten von Bestsellern: auf der einen Seite diejenigen, die auf Grund ihres literarischen Ranges eine große Lesergemeinde zu beschäftigen vermögen, auf der anderen Seite diejenigen, welche infolge ihrer Anpassung an den Lesergeschmack die Massen fesseln und dupieren. Symptomatisch für diese Schizophrenie, die keineswegs das Prärogativ literarischer Snobs ist, ist Peter Meiers Vorbemerkung zu seinem Verriß von Habe und Willi Heinrich:

> Nicht jedes Buch, das Erfolg hat und hohe Auflagenziffern erzielt, ist literarisch minderwertig: es gibt auch legitime Bestseller. Zum Beispiel dann, wenn ein Schriftsteller von ausgewiesenem Rang ein weiteres Werk veröffentlicht: jeder neue Grass, Böll, Frisch oder Walser (um nur einige deutschsprachige Autoren zu nennen) pflegt eine Zeitlang die Bestsellerlisten zu zieren.[39]

Diese Einstellung ist unreflektiert. Sie unterstellt, daß das Buch wie von selbst zum Bestseller wird und nur der schlechte Roman, also der Trivialroman, durch Werbekampagnen manipuliert wird. Als ob Grass' und Bölls Verleger sich weniger auf die Kunst der ›Sales-Promotion‹ verstünden. Bedenklich ist die Annahme, literarisch anerkannte Autoren seien für ihren Verkaufserfolg nicht zur Rechenschaft zu ziehen, während die anderen auf Grund eben dieses Erfolges zur minderwertigen Literatur zu rechnen seien. Wird der Bestseller mit dem sogenannten Trivialroman gleichgesetzt, wird das Untersuchungsfeld voreilig auf den Teil der literarischen Produktion eingeschränkt, den die prominente Kritik bis heute nicht ernst nimmt.

39 *Tagesanzeiger* (Zürich), 13. 12. 69.

Die Abhängigkeit der Buchkritik von der Theorie zum Trivialroman ist paradigmatisch nachzuweisen. Die professionalen Kritiker sind der akademischen Diskussion über Wesen und Funktion von Trivialliteratur getreulich gefolgt. Sehr deutlich zeichnet sich der Wandel der Einstellung an zwei in der *Zeit* erschienenen Aufsätzen ab. Der Titel von Robert Neumanns Essay, veröffentlicht im Jahre 1962, »Kitsch as Kitsch can«[40], antizipiert den Ansatz, die Berührung nämlich mit der literaturwissenschaftlichen Kitschdebatte der fünfziger und frühen sechziger Jahre. Neumann berief sich ausdrücklich auf Walter Killys Studie zum Kitsch und die Arbeit von Walter Nutz zum seriellen Leihbibliotheksroman[41]. Kulturkritisch gestimmt macht Neumann die industrielle Revolution für das unmündige, nach falschen Bildern suchende Publikum verantwortlich. Die Adaptionsfähigkeit des Trivialromans an die jeweiligen Zeitumstände beruht auf die Amalgamation von Märchenschema und quasirealistischer Aufmachung, so daß der Leser, dem ein Wunschbild vorgegaukelt wird, den Eindruck gewinnt, echtes Leben mit wirklichen Problemen vorgeführt zu bekommen. Kitsch als die Erfüllung von halbbewußten Wunschvorstellungen einer repressiven Leserschaft – so ließe sich Neumanns brillant geschriebener Essay zusammenfassen. Im Grunde bietet er ein Geschmacksurteil, das durch publikumssoziologische Argumente ergänzt wird. Der Ausblick auf den programmierten Illustrierten-Roman bleibt verbindlich-freundlich; gelassen wird die Manipulation der Konsumenten registriert. Die Fragen, die Neumann im Hinblick auf eine zukünftige Beschäftigung mit dem Trivialroman stellt, richten sich an die Konsumenten der Gattung am allerwenigsten. Diese rhetorische Geste, die mit freundlicher Herablassung über den Trivialroman wie sein Publikum spricht, findet sich auch noch bei Wolfgang Rieger, wenn er 1970 die Romane Johannes Mario Simmels untersucht[42]. Auch andere Konstanten der Forschungsdiskussion lassen sich nachweisen: Erneut erscheint das von Nutz ins Spiel gebrachte Argument, Trivialliteratur sei total angepaßte Literatur, erneut auch der Hinweis

40 21. 9.; 28. 9.; 5. 10. 62.

41 Walter Killy, Deutscher Kitsch. Ein Versuch mit Beispielen. Göttingen 1961; Walter Nutz, Der Trivialroman, seine Formen und Hersteller. Köln 1962.

42 Siehe Anm. 33.

auf den pseudorealistischen Charakter von Trivialromanen. Daß im Trivialroman die zeitgenössische Realität lediglich als austauschbarer Hintergrund für stereotype Handlungsverläufe diene, war schon bei Neumann zu lesen. Prägnanter indessen ist die kritische Auseinandersetzung mit den Handlungs- und Figurenschemata von Simmels Romanen. Die zeitgeschichtliche Pseudowirklichkeit bei Simmel, so notiert Rieger, lädt zum Träumen ein. Eingeweiht wird der Leser in die Geheimnisse der Mächtigen; er sieht, wie die Romanhelden, mit denen er sich identifiziert, leiden, aber leidend triumphieren. So kommt die Welt im Bewußtsein des Lesenden wieder ins Lot. Sollte man nicht fragen, wie der Leser am Tage darauf, wenn er den Roman von Simmel oder Habe längst zugeklappt hat, diskutiert, urteilt, wählt oder auch nur die Nachrichten im Fernsehen betrachtet?

Robert Neumann schlug 1962 vor, ein akademisches Institut zu gründen, das sich mit Kitsch- und Trivialliteratur beschäftigen sollte. Mir scheint, daß Riegers Kritik sich noch immer an die Mitglieder dieses Spezialseminars richtet. Das breite Lesepublikum bleibt Objekt; ihm wird auf den Kopf zugesagt, warum es einen so schlechten Geschmack hat und sich so gern täuschen läßt. Die Kritiker sind die Gefangenen ihrer Begriffe und Theorien geworden, auch wenn sie wie Reich-Ranicki über den wissenschaftlichen Anstrich von Essays zum Thema Trivialliteratur gelegentlich spotten. Niemand scheint sich berufen zu fühlen, den Rezipienten Simmels und Heinrichs zu erklären, wie sie zu kritischen Lesern werden können. Es lohnt sich, über die Gründe dieses Versagens nachzudenken. Einige Ursachen hat Helmut Kreuzer in seinem kritischen Bericht zur Forschungslage berührt[43]. Die Einbeziehung der sogenannten trivialen Literatur in den Gegenstandsbereich blieb im großen und ganzen unreflektiert, weil man unversehens mit Kategorien operierte, die vorher dazu gedient hatten, bestimmte Literatur ästhetisch abzuwerten. Mit Recht macht Kreuzer darauf aufmerksam, daß diese Einstellung, so progressiv sie sich auch geben mag, letztlich die orthodoxe Position rechtfertigt. Angewandt auf die Situation der Buchkritik heißt dies: Im Grunde macht es keinen Unterschied, ob ein Roman von Hans Habe, Johannes Mario Simmel oder Siegfried Lenz ästhetisch streng verurteilt oder im

43 Siehe Anm. 2.

Rahmen eines Dreischichten-Modells als solide Konsumware gewürdigt wird. Denn die poetologischen Prämissen, die Selbsteinschätzung des Kritikers wie die Beurteilung des Leserpublikums bleiben davon unberührt. Auch Reich-Ranickis Lob bestätigt nur die traditionelle Dichotomie von Dichtung und etwas anderem. Nicht anders als in der Literaturwissenschaft neigen die professionellen Kritiker dazu, in der Unterhaltungs- und Trivialliteratur eigene Gattungen zu sehen, die für Sammelbesprechungen mit ein wenig Publikumssoziologie besonders geeignet sind. Auch ideologiekritisch argumentierende Rezensenten sind gegen diese Einstellung nicht immer gefeit, insofern sie glauben, triviale Werke seien dieser Methode besonders zugänglich. Man verfährt nach dem Gesichtspunkt: was ästhetisch die Auseinandersetzung nicht lohnt, läßt sich ideologiekritisch noch immer auseinandernehmen. Die ästhetische Kanonbildung, rational nicht zu rechtfertigen, beherrscht dann selbst die, deren Interesse ihre Auflösung wäre. Im ganzen ist die institutionalisierte Buchkritik noch nicht in der Lage, sich von tradierten, tief eingeschliffenen Denkstrukturen zu lösen. Die Macht dieser Denkstrukturen ist so wirksam, weil sie im Akkulturationsprozeß in immer neuen Varianten an den Intellektuellen herangetragen wird. Der Literaturunterricht der Gymnasien, die Ausbildung an der Universität, die Tradition des kritischen Schrifttums: alles verwies auf die Trennung zwischen Kunst und Nicht-Kunst. Für das Selbstverständnis der kulturellen Elite war diese Entgegensetzung seit dem späten 18. Jahrhundert unabdingbar. Mit der Vermehrung und Differenzierung des Lesepublikums und die durch sie eingeleitete Ausweitung der literarischen Produktion (vor allem auf dem Gebiet des Romans) bildete sich gleichzeitig die defensive Haltung der Kritik heraus, die in ihren besten Vertretern gegen die Senkung des literarischen Geschmacks, ja gegen den Mißbrauch der Literatur protestieren zu müssen glaubte. Die Mehrzahl der heute geläufigen Argumente gegen die triviale Literatur finden sich bereits in den Rezensionen und Theoremen der Weimaraner und Jenenser. Historisch gesehen hat die klassisch-romantische Tradition der Literaturkritik die kritisch-analytische Beschäftigung mit dem Bestseller blockiert[44]. Selbst wohlmei-

44 Vgl. Klaus Berghahn: sowie Literaturkritik und Öffentlichkeit, in diesem Band S. 7–49.

nende Versuche, aus dem Ghetto der Dichtungskritik auszubrechen, blieben an die Grundmuster der horizontalen Einteilung gebunden. Mit Recht spricht daher Peter Glotz von einem Versagen der Fachkritik:

> Für Millionen von Menschen sind in diesem subjektiven Sinn die Bücher von Hans Habe, Willi Heinrich, Pearl S. Buck, Anne Golon u. a. um vieles »aktueller« als die meisten Produkte der Hochliteratur.[45]

Wenn es auch nicht mehr zutrifft, wie ich am Beispiel Habes zeigen konnte, daß die Presse sich um die Werke dieser Autoren nicht kümmert, ist es zu einem wirksamen, für das breite Publikum aufschlußreichen Literaturgespräch in der Regel noch nicht gekommen. Weder elitäre Verrisse noch affirmative Inhaltsangaben und kritiklose Bewunderung in standortgebundenen Zeitungen können dafür angesehen werden.

Eine mögliche Antwort auf die ästhetische Restriktion der gegenwärtigen Buchkritik wäre, bei der Besprechung von Bestsellern vom ästhetischen Wert abzusehen und den Schwerpunkt auf das Zeitgespräch zu legen. Das heißt: anstelle der ohnehin gering veranschlagten literarischen Qualität wären die aktuellen Probleme zu besprechen, die den Leser zum Konsum angereizt haben. In diesem Sinne hat Wolfgang Langenbucher dafür plädiert, die Unterhaltungsliteratur nach ihrer sozialen Funktion zu bewerten und sie folglich aus der Kompetenz der Literaturkritik auszuklammern[46]. Die Diskussion hätte sich dann an der Wirkung zu orientieren, die ein Bestseller auf seine Leser ausüben kann. An einem Beispiel demonstriert Langenbucher die Konsequenzen dieser veränderten Einstellung. Während die Fachkritik Simmels Romane übersehen oder ästhetisch verurteilt hat, ginge eine leserorientierte Buchkritik auf Simmels Zeitkritik ein, höbe sein politisches Engagement hervor und würdigte seine Absicht, nationale

45 Buchkritik, S. 84.

46 Der aktuelle Unterhaltungsroman. Bonn 1964; ders. Robert Prutz als Theoretiker und Historiker der Unterhaltungsliteratur. In: H. O. Burger (Hrsg.), Studien zur Trivialliteratur. Frankfurt 1968, S. 117–136; ferner Langenbucher, Im Banne eines Begriffes. Kritik der literaturwissenschaftlichen Beschäftigung. In: Kürbiskern (1966) 4, S. 90–97.

Vorurteile abzubauen[47]. Zurückgestellt sei vorerst die Frage, ob mit der Feststellung der intendierten Tendenz der Kritiker Simmels sich zufrieden geben darf. Von prinzipieller Bedeutung hingegen ist, daß auch dieser Versuch Langenbuchers und anderer Forscher, die ästhetische Restriktion aufzuheben, sich dem Dilemma der Schichtentheorie nicht wirklich entzieht. Die Apologie der Unterhaltungsliteratur und ihres Publikums rekurriert, ohne es zu bemerken, auf F. Schlegels Unterscheidung von Poesie und Unpoesie. Sie versucht, den niederen Bereich zu retten, indem sie seine literarischen Charakteristika zugunsten der Gebrauchsfunktion in Abrede stellt. Dichtungslogisch offensichtlich ein Fehlschluß. Der unterstellte oder zugestandene Mangel an ästhetischer Qualität entzieht das Werk nicht kategorial der Literatur, so daß das aktuelle Zeitgespräch das literarisch-ästhetische ersetzen kann. Langenbuchers Vorschlag, der mit der didaktischen Legitimation des Romans in der Aufklärung Gemeinsamkeiten aufweist, verkürzt das kritische Gespräch um eine entscheidende Dimension. Genommen wird uns die Möglichkeit, die Eigenart der literarischen Gegenwelt im kritischen Vergleich zu untersuchen. Weil Langenbucher (aber nicht nur er) im Anschluß an die klassisch-romantische Ästhetik literarische Eigenart und ästhetische Qualität eines Werkes gleichsetzt, trennt er Struktur und Gebrauchsfunktion und übersieht, daß die formalen Eigenschaften wie Schreibweise, Erzählhaltung usw. für die Wirkung bedeutsam sind. Nur so ist zu erklären, daß er an Simmels Erfolgsromanen das demokratische politische Engagement schätzt, ohne auch nur die Frage aufzuwerfen, ob die auf den Leser einwirkenden Textsignale, etwa die Charakterisierung, die Handlungsführung, die Art, wie Zeitgeschehen episch präsentiert wird, der behaupteten Aufklärungsarbeit dienlich ist.

Populäre Buchkritik sollte also das Literarische nicht unterdrücken, doch das horizontale Wertungsmodell durch ein vertikales ersetzen. Sie sollte nicht mehr für die als Trivialliteratur diskreditierten Werke Sammelbesprechungen einrichten, sondern den Bestseller als Gesamtphänomen ins Auge fassen. Ist es doch bedenkenswert, daß von Bölls Büchern, die zur Hochliteratur gerechnet werden, kaum weniger

47 Unterhaltungsliteratur als Märchen und als Politik. In: Tendenzen der deutschen Literatur seit 1945, S. 341–343.

Exemplare verkauft werden als von Habes oder Simmels Romanen. Die Buchgemeinschaften leben ja nicht weniger von Böll, Grass, Lenz und Frisch als von Anne Golon, Annemarie Selinko und den Steadysellern eines Luis Trenker und Ludwig Ganghofer. Zu untersuchen wäre, welche Gruppen des Leserpublikums ein Werk der genannten Autoren zum Bestseller machen. Angesichts eines schier unübersehbar gewordenen Buchmarktes und der hochgradigen Differenzierung von Lesergruppen verschlägt der übliche (pejorative) Hinweis auf das Massenpublikum wenig. Er kann nur als Ausdruck der Verlegenheit angesehen werden. Wie weit überschneidet sich der Leserkreis von Habe mit dem von Lenz? Sind Habe-Leser auch Simmel-Leser? Greifen die Rezipienten von Lenz auch zu einem Roman von Härtling oder Handke? Daß die Buchkritik bisher auf diese Fragen keine Antwort zu geben weiß, ist weniger beunruhigend als das offensichtliche Desinteresse. Man gibt sich im allgemeinen (rühmliche Ausnahmen sind zu verzeichnen) mit einem ästhetischen Stratifikationsschema zufrieden, das nicht nur realitätsfremd ist (d. h. es deckt sich nicht mit dem Leseverhalten der Rezipienten), sondern in seiner undurchschauten Irrationalität die Aufklärung der Leser verhindert.

Änderung ließe sich herbeiführen. Die Bedingungen wirkungsvoller populärer Buchkritik lassen sich unschwer umreißen. Ihre erste wäre, daß die Feuilletonredaktuere sich von der Zusammensetzung ihrer Leser wie deren Geschmack ein klares Bild schaffen, so daß die Rezeptionskompetenz für die Besprechungen gewährleistet ist. Die hochgestochene formel-ästhetische Kritik von Habes *Netz* in der *Wolfenbütteler Zeitung* hatte wahrscheinlich eine geringe Wirkung, weil sie sich an Leser wandte, denen bereits die Prämissen des Rezensenten fremd waren. Auszugehen hätte eine Besprechung von dem, was dem Leser vertraut ist – andere Romane, die ihm wahrscheinlich bekannt sind, poetologische Vorstellungen, welche ihm natürlich erscheinen. Nicht um diese Erwartungen zu bestätigen, sondern um sie anhand des gegebenen Beispiels kritisch zu durchleuchten. Die zweite Bedingung wäre die Destruktion eines literarisch-ästhetischen Kanons, der die Dichotomie des Publikums wie der Literatur defensiv perpetuiert. Denn die Entgegensetzung von Poesie und Unpoesie hat gesellschaftliche Implikationen, die nicht weniger gefährlich sind, wenn sie nicht intendiert sind. Es gibt Varianten des ideologiekritischen Ansatzes, deren Publikumsfeindlichkeit das Ziel der aufklärenden Analyse neutralisiert. Freilich: der Kanon sollte nicht außer Kraft gesetzt werden, damit in Zukunft alle Bücher als gleich wichtig, gleich signifikant gelten können[48]. Das Aufbrechen des verkrusteten Kanons dürfte nicht zur Rechtfertigung eines Standpunktes dienen, den sich die Medienindustrie als demokratisches Aushängeschild zu eigen gemacht hat: Unterhaltung für alle.

Die dritte Bedingung wäre die kontinuierliche Beschäftigung mit literatur-ökonomischen Fragen. Solange weder Kritiker noch Publi-

48 Vgl. dagegen Helmut Kreuzers Versuch, die Wertunterschiede (»ästhetische Diskriminierung«) auf Geschmacksunterschiede zurückzuführen. Die Unterscheidung zwischen Hoch- und Trivialliteratur hat für Kreuzer keinen Grund in der Sache, sie ist lediglich als intersubjektive Vereinbarung innerhalb einer bestimmten Geschmacksträgergruppe zu verstehen. Sein wissenschaftliches Interesse definiert sich daher als wertfreie Untersuchung über die Verwendung des Begriffs in bestimmten historischen Situationen. »Daß auf Grund historischer und geschmackssoziologischer Bedingungen ein Teilbereich der Literatur pauschal kanonisiert, ein anderer pauschal diskriminiert wird, daß und wie sich in einer zeitgenössischen Geschmacksträgergruppe oder -schicht ein Konsensus über die literarische Toleranzgrenze zwischen diesen Bereichen herausbildet, dies sind Phänomene von wissenschaftlichem Interesse.« (S. 184) Diese theorethische, den praktischen Aspekt des Problems bewußt ausklammernde Einstellung ist für den Kritiker nur bedingt hilfreich. Sie gibt ihm eine Beschreibung der Geschmacksträgergruppen und ihrer Toleranzgrenzen, aber sie läßt ihn im Stich, wenn er sich entscheiden muß ob er eine vorgefundene Kanonisierung bzw. Diskriminierung respektieren soll oder nicht. Handelte es sich bei dem Problem der Trivialliteratur um nicht mehr als eine Geschmacksfrage, in der bestimmte Lesergruppen um die Führung streiten, wäre ein Kriterium nicht gegeben, nach dem der Streit zu entscheiden wäre. Nur die Feststellung ließe sich treffen, daß ein Teilkomplex der Literatur durch die dominierende Leserschicht disqualifiziert wird, nicht aber ein Grund angeben, ob diese Unterdrückung zu Recht oder fälschlich stattfindet. Die Einsicht in das Funktionieren von überlieferten Denkschemata, das Bewußtwerden ihrer geschichtlichen Bedingtheit ist zweifellos eine Voraussetzung für die Auseinandersetzung mit dem Phänomen ›Trivialliteratur‹, doch ist dieser erste Schritt zu ergänzen durch die kritische Analyse der durch die Textstruktur implizierten Lesesituation. Der Kritiker als ein Leser kann sich dem Appell des Textes nicht entziehen, ohne die Bedeutung eben dieser Texte zu verkürzen. Er kann nicht so tun, als registriere er bloß literarische Merkmale und ihre Korrelation zum Erwartungshorizont der angesprochenen Lesergruppe, ohne sich über die praktische Funktion des Textes Gedanken zu machen und sich zu entscheiden, ob er ihr dienen oder sich ihr widersetzen will.

kum mit den Mechanismen des literarischen Marktes vertraut sind, besteht kaum Hoffnung, daß das Phänomen des Bestsellers begriffen wird. Denn dieses Phänomen läßt sich nicht im Verfahren des hermeneutischen Verstehens am einzelnen Werk studieren; exemplarisch wird die Kritik nur, wenn sie den ökonomischen wie kulturpolitischen Zusammenhang vorweisen kann. Nicht genügt es, weil es gegenwärtig schick ist, gelegentlich über den Literaturbetrieb zu schreiben, etwa die Abwicklung eines Bestsellergeschäfts darzustellen oder über die Fusion von Buchgemeinschaften zu berichten. Es kommt vielmehr darauf an, der Leserschaft begreifbar zu machen, von welchen Faktoren das Bücherangebot abhängt.

Bibliographischer Nachweis

Literaturkritik und Öffentlichkeit. In: Lili. Zeitschrift für Literaturwissenschaft und Linguistik. 1(1971), Heft 1/2, S. 11–46.

Geschichte und Modernität. In: Schiller-Jahrbuch 1973. Hrsg. von der Deutschen Schillergesellschaft. Stuttgart (in Vorber.).
Literarische und politische Öffentlichkeit. Originalbeitrag.

Literaturkritik im Zeitalter der Massenkommunikation. In: Essays on European Literature. In Honor of Liselotte Dieckmann. Hrsg. von P. U. Hohendahl, Herbert Lindenburger, Egon Schwarz. St. Louis 1972, S. 217–236.

Das Ende einer Institution? In: Revolte und Experiment. Die Literatur der sechziger Jahre in Ost und West. Ein Kolloquium mit Beiträgen von Otto F. Best u. a. Heidelberg 1972, S. 41–72.

Promoter, Konsumenten und Kritiker. In: Popularität und Trivialität. IV. Wisconsin Workshop. Hrsg. von Reinhold Grimm und Jost Hermand. Frankfurt 1974 (in Vorber.).

Serie Piper:

1 Hannah Arendt, Macht und Gewalt
2 Alexander und Margarete Mitscherlich, Eine deutsche Art zu lieben
3 Ich bin Bürger der DDR und lebe in der Bundesrepublik
Hrsg. Barbara Grunert-Bronnen
4 Christian Graf von Krockow, Nationalismus als deutsches Problem
5 Weizsäcker, Dohmen u. a., Baukasten gegen Systemzwänge
6 Aldous Huxley, Die Pforten der Wahrnehmung · Himmel und Hölle
7 Karl Jaspers, Chiffren der Transzendenz
8 Robert Havemann, Rückantworten an die Hauptverwaltung »Ewige Wahrheiten«
9 Rudolf Wassermann, Der politische Richter
10 Hans Albert, Plädoyer für kritischen Rationalismus
11 Friedrich Gulda, Worte zur Musik
12 Hannah Arendt, Walter Benjamin · Bertolt Brecht
13 Karl Jaspers, Einführung in die Philosophie
14 Mario Wandruszka, Interlinguistik: Umrisse einer neuen Sprachwissenschaft
15 Michael Wertheimer, Kurze Geschichte der Psychologie
16 Hauptworte – Hauptsachen. Zwei Gespräche: Heimat Nation.
Hrsg. Mitscherlich / Kalow
17 Grebing / Greiffenhagen / Krockow / Müller, Konservatismus – Eine deutsche Bilanz
18 Leszek Kolakowski, Die Philosophie des Positivismus
19 Carlo M. Cipolla / Knut Borchardt, Bevölkerungsgeschichte Europas
20 Christa Meves, Verhaltensstörungen bei Kindern
21 Herbert Giersch, Kontroverse Fragen der Wirtschaftspolitik
22 Andreas Flitner, Spielen – Lernen
23 Karl Jaspers, Aspekte der Bundesrepublik
24 Biologie und Gesellschaft. Hrsg. Watson Fuller
25 Christian Graf von Krockow, Sport und Industriegesellschaft
26 Karl W. Deutsch, Der Nationalismus und seine Alternativen
27 Gerd Albers, Was wird aus der Stadt?
28 Über Eigentum und Gewalt. Zwei Gespräche. Hrsg. Mitscherlich / Kalow
29 Jesus und Freud. Hrsg. Heinz Zahrnt

Serie Piper:

Zuletzt erschienen:

---

30 Hermann Rudolph, Die Gesellschaft der DDR – eine deutsche Möglichkeit?
31 Hans Bender, Telepathie, Hellsehen und Psychokinese
32 Hildegard Hamm-Brücher, Unfähig zur Reform?
33 Jürgen-Peter Stössel, Psychopharmaka – die verordnete Anpassung
34 Hans Möller, Das Ende einer Weltwährungsordnung?
35 Willy Hochkeppel, Die Rolle der Neuen Linken in der Kulturindustrie
36 Hannah Arendt, Wahrheit und Lüge in der Politik
37 Leonie Ossowski, Zur Bewährung ausgesetzt
38 August Kühn, Westend-Geschichte
39 Theodor Eschenburg, Matthias Erzberger
40 Knut Borchardt, Die Industrielle Revolution in Deutschland
41 Iring Fetscher, Modelle der Friedenssicherung
42 Über Treue und Familie. Zwei Gespräche Hrsg. A. Mitscherlich / G. Kalow
43 Enteignung durch Inflation? Hrsg. Johannes Schlemmer
44 Jan Kott, Spektakel – Spektakel
45 Alexander Mitscherlich, Auf dem Weg zur vaterlosen Gesellschaft
46 Anpassung als Notwendigkeit. Hrsg. Johannes Schlemmer
47 Claus Biegert / Diethard Wies, Kinder sind kein Eigentum
48 Marcel Reich-Ranicki, Über Ruhestörer
49 Leszek Kolakowski, Die Gegenwärtigkeit des Mythos
50 Konrad Lorenz, Die acht Todsünden der zivilisierten Menschheit
51 Walter Jens, Fernsehen – Themen und Tabus
52 Robert Heiss, Utopie und Revolution
53 Jacques Berna, Kinder beim Analytiker
54 Karl Jaspers, Kleine Schule des philosophischen Denkens
55 Manfred Bosch / Klaus Konjetzky, Für wen schreibt der eigentlich?
56 Wolfgang Schmidbauer, Sensitivitätstraining und analytische Gruppendynamik
57 Karl Jaspers, Vernunft und Existenz
58 Werkkreis Literatur der Arbeitswelt, Ein Baukran stürzt um
59 Joachim Seyppel, Wer kennt noch Heiner Stuhlfauth
60 Hans-Jochen Vogel, Reale Reformen
61 Hans Eggers, Deutsche Sprache im 20. Jahrhundert

Serie Piper:

62 Erving Goffman, Interaktion: Spaß am Spiel / Rollendistanz
63 Können wir unsere Zukunft überleben? Hrsg. G. R. Urban
64 Friedenserziehung in der Diskussion. Hrsg. Chr. Wulf
65 H. Kolitzus / G. Rager, Die 15-Minuten-Realität
66 Fasil Iskander, Das Sternbild des Ziegentur
67 Ignatij Dworjetzkij, Der Außenseiter
68 Neue Ziele für das Wachstum. Hrsg. J. Schlemmer
70 Günter Ammon, Psychoanalyse und Psychosomatik
71 Hanne-Lore von Canitz, Droge und Sexualität
73 K. Thimm / D. Echols, Schwarze in Deutschland
74 E. Ansermet / C. Piguet, Gespräche über Musik
75 Information und Imagination
76 Hannah Arendt, Über die Revolution
77 Erhard Rosenkranz / Rüdiger Jütte, Abschreckung contra Sicherheit
78 Ingeborg Bachmann, Die gestundete Zeit – Anrufung des Großen Bären
79 Jurij Trifonow, Der Tausch
80 Carl-Ludwig Reichert, Red Power
81 Wolfgang Schmidbauer, Emanzipation in der Gruppe
82 Hospitalisierungsschäden in psychiatrischen Krankenhäusern. Hrsg. von Asmus Finzen
83 Hans Lenk, Wozu Philosophie
84 Peter Uwe Hohendahl, Literaturkritik und Öffentlichkeit
85 Christian Graf von Krockow, Mexiko
86 Heinz Politzer, Hatte Ödipus einen Ödipus-Komplex?
87 Michael Hereth, Freiheit, Politik und Ökonomie
88 Leonie Ossowski, Mannheimer Erzählungen
89 Ursula Dechêne, Der lange Tod des Fixers P.
90 Hilde Domin, Von der Natur nicht vorgesehen
91 Wolfgang Hädecke, Eine Rußlandreise
92 Gerd Bucerius, Der angeklagte Verleger
93 Hans Jürgen Eggers, Einführung in die Vorgeschichte
94 Marcel Reich-Ranicki, Zur Literatur der DDR